Beiträge zur Sportmedizin, Band 9

Sportanatomie

4. Auflage

J. Weineck, Erlangen

 perimed Fachbuch-Verlagsgesellschaft mbH
D-8520 Erlangen

Anschrift des Verfassers:
Dr. med. Jürgen Weineck
Sportzentrum der Universität
Gebbertstr. 123
8520 Erlangen

CIP-Kurztitelaufnahme der Deutschen Bibliothek

Weineck, Jürgen:
Sportanatomie/J. Weineck. − 4. Aufl. − Erlangen:
perimed Fachbuch-Verlagsgesellschaft,1986.
(Beiträge zur Sportmedizin; Bd. 9)
ISBN: 3-921222-04-4
NE: GT

ISBN: 3-921222-04-4

Copyright 1986 by perimed Fachbuch-Verlagsgesellschaft mbH,
Vogelherd 35, D-8520 Erlangen
Printed in Germany

Satz und Druck: Distler-Druck, Zirndorf
Sportfotos: Agentur Werek, München
Zeichungen: Maria-Anna Lochner, Erlangen

Inhaltsverzeichnis

Vorwort

Seit Jahren wird die funktionelle Anatomie im Bereich der Sportlehrerausbildung geprüft, in der Trainerausbildung als notwendig erachtet. Auch im Schulbereich im Leistungszug Sport ist sie Inhalt der Sporttheorie (im Rahmen der Sportbiologie und der Trainingslehre) und wird als Beitrag zum Verständnis sportlicher Bewegungsabläufe herangezogen.

Und dennoch fehlt es — abgesehen von den rein medizinisch ausgerichteten Fachbüchern, die zum ersten zu kostspielig, zum zweiten aufgrund ihrer Fachsprache meist unverständlich und für den Sportsektor oft völlig ungeeignet sind — an entsprechenden Veröffentlichungen, die den Notwendigkeiten einer funktionellen *Sportanatomie* entsprechen. Es ist das Anliegen dieses Buches — das fast *sämtliche olympische Sommer- und Wintersportarten* auf ihre funktionell-anatomische Grundlage hin untersucht — durch seine zweisprachige Darstellung auch jenen den Zugang zur funktionellen *Sportanatomie* zu verschaffen, die bisher an den Schwierigkeiten der Fachsprache scheiterten.

In knappster Form versucht dieses Buch, im *ersten Teil* Basisinformationen für das bessere Verständnis des später dargestellten Inhalts zu geben: Da primär jeder Belastungsreiz an der Zelle angreift bzw. die Folgestrukturen auf der kleinsten funktionellen Einheit, nämlich der Zelle, basieren, so stehen Zell- und Gewebelehre am Beginn des Buches. Die übergeordneten Strukturen werden sukzessive behandelt.

Im *zweiten Teil* wird ein allgemeiner Überblick über das Organsystem des passiven und aktiven Bewegungsapparates gegeben sowie eine kurze Zusammenstellung gebräuchlicher anatomischer Begriffe.

Der *dritte Teil* dient der Einzeldarstellung der wichtigsten Muskeln des aktiven Bewegungsapparates, wobei der Knochen- und Bänderapparat nur so weit detailliert behandelt wird, wie es zum unmittelbaren Verständnis der Muskelfunktion notwendig ist.

158 Abbildungen sollen das Verständnis über die Funktionsweise der einzelnen Muskeln in möglichst prägnanter Form verdeutlichen helfen.

Der *vierte Teil* versucht die in der Einzeldarstellung separat besprochenen Muskeln im komplexen Verband einfacher Rumpf- und Extremitätenbewegungen in ihrer gemeinsamen Funktion darzustellen. Dadurch erfolgt gleichzeitig ein Brückenschlag von der „grauen" Theorie zur Sportpraxis.

Der *fünfte Teil* bringt die Analyse komplexer sportlicher Bewegungsabläufe. Durch die Darstellung fast aller olympischen Sportarten wird es dem anatomischen Laien ermöglicht, sich schnellstmöglich eine Übersicht über die leistungsbestimmende Muskulatur in seiner Sportart zu verschaffen.

Der *sechste Teil* schließlich bietet für den sportlich interessierten *Nichtspezialisten*

noch eine kurze Trainings- und Übungsan-
leitung, die für alle bei der Analyse einfacher Bewegungsabläufe besprochenen
Muskelgruppen dynamische und statische
Krafttrainingsvorschläge bietet. Alle
Sportarten, die nicht in diesem Buch besprochen werden, können somit selbstän-
dig zusammengesetzt werden.

Das Anliegen dieses Buches ist es also,
anatomisches Theoriewissen praxisbezo-
gen darzustellen und für die Gestaltung des
Unterrichts und Übungsbetriebes bzw.
Trainings anwendbar zu machen.

Erlangen, November 1985   J. Weineck

Zehnkampfweltrekordler
Kratschmer beim Stabhoch-
sprung.

1

Kurzgefaßte Zell- und Gewebelehre

Allgemeine Zellehre (Zytologie)

Da primär jeder Belastungsreiz an der Zelle angreift bzw. übergeordnete Funktionen auf der kleinsten funktionellen Einheit, nämlich der Zelle beruhen, soll für das bessere Verständnis der nachgeordneten Strukturen der allgemeine Bau einer Körperzelle am Beginn dieser Sportanatomie stehen. In aufsteigender Reihe werden anschließend die jeweiligen Folgestrukturen besprochen.

Zelle → Zellverbände = *Gewebe* → Organisation und funktioneller Zusammenschluß zum *Organ* bzw. zu *Organsystemen*, wie sie letztlich z. B. als passiver und aktiver Bewegungsapparat in Erscheinung treten.

Aufbau der Zelle

Die Zelle besteht in grober Vereinfachung aus dem Zelleib (Protoplasma), dem Zellkern und verschiedenen subzellulären Strukturen, die für die Funktion und Erhaltung der Zelle von Bedeutung sind. Es soll hier nur auf die wichtigsten eingegangen werden.

Wie aus der Abbildung 1 hervorgeht, ist die Zelle von einer *Zellmembran* (dem Sarkolemm der Muskelzelle) umgeben. Ihre selektive Permeabilität (Durchlässigkeit) für organische Substanzen und Elektrolyte, ihre Fähigkeit zur Assoziation mit anderen Zellen weisen die Zellmembran als eine komplexe, hochspezialisierte biologische Struktur aus. Die mit dem aktiven Transport gekoppelten Vorgänge (z. B.

Natrium-Kalium-Pumpe) sind in den Zellmembranen lokalisiert.

Das *Zytoplasma* (das Sarkoplasma der Muskelzelle) — eine elektrolyt- und proteininhaltige Flüssigkeit — ist der Ort der anaeroben Energiegewinnung (Glykolyse), der Glykogensynthese (Glykogen stellt die intrazelluläre Speicherform der Glukose [= Traubenzucker] dar), des Glykogenabbaus sowie der Fettsäuresynthese. Im Zytoplasma befinden sich auch die verschiedenen Energiespeicher, wie z. B. Glykogenschollen und Fetttröpfchen.

Das *endoplasmatische Retikulum* (das sarkoplasmatische Retikulum der Muskelzelle) erstreckt sich, von der Zellmembran ausgehend, über das gesamte Zytoplasma und stellt ein intrazelluläres Transportsystem dar, das teilweise von kugelförmigen Partikeln, den *Ribosomen*, besetzt ist. Endoplasmatisches Retikulum und Ribosomen bilden u. a. den Ort der Proteinsynthese. In der Muskelzelle spielt das sarkoplasmatische Retikulum bei der Erregungsübertragung von der Oberfläche zum kontraktilen Fibrillenapparat (s. S. 32) eine wichtige Rolle.

Der *Zellkern* enthält das genetische Material und besitzt die Fähigkeit zur identischen Verdopplung (er gibt z. B. das Muster für die Eiweißsynthese vor). Zusammen mit den bereits genannten Ribosomen ist er demnach bei der Eiweißsynthese von Bedeutung. Beide ermöglichen durch die Vermehrung der Eiweißstrukturen die Größenzunahme (Hypertrophie) z. B. der Muskelzelle während des Wachstums oder bei körperlichem Training. Die *Mitochon-*

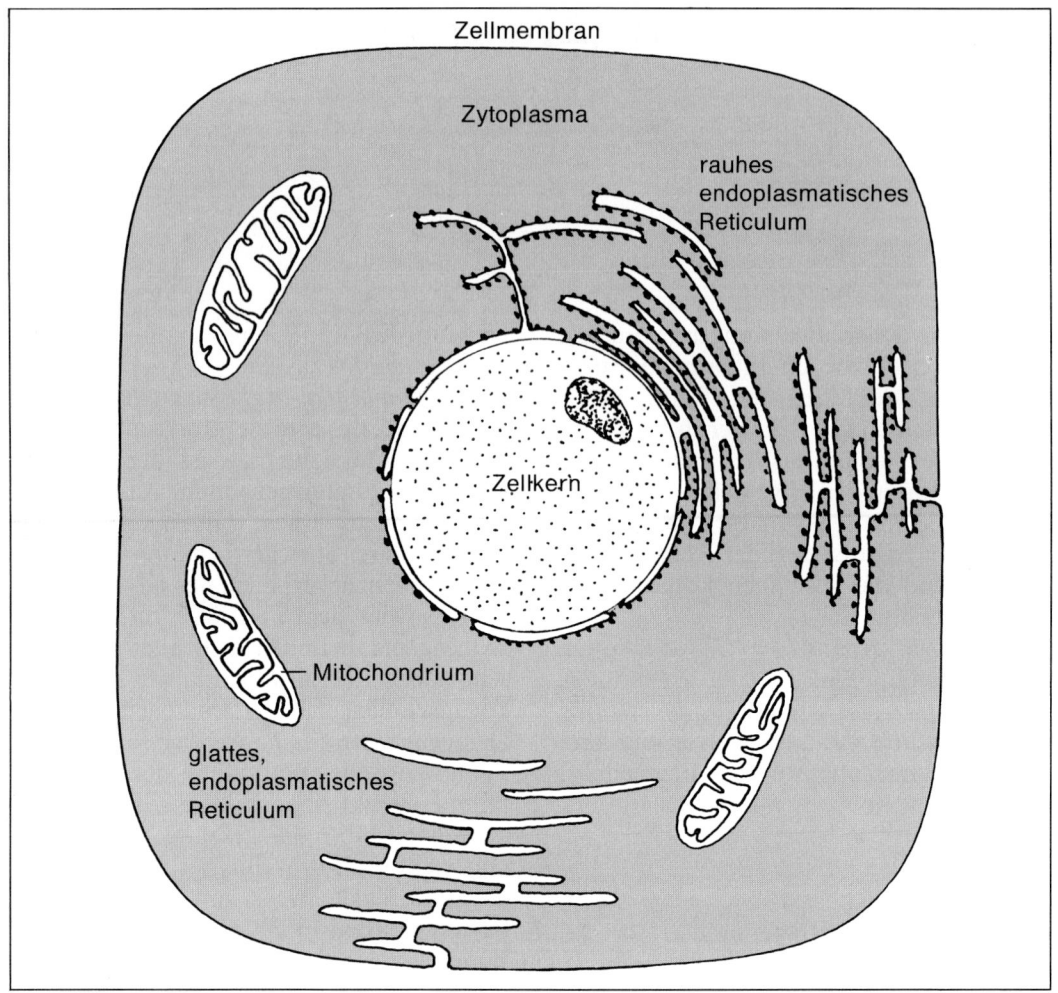

Abb. 1   Schematischer Aufbau einer Zelle.

drien schließlich stellen die „Kraftwerke" der Zelle dar, da in ihnen die oxydative Verbrennung der energiereichen Substrate stattfindet. In ihnen befinden sich die Enzyme des Zitratzyklus und der Atmungskette, in ihnen erfolgt die oxydative Phosphorylierung und Energiegewinnung.

Kurze Gewebelehre (Histologie)

Ein Verband gleichartig gebauter Zellen mit gleicher funktioneller Aufgabe und Differenzierung wird Gewebe genannt. Das Gewebe stellt einen Bauanteil im Gesamtorganismus dar und ist der Träger einer Teilfunktion.

Man unterscheidet 4 Grundgewebe:
— Epithelgewebe
— Binde- und Stützgewebe
— Muskelgewebe
— Nervengewebe
Alle Organe des Menschen sind aus mehreren Gewebearten *zusammengesetzt*. Dabei bezeichnet man diejenigen Zellen, die für die spezielle Organleistung verantwortlich sind, als *Parenchymzellen*; im Gegensatz dazu stehen die *Stromazellen* (Interstitium), die lediglich die Aufgabe der Ernährung sowie der Erhaltung der Organform erfüllen.

Gewebe können auf erhöhte Anforderungen an die gewebsspezifischen Leistungen mit Hypertrophie (Vergrößerung der Zellen) und/oder Hyperplasie (Vermehrung der Zellzahl) reagieren.

Alle Gewebe und Organe leiten sich aus den drei Keimblättern des Embryo ab:
Epithelgewebe: Ekto-, Ento- und Mesoderm.
Binde- und Stützgewebe: Mesoderm.
Muskelgewebe: größtenteils Mesoderm, etwas Ektoderm.
Nervengewebe: Ektoderm.

Epithelgewebe

Epithelgewebe bedecken innere und äußere Oberflächen und bilden den funktionell wichtigsten Teil aller Drüsen (Drüsenepithel). Darüber hinaus sind sie zu speziellen Sinnesleistungen in der Lage (Sinnesepithel).

Epithelgewebe $\begin{cases} \text{Oberflächenepithel} \\ \text{Drüsenepithel} \\ \text{Sinnesepithel} \end{cases}$

Oberflächenepithel (Deckgewebe)

Charakteristik:
— Flächenhafter Zellverband
— Lage an inneren oder äußeren Körperoberflächen
— Gefäßlosigkeit
— Ernährung durch Diffusion
— Abgrenzung gegenüber anderen Geweben durch eine Basalmembran.

Funktionen:
— Schutzfunktion (z. B. Haut)
— Stoffaustauschfunktion (z. B. Nierenepithel).

Arten:
Man unterscheidet plattes, kubisches (isoprismatisches) und zylindrisches (hochprismatisches) sowie einschichtiges, mehrschichtiges, zwei- oder mehrreihiges, unverhorntes oder verhorntes Oberflächenepithel (vgl. Abb. 2).

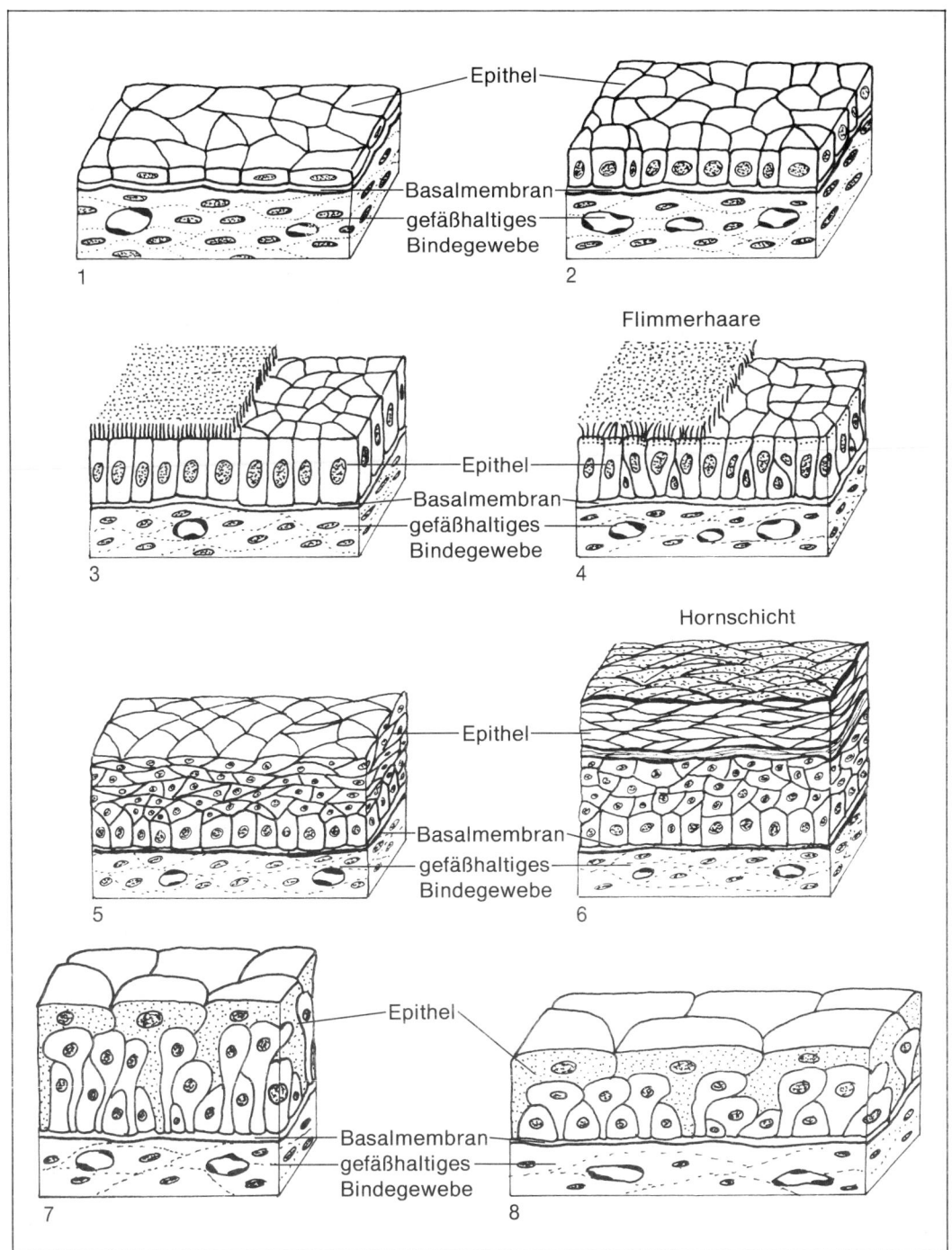

Abb. 2   Die verschiedenen Oberflächenepithelarten: 1 = Einschichtiges Plattenepithel, 2 = Einschichtiges isoprismatisches Epithel, 3 = Einschichtiges hochprismatisches Epithel, 4 = Mehrreihiges Flimmerepithel, 5 = Mehrschichtiges unverhorntes Plattenepithel, 6 = Mehrschichtiges verhorntes Plattenepithel, 7 = Ungedehntes Übergangsepithel, 8 = Gedehntes Übergangsepithel.

Drüsenepithel

Charakteristik:
— Es dient der Bildung und Abgabe von Stoffen (Sekrete, Inkrete).
— Es wird aus spezialisierten Epithelzellen gebildet.
Nach der Art, wie die Drüsenprodukte in oder aus dem Körper gelangen, unterscheidet man *exokrine* und *endokrine* Drüsen.

1. Exokrine Drüsen

Sie leiten ihre Produkte (= Sekrete) mittels eines Ausführungsganges oder direkt an eine innere oder äußere Oberfläche.
Beispiele: Schweiß-, Speichel-, Tränen- und Verdauungsdrüsen.
● Nach der *Lage* der Drüsen zu den Oberflächen trennt man die exokrinen Drüsen in *endoepitheliale Drüsen* (die Drüsenzelle sitzt im Epithel) und *exoepitheliale Drüsen* (die Drüsenzelle ist in die tieferen Gewebsschichten verlagert).
● Nach dem *Sekretionsmodus* unterteilt man in
— *apokrine Drüsen*: Das Sekret wird nach der Bildung an der Zellspitze angesammelt und dann zusammen mit etwas Zytoplasma der Zellspitze abgestoßen. Beispiel: Milchdrüse
— *holokrine Drüsen:* Die ganze Drüsenzelle mit Inhalt wird abgestoßen. Beispiel: Talgdrüsen der Haut
— *merokrine Drüsen:* Die Ausscheidung des Sekrets erfolgt in Tröpfchenform an der Zelloberfläche. Beispiel: Schweißdrüse.
● Nach der *Art des Sekretes* unterscheidet man
— *seröse* Drüsen (dünnflüssiges und eiweißreiches Sekret. Beispiel: Tränendrüse)
— *muköse* Drüsen (zähflüssiges und schleimiges Sekret. Beispiel: Gleitspeichel der Drüsen der Zungenwurzel)
— *gemischte* Drüsen (Beispiel: Speicheldrüsen des Mundbodens).

● Nach dem *Aufbau der Drüsen* untergliedert man in
— *einfach tubulöse* Drüsen (Beispiel: Dünndarmdrüsen)
— *gewunden tubulöse* Drüsen (Beispiel: Schweißdrüsen)
— *verzweigt tubulöse* Drüsen (Beispiel: Magenschleimhautdrüsen)
— *einfach azinöse* und *einfach alveoläre* Drüsen (Beispiele: Ohrspeicheldrüse und Lunge)
— *zusammengesetzte* Drüsen (Beispiel: Speicheldrüsen) (Abb. 3).
Kurzer Exkurs zur Tätigkeit der *Schweißdrüsen:*
Mit maximal 1% gelöster Substanz ist Schweiß das am stärksten verdünnte Sekret aller Drüsen. Diese Verdünnung wird dadurch erreicht, daß nach der Bildung eines isotonen Sekrets in den proximalen Teilen des Ausführungsganges aktiv Natrium zurücktransportiert und damit eingespart wird. Die Hitzeadaptation bzw. der Effekt des sportlichen Trainings besteht hauptsächlich darin, daß die Schweißdrüse „lernt", ein stärker verdünntes Sekret in größeren Mengen auszuscheiden und damit ökonomischer zu arbeiten.

2. Endokrine Drüsen

Sie haben keine Ausführungsgänge, sondern geben ihre Produkte (= Inkrete [Hormone]) direkt an die Blutbahn ab.
Beispiele: Hypophyse, Schilddrüse, Nebenniere.

Sinnesepithel

Beim Sinnesepithel handelt es sich um Epithelgruppen, die die Fähigkeit besitzen, spezifische Reize aufzunehmen und weiterzuleiten. Man unterscheidet spezielle Rezeptoren für die Sensibilität, den Geschmackssinn, den Geruchssinn, das Gehör und den Gesichtssinn.

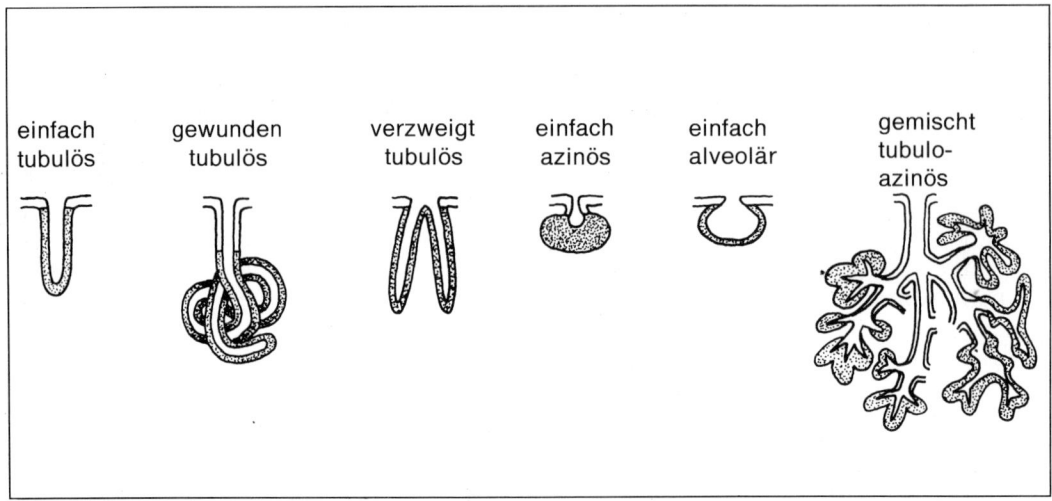

Abb. 3   Verschiedene Drüsenformen (sekretproduzierendes Drüsenendstück dunkel gezeichnet).

Binde- und Stützgewebe

Das Binde- und Stützgewebe ist ein im ganzen Körper weit verbreitetes Gewebe mit verschiedenartigen Aufgaben. Es bildet über Knochen, Knorpel und Sehnen das Stützgerüst für den Körper, es umhüllt als Bindegewebe die Organe und schließt sie zu funktionellen Gruppen zusammen; es formt das Grundgerüst (Stroma) der Organe, auf das sich die eigentlichen Organzellen (Parenchym) aufsetzen. Besondere Abkömmlinge des Bindegewebes haben große Bedeutung im Dienste der immunologischen Abwehr. Schließlich spielt das Bindegewebe noch eine wichtige Rolle im Sinne der Speicherung (Wasser, Fett), des Stofftransportes (zwischen Blutgefäßen und Zellen) und der Wundheilung (Narbenbildung).

Einteilung des Bindegewebes

Das Bindegewebe läßt sich unterteilen in
– Mesenchym ⎫
– Gallertiges ⎬ embryonales
  Bindegewebe ⎭ Bindegewebe

– Retikuläres
  Bindegewebe
– Fettgewebe
– Eigentliches Bindegewebe

Mesenchym

Das Mesenchym kommt nur während der embryonalen Entwicklung vor. Es ist ein Grundgewebe, aus dem sich verschiedene Gewebe entwickeln können.

Gallertiges Bindegewebe

Das gallertige Bindegewebe tritt nur in der Nabelschnur des Föten sowie in der Zahnpulpa von Kindern auf.

Retikuläres Bindegewebe

Das retikuläre Bindegewebe – seinen Namen verdankt es der Bildung eines dreidimensionalen Raumgitters (reticulum = Netz) – bildet das Grundgerüst für die lympho-retikulären Organe (Milz, Lymph-knoten, Knochenmark). Neben der reinen Stützfunktion haben die Retikulumzellen auch noch die Aufgabe der Phagozytose (Phagozyten = Freßzellen, die Gewebs-trümmer, Fremdkörper etc. aufnehmen und verdauen) und der Bildung freier Zellen (s. unten).

Fettgewebe

Das Fettgewebe, das durchschnittlich 10–20% des Körpergewichts ausmacht, findet sich überall im Körper; es kann dabei unterschiedliche Aufgaben erfüllen:
– Mechanischer Schutz (z. B. als Druck-polster an der Fußsohle)
– Verschluß von Organlücken
– Modellierung der Körperform
– Wärmeisolierung
– Energie- und Wasserspeicherung

Eigentliches Bindegewebe

Das Bindegewebe besteht aus einer homogenen amorphen *Grundsubstanz* und einem zusammenhängenden Netz von *Fasern* unterschiedlicher Struktur und Eigenschaft. Sowohl die Grundsub-stanz als auch die Fasern werden von den *Bindegewebszellen* je nach funktio-neller Notwendigkeit in differenzierter Menge und Verteilung produziert.

Bindegewebszellen

Die Bindegewebszellen lassen sich unter-teilen in fixe (ortsgebundene) und freie Bindegewebszellen.
Die *fixen* Bindegewebszellen – auch Fi-brozyten genannt – produzieren die Grundbestandteile der Bindegewebsfasern und die amorphe Interzellularsubstanz. Die *freien* Bindegewebszellen (z. B. weiße

Blutzellen, Histiozyten, Plasmazellen etc.) sind nicht an der Bildung von Interzellular-substanz beteiligt und gehören zum immu-nologischen Abwehrsystem (RES = Reti-kuloendotheliales System). Es handelt sich gewissermaßen um „Begleitzellen", die sich in unterschiedlicher Zahl in den Ge-websspalten und Maschen der Bindege-webe aufhalten und zur *Phagozytose* (Be-seitigung von Fremdkörperpartikeln bzw. Bakterien) befähigt sind.

Interzellularsubstanzen

Die Interzellularsubstanzen bestehen aus ungeformten und geformten Bestandtei-len. Die ungeformten Bestandteile werden von amorpher *Grundsubstanz*, die geform-ten aus *Fasern* gebildet.

1. Grundsubstanz

Wesentliche Bestandteile der Grundsub-stanz sind Polysaccharide (Glykane) und Proteine. Die Festigkeit der Grundsub-stanz wird bestimmt durch den Polymeri-sationsgrad dieser Glykan-Proteinkom-plexe. Die Grundsubstanz stellt u. a. das Einbettungsmittel für die nachfolgend beschriebenen Fasern dar und verhindert durch ihre Viskosität die Ausbreitung fremder Partikel im Gewebe.
Im Alter nimmt die Grundsubstanz ab. Dies führt zu einer Dehydratation (Ent-wässerung) des Extrazellulärraumes und damit zu einer Abnahme des Gewebetur-gors (Gewebespannung), was u. a. eine vermehrte Faltenbildung bedingt.

2. Fasern

Die Art des Bindegewebes im Organis-mus wird in ausgeprägtem Maße durch die Art und Strukturierung seiner Fa-

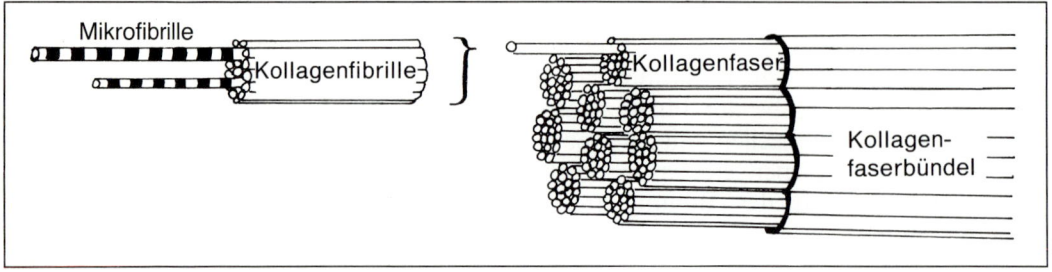

Abb. 4   Aufbau einer Kollagenfaser.

sern bestimmt. Entsprechend der mechanischen Belastung und den damit
verbundenen Kraftlinien bildet sich die
faserige Struktur aus. Eine Änderung
des Kraftlinienverlaufs bedingt eine
Umbildung und Neuanpassung dieser
Bindegewebsfaserstruktur.

Man unterscheidet drei Arten von Bindegewebsfasern, nämlich Kollagenfasern,
elastische Fasern und Retikulinfasern.

— Kollagenfasern

Kollagenfasern treten praktisch überall im
Körper auf und bilden die größte Fraktion
aller Bindegewebsfasern. Sie sind die auf
Zugkräfte besonders beanspruchten Bau-
elemente des Körpers; ihre Widerstandsfähigkeit gegen Dehnung ist daher sehr groß:
ihr Zugwiderstand beträgt etwa 6 kp/mm².
Die Ultrastruktur der Fasern gliedert sich
in folgender absteigender Reihe: Faser —
Fibrille — Mikrofibrille (Abb. 4).
Beachte: Die Faser- bzw. Fibrillendurch-
messer sind in den einzelnen Geweben
unterschiedlich groß und außerdem bela-
stungs- und altersabhängig.

Bei Beanspruchung nimmt der Querschnitt der Fibrillen zu, mit dem Alter
nimmt er ab.

Klinischer Hinweis: Bei längerer Ruhigstellung von Gelenken (z. B. nach einem
Knochenbruch) kommt es zur Verkürzung
der Kollagenfasern des jeweils betroffenen
Bandapparates und damit zu einer vor-
übergehenden Versteifung, die durch
Übung wieder beseitigt werden kann.

— Elastische Fasern

Die elastischen Fasern unterscheiden sich
in Aufbau und Eigenschaften grundlegend
von den Kollagenfasern. Sie sind wesentlich dünner, sind verzweigt und bilden
dreidimensionale Netze. Besonders charakteristisch ist ihre hochgradige Dehnungsfähigkeit (auf etwa 150% ihrer Ausgangslänge).
Die gedehnten elastischen Fasern gehen
nach Beendigung des Zuges auf ihre Ur-
sprungslänge zurück. Auf diese Weise wird
durch die Kontraktion des von den elastischen Fasern durchzogenen Organs (Band,
Faszie) Muskelarbeit im Sinne eines allgemeinen Ökonomisierungsprinzips eingespart.
Elastische Fasern finden sich vermehrt in
dehnungsbeanspruchten Organen (z. B.
Lunge), in der Unterhaut sowie in besonders elastischen Bändern (z. B. ligg. flava
der Wirbelsäule).

Im Alter und bei Übungsmangel nimmt
die Elastizität der Fasern ab.

– Retikulinfasern

Retikulinfasern (Gitterfasern) sind die feinsten Fasern des menschlichen Organismus. Sie sind zugelastisch und reversibel dehnbar. Ihre Gitterstruktur wird von Zug- und Druckkräften beeinflußt. Retikulinfasern dienen zahlreichen Organen als Umhüllung (wie z. B. bei Leber-, Drüsen-, Fett- oder Muskelzellen) bzw. als Strukturgerüst (z. B. Knochenmark).

Arten des eigentlichen Bindegewebes

1. Lockeres Bindegewebe

Das lockere Bindegewebe ist das verbreitetste Gewebe des menschlichen Organismus, weil es sich überall zwischen den Organen, Gefäßen und Nerven ausbreitet und als Füllgewebe den allgemeinen Zusammenhalt schafft. Da es die Zwischenräume (= Interstitien) ausfüllt, wird es auch als interstitielles Bindegewebe bezeichnet. *Charakteristisch* sind die weiten Interzellularräume, die *viel amorphe Grundsubstanz* und *viele freie Bindegewebszellen* enthalten.
Das lockere Bindegewebe wird aus einem dreidimensionalen Netz von Retikulinfasern, elastischen Fasern und vor allem kollagenen Fasern gebildet. Durch eine derartige Struktur und Zusammensetzung wird einerseits eine sehr große Verschieblichkeit benachbarter Organe und Gewebselemente ermöglicht, andererseits aber ist eine ausreichende Stabilität gewährleistet, die stets das Wiedererreichen der Ausgangslage sicherstellt.
Die Bindegewebszellen, die *Fibrozyten*, liegen vereinzelt zwischen diesen Fasern. Beachte: Wird ein Teil des Körpers verletzt, dann können die Fibrozyten aus dem Gewebsverband herauswandern und die Wundfläche überziehen. Sie bilden dann Narben, d. h. den bindegewebigen Ersatz eines Gewebeteiles. Das lockere Bindegewebe besitzt eine hohe Regenerationsfähigkeit und ist somit in besonderem Maße zur Wundheilung geeignet.

2. Straffes Bindegewebe

Das straffe Bindegewebe besitzt *wenig Grundsubstanz* und *wenig freie Bindegewebszellen*; es ist *faserreich* und relativ zellarm. Im Vergleich zum lockeren Bindegewebe hat es einen nur geringen Stoffwechsel. Aufgrund seiner überwiegenden Zusammensetzung aus kollagenen Faserbündeln ist es mechanischer Beanspruchung gegenüber sehr widerstandsfähig. Es findet deshalb besonders an den Stellen Verwendung, an denen hohe Zug- und Druckbelastungen auftreten (Beispiele: Bänder, Faszien, Muskel- und Sehnenhüllen).

Stützgewebe

Unter Stützgewebe versteht man Gewebe, die durch ihre besondere Festigkeit dem Körper eine bestimmte Form geben. Man unterscheidet Sehnen-, Knorpel- und Knochengewebe.

Sehnengewebe

Sehnen dienen der Übertragung von Muskelkräften auf die Erfolgsorgane Knochen und Gelenke. Die hierfür notwendige Zugbelastbarkeit wird durch Kollagenfasern (Sehnenfasern) und ihre spezielle Anordnung gesichert.

Mit fortschreitendem Alter nehmen die Zugfestigkeit und die Dehnbarkeit (um etwa 20%) ab. Die Verminderung der Sehnenzellen und der Grundsubstanz bei relativer Zunahme der Fasern und Lipoidablagerungen gelten als typische Altersvorgänge.

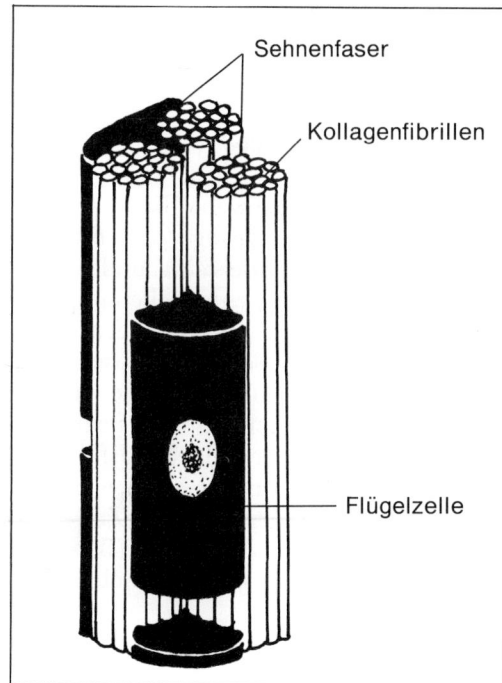

Sehnenfaser

Kollagenfibrillen

Flügelzelle

Abb. 5   Teildarstellung einer Sehne.

Flächenhaft angelegte Sehnen heißen Aponeurosen (Sehnenplatten). In den Sehnen sind die Kollagenfasern parallel angeordnet; in Ruhe verlaufen sie leicht gewellt. Zwischen den Kollagenfasern liegen in Reihe angeordnet die Sehnenzellen (Fibrozyten), die aus Platzgründen eine eigenartige Form angenommen haben und deshalb auch als „Flügelzellen" bezeichnet werden (Abb. 5).
Die Sehne ist in folgender aufsteigender Reihe gegliedert:
Sehnenfaser → Primärbündel →
Sekundärbündel → Sehne
Primär-, Sekundärbündel und Sehne werden von bindegewebigen Hüllen (Peritendineum internum und externum) umgeben (Abb. 6). In diesen bindegewebigen Hüllen verlaufen Nerven und ernährende Gefäße.

Die Sehnenbefestigung am Muskel bzw. Knochen

— Sehnenbefestigung am Muskel (vereinfachte Darstellung)

Der Muskel ist über Sehnen am Knochen befestigt. Die Verbindung von Muskelfaser und Sehnenfaser — auch *muskulotendinöser Übergang* genannt — erfolgt dadurch, daß die Sehnenfasern über tiefe Einstülpungen in den Muskelfasern bzw. deren Basalmembranen befestigt werden (Abb. 7).

— Sehnenansatz am Knochen

Als Sehnenansatz am Knochen — auch *Sehneninsertion* genannt — gilt der Übergang der Sehne zum Erfolgsorgan Knochen. Die Aufgabe der Sehne besteht demnach in der Übertragung des bei der Muskelkontraktion gewonnenen Sehnenzuges auf den Knochen. Das funktionelle Spannungsfeld der Sehne zwischen aktivem und passivem Kettenglied des motorischen Systems wird in der spezifischen Struktur der Insertionszonen deutlich. Zum einen darf die zugfeste Sehne nicht aus dem Muskel ausreißen. Dies wird durch eine enge Verzahnung von Kollagenfibrillen und Muskelfasern erreicht (s. Abb. 7) sowie durch die leicht wellenförmige Ruhelagerung der Sehnenfibrillen und die Einlagerung elastischer Fasern: dadurch muß beim Anspannen der Sehnen erst dieser elastische Widerstand überwunden werden, und es kann ein abruptes Einsetzen der Zugwirkung vermieden werden. Zum anderen bildet diese Elastizität für den Sehnen-Knochen-Übergang ein entscheidendes Problem, da der Elastizitätsmodul — er gibt Auskunft über die Dehnungsfähigkeit eines Materials — einen beachtlichen Unterschied aufweist (in der Größenordnung einer Zehnerpotenz). Dieses Problem wird durch die Einschaltung einer Knorpelzone im Ansatzbereich der Sehne im Sinne eines Puffersystems physikalischer Kräfte gelöst: eine kontinuierliche Zunahme von Knorpelzel-

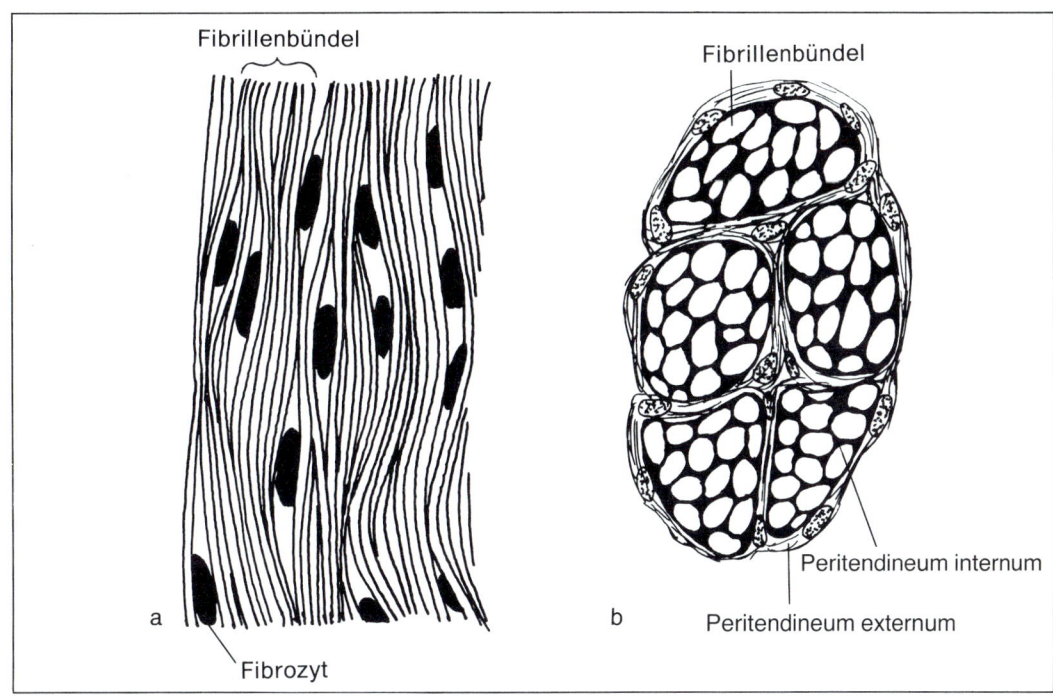

Abb. 6   Darstellung einer Sehne im Längs- (a) und im Querschnitt (b).

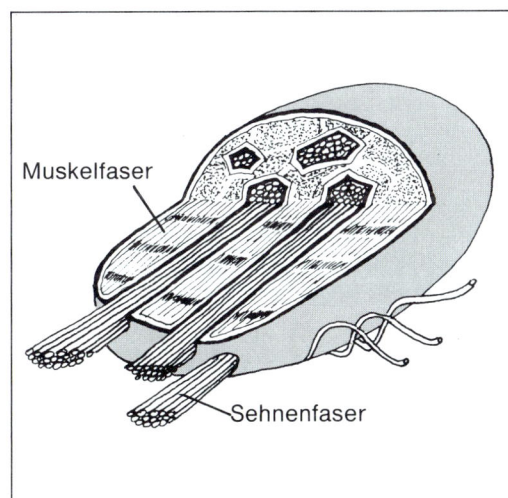

Abb. 7   Sehnenbefestigung an einer
Skelettmuskelfaser.

len auf die Insertion zu sorgt für eine allmähliche Anpassung der elastischen Eigenschaften der Sehne an diejenigen des Knochens.

Aus mechanischer Sicht besteht die Funktion der Ansatzzone somit im Ausgleich zwischen Systemen unterschiedlicher Elastizität (*Becker* und *Krahl* 1978) (Abb. 8).

Knorpelgewebe

Wie jedes Binde- und Stützgewebe wird auch der Knorpel aus Zellen, sog. *Chondrozyten* und *Interzellularsubstanz* (Grundsubstanz) aufgebaut. Man unterscheidet

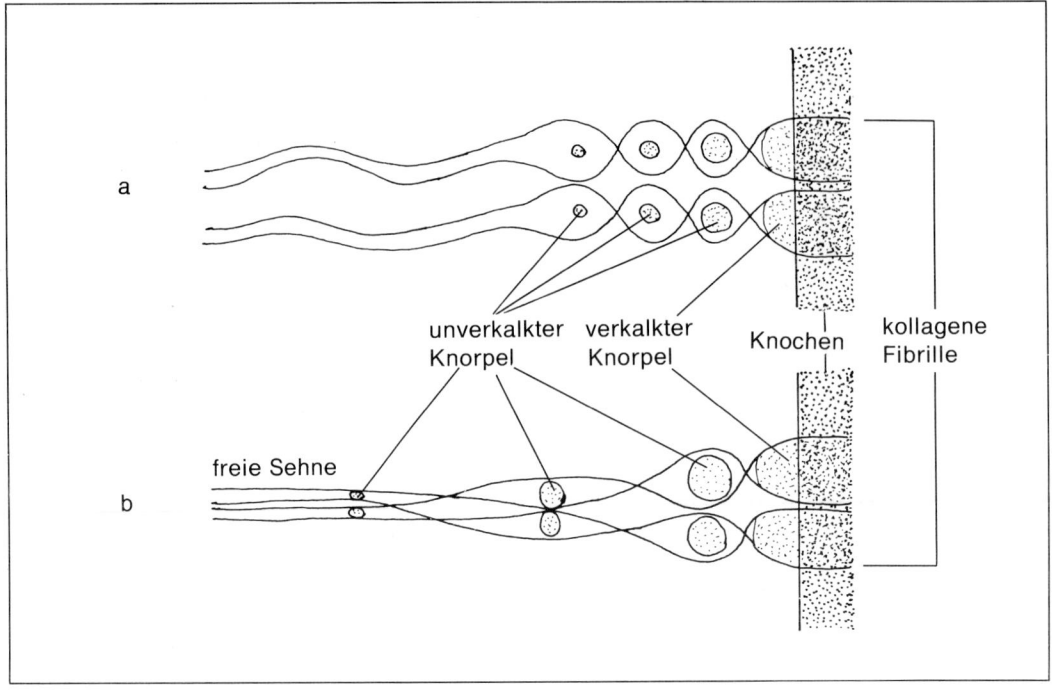

Abb. 8   Darstellung der Seheneninsertionszone in Ruhe (a) und unter Zug (b) nach *Becker* und *Krahl.*

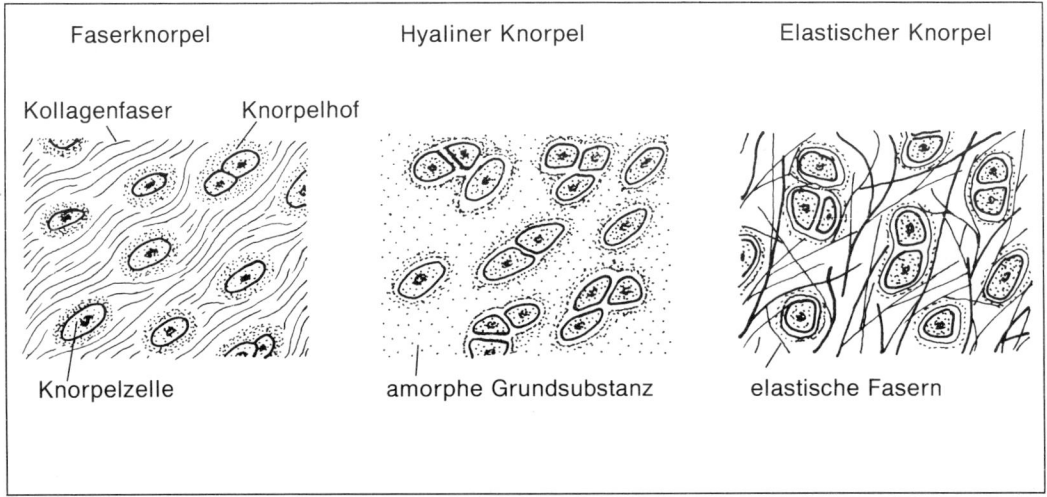

Abb. 9   Darstellung der drei Knorpelarten (Einzelheiten hierzu im Text).

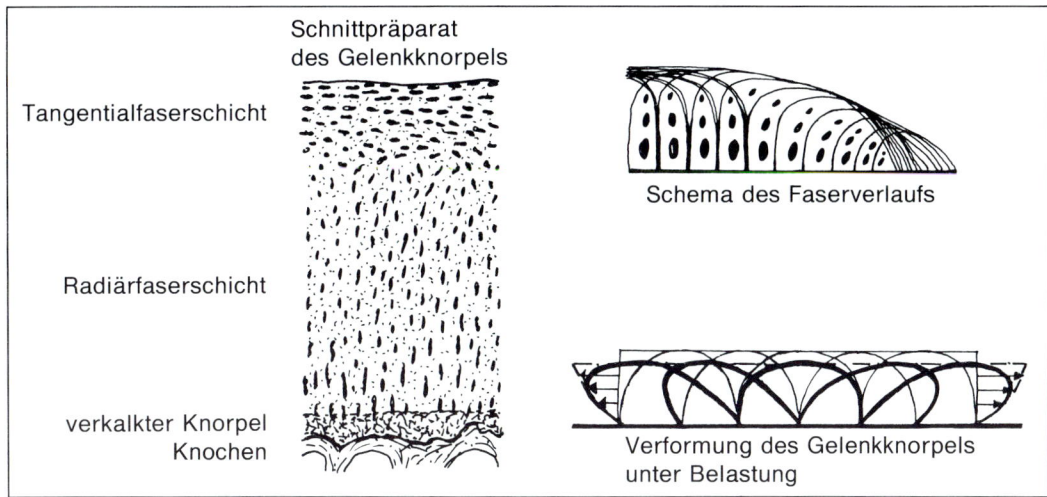

Tangentialfaserschicht

Radiärfaserschicht

verkalkter Knorpel
Knochen

Schnittpräparat
des Gelenkknorpels

Schema des Faserverlaufs

Verformung des Gelenkknorpels
unter Belastung

Abb. 10 Anordnung und Funktion der kollagenen Fasern im Gelenkknorpel nach *Benninghoff* und *Goerttler.*

drei Knorpelarten: Faserknorpel, hyalinen Knorpel und elastischen Knorpel (Abb. 9). Typisch für alle drei Knorpelarten ist die Existenz von *Chondronen*. Darunter versteht man Knorpelterritorien, die von einer oder mehreren Knorpelzellen gebildet und von einer Knorpelkapsel und einem Knorpelhof (erhöhtes Vorkommen von Mukosubstanzen) umgeben werden.

— Faserknorpel

Beim Faserknorpel besteht die Interzellularsubstanz vor allem aus einem dichten kollagenen Bindegewebe mit vielen parallel angeordneten Fasern und wenig amorpher Grundsubstanz. Die Zahl der Chondrozyten ist gering.

Faserknorpel ist gegen Zug-, Druck- und Scherkräfte sehr widerstandsfähig. Entsprechende Belastungen führen zu einerVermehrung des Kollagenfaseranteils.

Beispiele: Faserring der Zwischenwirbelscheiben, Menisken.

— Hyaliner Knorpel

Beim hyalinen Knorpel besteht die Interzellularsubstanz aus vielen Kollagenfasern, die in die amorphe Grundsubstanz eingebettet sind und von ihr „maskiert" werden (im Mikroskop nicht sichtbar), sowie einer Vielzahl von mehrzelligen Chondronen.

Die hohe Widerstandsfähigkeit des Gelenkknorpels gegen Druck-, Zug- und Scherbelastungen ist zum einen auf das Vorkommen und den besonderen Bau der zahlreichen Chondrone, zum anderen auf die spezielle Anordnung der kollagenen Fibrillen im Gelenkknorpel zurückzuführen (Abb. 10).

Beachte: Durch Training kommt es zu einer Hypertrophie des hyalinen Gelenkknorpels; dadurch wird seine Druckelastizität verbesssert.

Als „kritische Knorpeldicke" für eine umfassende Substratzufuhr werden 3 mm angegeben (*Franke* 1979). Da der Knorpel der Kniescheibe bis zu 6 mm dick sein kann, erklärt sich die relative Häufung der Chondropathia patellae (degenerative Veränderungen des Kniescheibenknorpels) auch aus dieser auffälligen Verlängerung der metabolischen Transitstrecke für die ablaufenden Diffusionsvorgänge.

Ursachen für eine Knorpelzerstörung können endogene (z. B. individuell reduzierte Belastbarkeit) und exogene (z. B. Überlastungen im sportlichen Training durch Tiefkniebeugen mit Gewichten) Belastungsüberforderungen sein.

— Elastischer Knorpel

Die Interzellularsubstanz des elastischen Knorpels besteht aus kollagenen und netzartig verlaufenden elastischen Fasern in amorpher Grundsubstanz. Die elastischen Fasern bedingen die hohe Biegefestigkeit dieser Knorpelart. Beispiel: Knorpel der Ohrmuschel.

Gemeinsamkeiten der drei Knorpelarten:

— Knorpelgewebe besitzt weder Nerven noch Gefäße. Die Ernährung erfolgt durch Diffusion aus randständigen Kapillaren oder beim Gelenkknorpel durch die Gelenkflüssigkeit.
— Im Laufe des Alterungsprozesses nimmt der Wassergehalt des Knorpels ab; verbunden damit ist ein Nachlassen der Druckelastizität.
— Knorpelgewebe ist ein Gewebe mit herabgesetztem Stoffwechsel (sog. bradytrophes Gewebe) und geringer Regenerationsfähigkeit.
— Die Tätigkeit der Knorpelzelle wird endokrin beeinflußt; z. B. gesteigert durch Testosteron, gehemmt durch Cortison.

— Bei Mehrbelastung ist die Knorpelzelle bestrebt, diese durch eine gesteigerte Stoffwechselleistung in Form einer erhöhten Kollagen- bzw. Grundsubstanzsynthese auszugleichen.

Knochengewebe

Der Knochen bildet das stabilste Gewebe des menschlichen Organismus. Seine Druckfestigkeit ist zehnmal größer als die des Knorpels und beruht auf der Einlagerung von anorganischen Bestandteilen (85% Calciumphosphat, 10% Calciumcarbonat und 5% Magnesium- und Alkalisalze) in eine organische Knochengrundsubstanz. Die organischen Bestandteile des Knochens bestehen zu etwa 95% aus Kollagenfasern und zu 5% aus amorpher Grundsubstanz. Außerdem besitzen die Knochen Zellen — sog. *Osteozyten* —, die für Auf-, Ab-, und Umbauvorgänge verantwortlich sind. Histologisch unterscheidet man *Lamellen-* und *Geflechtknochen*. Da Geflechtknochen aber beim erwachsenen Menschen nur an wenigen Stellen vorkommen (z. B. bei einem Teil des Felsenbeines) soll im weiteren nur auf den Lamellenknochen eingegangen werden. Ein typisches Beispiel für einen Lamellenknochen ist der Röhrenknochen, wie er bei den Extremitätenknochen vorliegt.

Aufbau eines Röhrenknochens

Der Röhrenknochen läßt sich in Diaphyse und Epiphyse unterteilen. Die *Diaphyse* bildet den Schaft des Röhrenknochens — ein Rohr aus fester Knochensubstanz (substantia compacta) —, das in seinem Inneren das Knochenmark enthält.

Die *Epiphysen* stellen die beiden Gelenkenden des Röhrenknochens dar und sind mit hyalinem Gelenkknorpel überzogen. Im Inneren bestehen sie aus einem schwammartigen Gerüst von Knochenbälkchen (substantia spongiosa).

Beim noch wachsenden Knochen existiert zwischen Diaphyse und Epiphyse eine hyalinknorpelige Gewebsschicht, die als *Epiphysenfuge* bezeichnet wird. Bis zu ihrer Verknöcherung nach Abschluß des Wachstumsalters findet hier das enchondrale Längenwachstum des Knochens statt (s. S. 30).

Von außen nach innen setzt sich der Knochen aus Knochenhaut, Knochensubstanz und Knochenmark zusammen.

● Knochenhaut (Periost)

Die Knochenhaut umhüllt den Knochen allseitig bis auf die Gelenkflächen und die Befestigungsstellen von Sehnen und Bändern. Sie besteht aus einer inneren Regenerationsschicht (stratum osteogenicum) und einer äußeren Faserschicht (stratum fibrosum). Die Kollagenfasern des Periosts dringen als sog. *Sharpeysche Fasern* in den Knochen ein und fixieren die Knochenhaut am Knochen. Das Periost ist mit vielen Blutgefäßen und Nerven versehen. Daraus ergeben sich folgende Funktionen:

— Ernährung des Knochens durch die Blutgefäße.
— Schutz des Knochens, den sie mit einer festen und gleichzeitig elastischen Membran umgibt; sie warnt durch ihre reichliche nervale Versorgung vor mechanischer Überbeanspruchung (Schmerzempfindung). Beispiel: „Knochenhautentzündung" bei ungewohnter bzw. zu hoher Belastung.
— Regeneration: Mit ihren knochenbildenden Zellen ist sie an der Herstellung von Knochengewebe und nach Knochenbrüchen an der Bildung von neuem Knochen (Kallus) beteiligt.

● Knochensubstanz

Die äußere Knochensubstanz ist aus einer mehr oder weniger festen Schicht — diese variiert in Abhängigkeit von der funktionellen Belastung —, der *substantia compacta*, die innere aus einem schwammartigen Gefüge feiner Knochenbälkchen, der *substantia spongiosa,* aufgebaut.
— Substantia compacta (Knochenrinde = Kortikalis)
Die äußere Knochensubstanz setzt sich aus Generallamellen (äußeren und inneren Grundlamellen), Osteonen mit ihren Speziallamellen sowie Schaltlamellen (Lamellen zwischen den Osteonen) zusammen (Abb. 11).
Die Baueinheit des Lamellenknochens ist die *Knochenlamelle* (Dicke 3—7 µm). In einer Knochenlamelle verlaufen alle Kollagenfasern parallel. Die Richtung des Faserverlaufs wechselt von Lamelle zu Lamelle, meist im rechten Winkel. Die Knochenzellen (Osteozyten) — sie haben allseitig lange Fortsätze, die in feinen Knochenkanälchen verlaufen und miteinander in Verbindung stehen — liegen überwiegend an der Lamellengrenze (Abb. 12).
Generallamellen
Generallamellen umfassen den Knochen als Ganzes in mehreren Schichten an der äußeren und inneren Oberfläche. Die äußeren Generallamellen liegen unter dem Periost, die inneren liegen zur Knochenhöhle hin.
Osteon
Osteone bestehen aus einem zentral gelegenen Kanal (Haversscher Kanal) und konzentrisch geschichteten Knochenlamellen, den sog. *Speziallamellen.* Im Zentralkanal befinden sich Blutgefäße, über die der Knochen per diffusionem ernährt wird. Neben den längs verlaufenden Haversschen Kanälchen gibt es auch querverlaufende, sog. Volkmannsche Kanälchen.
Schaltlamellen
Schaltlamellen sind Lamellenbruchstücke, die in der substantia compacta des Schafts

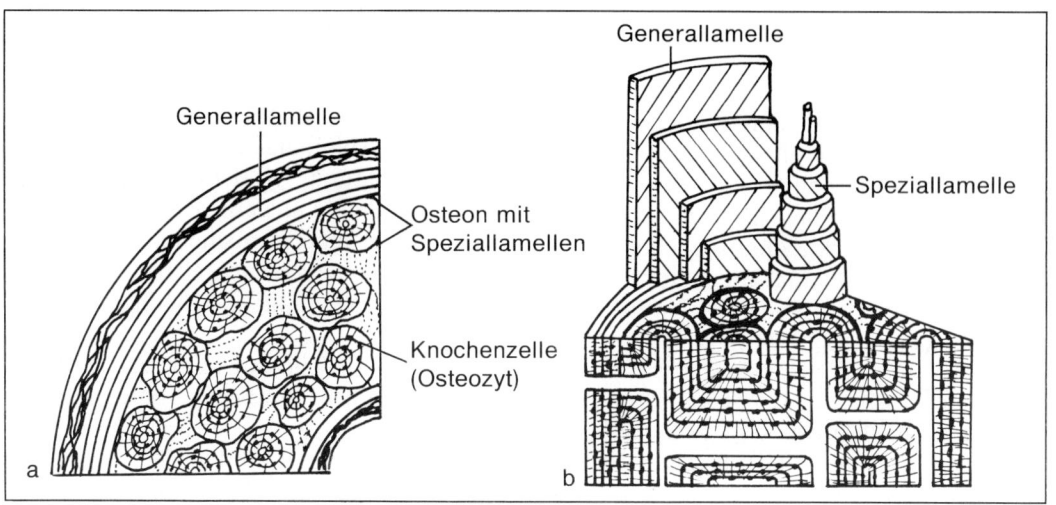

Abb. 11   a) Querschnitt durch einen Lamellenknochen. b) Räumliche Darstellung von Grundlamellen und Speziallamellen.

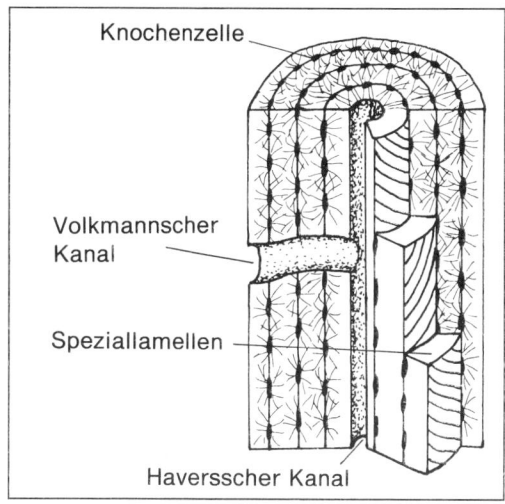

Abb. 12   Aufbau eines Osteons.

(Diaphysen) eines Röhrenknochens die Räume zwischen den Osteonen ausfüllen. Der Bau der Schaltlamellen entspricht dem der Speziallamellen.

— Substantia spongiosa
Die substantia spongiosa bildet die Innenstruktur des Knochens und besteht aus einem schwammartigen Gefüge feiner

Knochenbälkchen — sie werden von Lamellenbruchstücken gebildet —, das sich nach den Hauptbelastungslinien hin ausrichtet und in seinem Gesamtgefüge rotes Knochenmark beherbergt (Abb. 13).

● Knochenmark
Man unterscheidet *gelbes* und *rotes* Knochenmark. Das *gelbe* Knochenmark — es besteht zu 96% aus Fett und wird deshalb auch Fettmark genannt — befindet sich in der Markhöhle der Röhrenknochen der Extremitäten und dient der Ausfüllung von Zwischenräumen.
Das *rote* Knochenmark liegt in den Spalten der substantia spongiosa und stellt das wichtigste blutbildende Organ des Menschen dar.

Knochenentwicklung

Die Knochenbildung (Ossifikation) nimmt ihren Ausgang von Mesenchymzellen. Man unterteilt in eine *direkte desmale* und eine *indirekte chondrale Knochenbildung*, bei der als Vorstufe erst ein Knorpelskelett angelegt wird, das dann durch Knochen ersetzt wird.

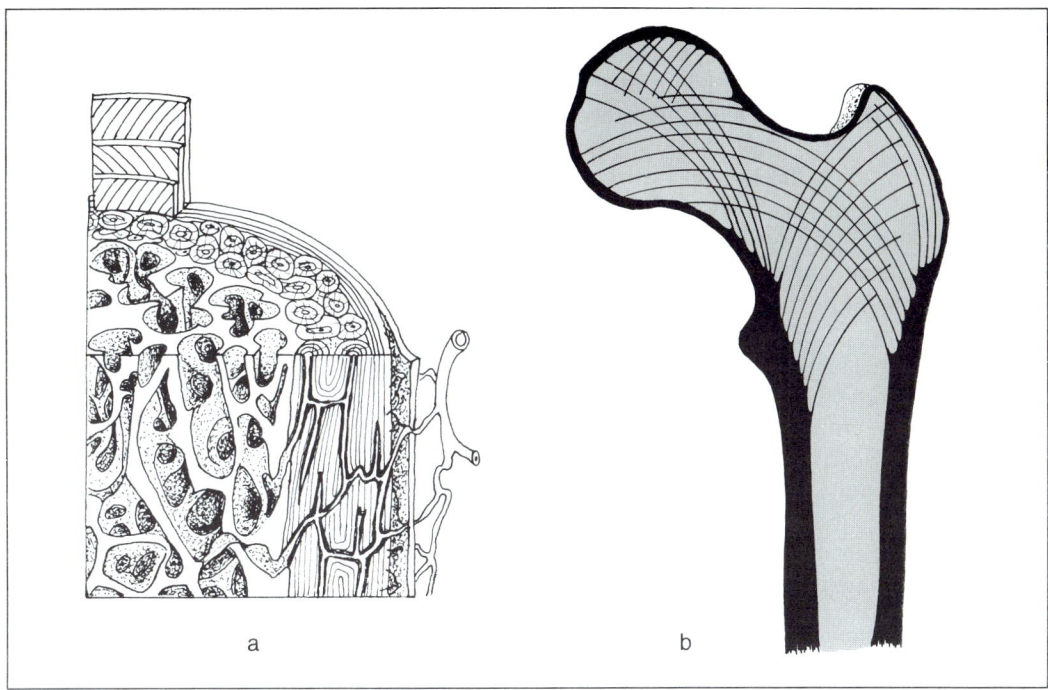

Abb. 13   Darstellung der substantia spongiosa (a) sowie ihrer belastungsabhängigen Knochenbälkchenausrichtung (b).

Desmale Ossifikation

Hierbei finden folgende Vorgänge statt:
– Einzelne Mesenchymzellen bilden sich zu Osteoblasten, d. h. knochenbildenden Zellen, um.
– Jeder Osteoblast scheidet um sich herum Grundsubstanz (= Osteoid) ab.
– Extrazellulär gebildete Kollagenfasern werden in das Osteoid eingeschlossen. Durch Ausfällung von Kalksalzen kommt es zur Ausbildung von Ossifikationskernen (Verknöcherungskernen).
– Durch weitere Osteoidbildung und Verkalkung bilden sich aus den Ossifikationspunkten schließlich Knochenbälkchen, die später miteinander in Verbindung treten und eine Spongiosa bilden.
– Als letztes wird die äußere und innere Knochenschale gebildet.
Beispiel für desmale Knochenbildung: Ein Teil der Schädelknochen.

Beachte: Die desmale Ossifikation findet nur beim Föten statt. Um daher dem Wachstum des jungen Individuums folgen zu können, muß der Knochen mehrfach umgebaut werden. Dies erfolgt über Osteoklasten (knochenauflösende Zellen) und Osteoblasten (knochenaufbauende Zellen).

Chondrale Ossifikation

Die meisten Knochen des Menschen werden durch chondrale Ossifikation angelegt.

Vorläufer der chondralen Ossifikation ist ein hyalinknorpeliges Modell. Der Umbau in Knochensubstanz erfolgt danach durch *perichondrale* und *enchondrale Verknöcherung*.

Bei der *perichondralen* Verknöcherung des Röhrenknochens findet die Verknöcherung ringförmig (peri = um, herum) um das Knorpelmodell statt. Als Endergebnis entsteht eine Knochenmanschette im Diaphysenbereich, die durch appositionelles Knochenwachstum an Dicke zunehmen kann. Die Umwandlung des Knorpelmodells selbst erfolgt durch *enchondrale* Ossifikation (Ersatzknochenbildung). Dabei werden die Knorpelzellen durch Chondroklasten (knorpelauflösende Zellen) abgebaut und durch Osteoblasten zuerst in Geflecht- und dann in Lamellenknochen umgewandelt. Sowohl Chondroklasten als auch Osteoblasten entstehen aus Mesenchymzellen, die über Blutgefäße aus dem dichten Bindegewebe an der Oberfläche der Knochenmanschette in den Knorpel eindringen.

Knochenwachstum

— Längenwachstum

Durch die seitliche Schienung des Knorpelstückes durch die perichondral angelegte Knochenmanschette wird zum einen ein seitliches Auswachsen verhindert, zum anderen ein Druck ausgeübt, der den Knorpel nach den beiden offenen Seiten der Knochenhülse drängt. Es kommt zum enchondralen Längenwachstum des Knochens.

Beachte: Im Laufe der Zeit werden die Knochenbälkchen im Bereich der Knochenmarkshöhle bis zu einer schmalen Umbauzone zwischen Diaphyse und Epiphyse, die beim Kind bzw. Jugendlichen als Wachstumsfuge (Epiphysenfuge) bezeichnet wird, durch die Osteoklasten wieder abgebaut. Es entsteht die Markhöhle des Röhrenknochens.
Solange die Wachstumsfuge besteht, erfolgt das enchondrale Längenwachs-

tum. Mit ihrer Verknöcherung kommt das Längenwachstum zum Stillstand.

— Dickenwachstum

Das Dickenwachstum erfolgt ausschließlich über die perichondrale Ossifikation. Sie geht vom Periost aus und wird als appositionelles Dickenwachstum bezeichnet.

Muskelgewebe

Die charakteristische Eigenschaft des Muskels ist seine Fähigkeit zur Kontraktion. Der Muskel ist ein Bewegungsorgan, das aus einer Vielzahl von Muskelzellen zusammengesetzt ist. Die Muskelzellen sind durch kontraktile Eiweißstrukturen, die Myofibrillen, gekennzeichnet. Zusammen mit jedem Muskelgewebe tritt Bindegewebe auf, das die Verknüpfung der Muskelzellen untereinander ermöglicht und die Kontraktion der Muskelzellen (-fasern) auf die Umgebung überträgt.

Unter morphologischem und funktionellem Aspekt unterscheidet man quergestreifte und glatte Muskulatur. Die quergestreifte Muskulatur läßt sich dabei nochmals in Skelett- und Herzmuskulatur unterteilen. Der auffälligste morphologische Unterschied zwischen glatter und quergestreifter Muskulatur besteht darin, daß die quergestreifte Muskulatur — wie dies in ihrer Bezeichnung zum Ausdruck kommt — eine (licht- und elektronenmikroskopische) Querstreifung aufweist, die glatte Muskulatur hingegen nicht. Des weiteren wird die quergestreifte Skelettmuskulatur vor allem vom somatischen Nervensystem, die glatte Muskulatur nur vom vegetativen Nervensystem, innerviert. Die Kontraktionen der quergestreiften Muskulatur (willkürliche Kontraktion)

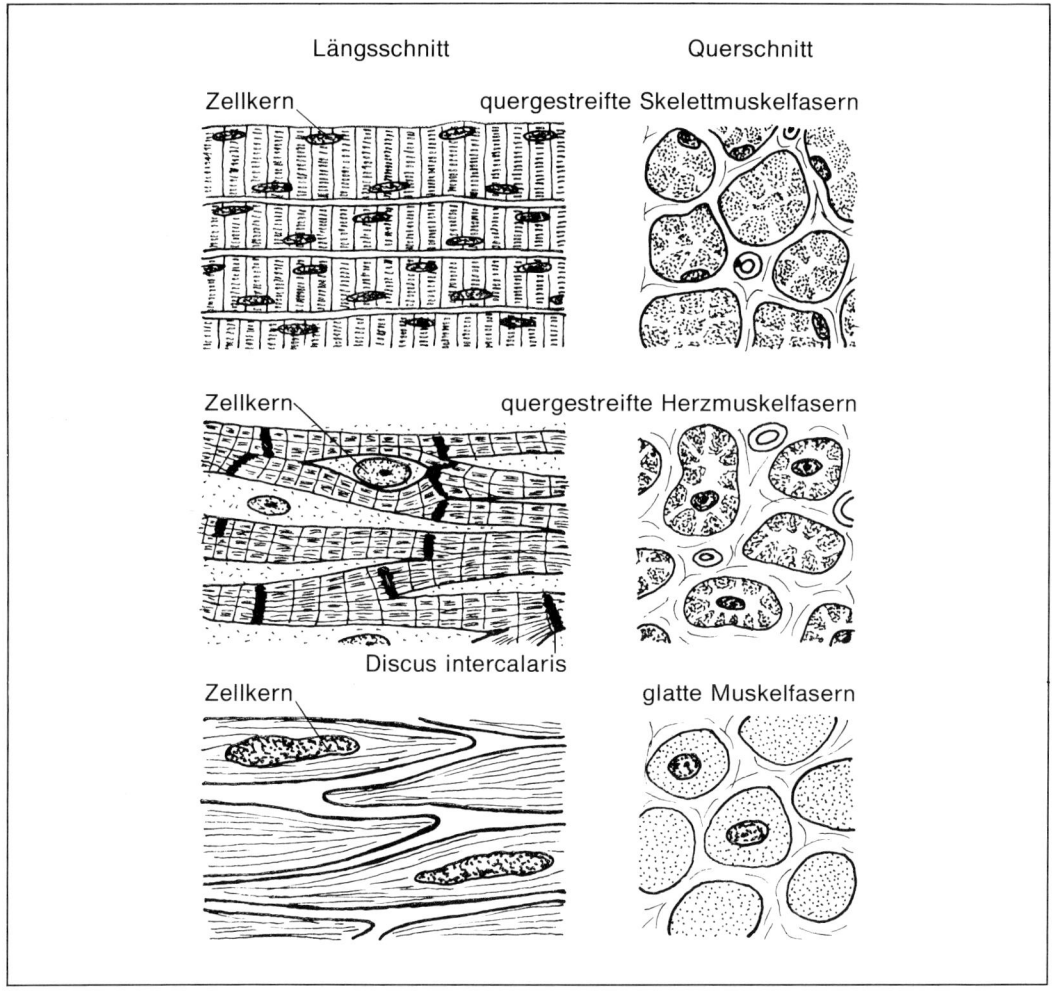

Längsschnitt   Querschnitt

Zellkern   quergestreifte Skelettmuskelfasern

Zellkern   quergestreifte Herzmuskelfasern

Discus intercalaris

Zellkern   glatte Muskelfasern

Abb. 14   Längs- und Querschnitt durch quergestreifte Skelett-, quergestreifte Herz- und glatte Muskulatur.

verlaufen schnell und geradlinig, die der glatten (unwillkürliche Kontraktion) langsam und wurmartig.

Eine Sonderstellung nimmt die Herzmuskulatur ein, die zwar quergestreift ist, aber dennoch vegetativ innerviert wird und autonom tätig ist. Jedes Muskelgewebe besteht aus langgestreckten Muskelzellen mit einem oder mehreren Zellkernen und Zytoplasma.

Die quergestreiften Skelettmuskelzellen sind parallel angeordnet und besitzen viele randständige Kerne. Die Herzmuskelzellen sind verzweigt und haften über disci intercalares (s. S. 33) zusammen; ihr Zellkern liegt ebenso zentral wie der der glatten Muskelzelle, die von allen Muskelzellen den geringsten Durchmesser besitzt: Im Vergleich zu den etwa 15 μm der Herz- bzw. 50 μm der Skelettmuskelzelle weist sie nur einen Durchmesser von 5 μm auf (Abb. 14).

Glatte Muskulatur

Glatte Muskulatur findet sich überall da, wo es nicht auf eine schnelle, sondern mehr auf eine langdauernde Kontraktion ankommt. Aus diesem Grunde werden glatte Muskelfasern unter anderem im Gefäßsystem, im Darmkanal und in der Harnblase vorgefunden.

Quergestreifte Muskulatur

1. Skelettmuskulatur

Das kontraktile Element der Skelettmuskulatur wird von der Muskelfaser gebildet. Ein Hüllsystem aus kollagenen und elastischen Fasern faßt diese Muskelfasern zu Primär- und Sekundärbündel und schließlich zum Muskel zusammen.
Skelettmuskelfasern können bis zu 15 cm lang sein.

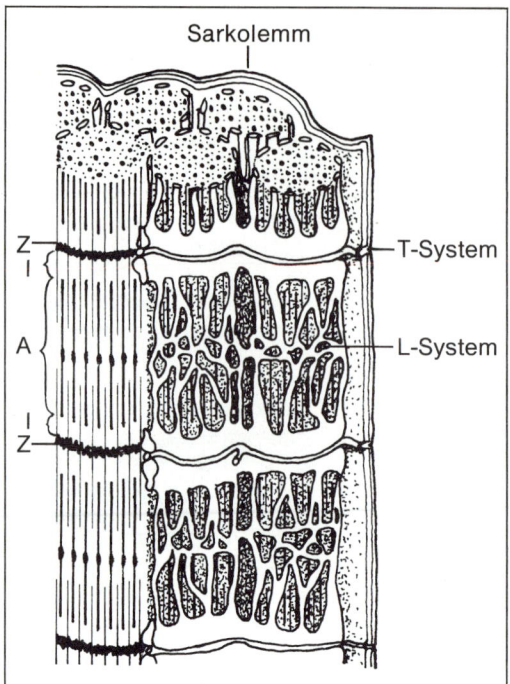

Abb. 15 Teildarstellung einer Muskelfaser, die sich aus mehreren Myofibrillen zusammensetzt. Die Tubuli des transversalen (T-)Systems haben unmittelbaren Kontakt mit dem longitudinalen (L-)System des sarkoplasmatischen Retikulums (vgl. Text).
Links Darstellung eines Sarkomers (= Abschnitt zwischen jeweils 2 Z-Streifen) nach Entfernung des sarkoplasmatischen Retikulums.

Das elementare Konstituens einer Muskelfaser ist die quergestreifte Myofibrille, die aus dünneren (Aktin-) und dickeren (Myosin-)Filamenten aufgebaut wird.
Zwischen den Myofibrillen befindet sich mitochondrienarmes Sarkoplasma und ein *stark entwickeltes glattes sarkoplasmatisches Retikulum* (sog. L-System), das die für die Auslösung der Kontraktion erforderlichen Kalziumionen speichert: Beim Eintreffen einer nervösen Erregung über das T-System (Abb. 15) gelangen sie in das Sarkoplasma und bringen die Myofibrille zur Kontraktion.
Granuläres (rauhes) sarkoplasmatisches Retikulum und Ribosomen — sie sind für die Eiweißsynthese zuständig — liegen nur in geringer Menge vor. Diese Tatsache erklärt die geringe Regenerationsfähigkeit der reifen Skelettmuskel-

faser und den Umstand, daß an Stellen zugrundegegangener Muskelfasern (z. B. nach einem Muskelfaserriß) meist Bindegewebsnarben entstehen.

Eine Besonderheit der Muskelzelle bzw. der Muskelfaser ist die Existenz verschiedener Fasertypen mit differenzierter Funktion. Man unterscheidet, wenn man den Intermediärtyp vernachlässigt, 2 Haupttypen:
— Die weiße (helle), dicke und „schnelle" Faser, auch als FT-Faser (fast twitch = schnellzuckende Faser) bezeichnet. Sie ist vor allem bei schnellkräftigen und intensiven Muskelbeanspruchungen in Aktion.

Rummenigge schießt den Ball
volley auf das gegnerische Tor.

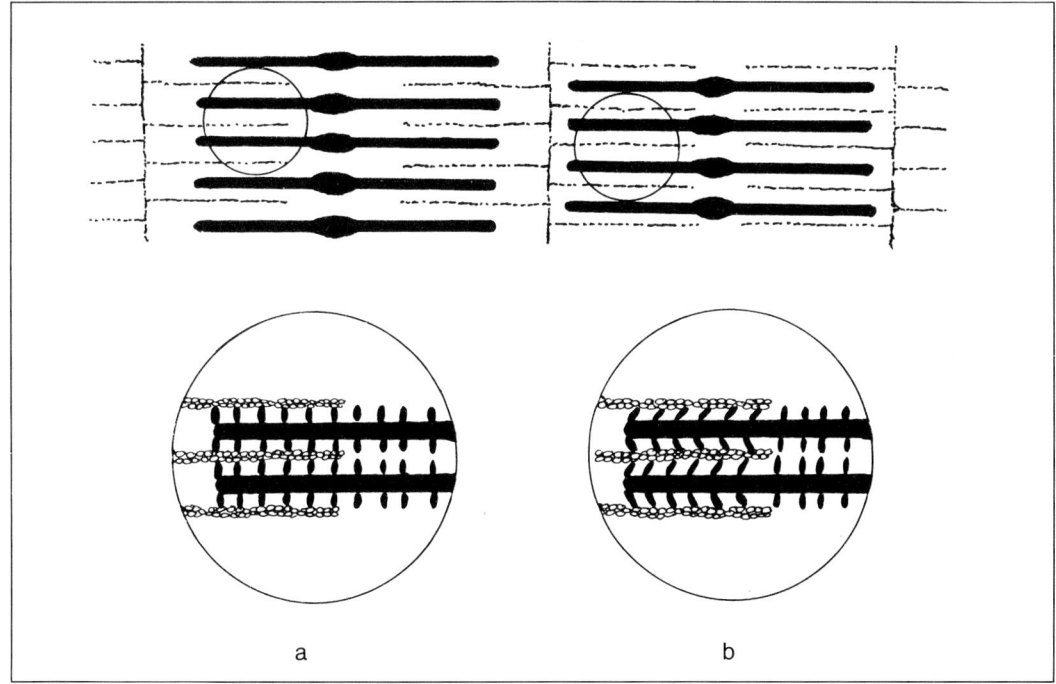

Abb. 16 Vereinfachte Darstellung des Kontraktionsvorganges. Dicke Filamente = Myosin, dünne Filamente = Aktin. a) Nicht kontrahierter Zustand. b) Kontrahierter Zustand.

— Die rote, dünne und „langsame" sogenannte ST-Faser (slow twitch = langsam zuckende Faser). Dieser Fasertyp wird bei Muskelarbeit geringerer Intensität beansprucht.
Beispiele: Der vor allem bei Schnellkraftaktionen (z. B. leichtathletische Sprünge) tätige *m. gastrocnemius* (Zwillingswadenmuskel) setzt sich überwiegend aus FT-Fasern zusammen, der besonders bei Ausdauerbelastungen eingesetzte *m. soleus* (Schollenmuskel) vermehrt aus ST-Fasern. In Abhängigkeit von ihrer differierenden funktionellen Beanspruchung weisen die einzelnen Fasertypen u. a. auch Unterschiede im Stoffwechsel auf: die FT-Fasern imponieren durch den Reichtum an energiereichen Phosphaten und Glykogen und die entsprechende Ausstattung mit Enzymen der anaeroben Energiegewinnung, die

ST-Fasern zeichnen sich ebenfalls durch Glykogenreichtum, aber vor allem durch das vermehrte Vorhandensein von Enzymen des aeroben Stoffwechsels aus.
Die Anlage bzw. die prozentuale Verteilung der verschiedenen Muskelfasern ist genetisch festgelegt. Beim „geborenen" Sprinter überwiegen die FT-Fasern, beim „geborenen" Ausdauerleister die ST-Fasern.

Exkurs: Kontraktionsvorgang

Die Kontraktion der Muskelfaser erfolgt dadurch, daß die Aktinfilamente zwischen die Myosinfilamente hineingezogen werden. Diese teleskopartige Verschiebung der Filamente wird dadurch erreicht, daß durch Einströmen von Kalziumionen in das Sarkoplasma eine Verbindung zwischen den Köpfchen des Myosins und den dünnen Aktinfilamenten zustandekommt: Durch Umlegen der Myosinköpfchen (ähnlich einer Ruderbewegung) werden die dünnen Aktinfilamente nun zwischen die dicken Myosinfilamente gezogen, und es kommt zur äußerlich sichtbaren Muskelverkürzung (Abb. 16).

Beachte: Die Muskulatur befindet sich ständig in einem gewissen Spannungszustand. Dieser „Tonus" der Muskulatur sichert dem Menschen zum einen die Erhaltung der aufrechten Haltung — die Rückenstrecker z. B. sind gerade immer so stark kontrahiert, daß die Wirbelsäule gestreckt ist —, zum anderen eine ständige Basisbereitschaft für eventuelle Muskelaktionen.

2. Herzmuskulatur

Die Herzmuskulatur (s. Abb. 14) weist folgende Besonderheiten auf:
— Die Herzmuskelfasern sind wie der Skelettmuskel quergestreift, aber unregelmäßig verzweigt und nur etwa 100 μm lang.
— Die Herzmuskelfasern haben untereinander End-zu-End Verbindungen, die über disci intercalares (Glanzstreifen) gebildet werden.
— Der Kern der Herzmuskelfaser liegt zentral.
— Zwischen den Herzmuskelfasern befindet sich ein mitochondrienreiches Sarkoplasma: 30% des Herzzellvolumens besteht aus Mitochondrien (bei der Skelettmuskelzelle sind es etwa 5%), was die aerobe Energiebereitstellung dieses „Ausdauerleisters" gewährleistet.
— Die Erregung des Herzmuskels erfolgt durch ein spezialisiertes Muskelgewebe, die Erregungsleitungsmuskulatur, die autonom tätig ist. Außerdem wird die Herzmuskulatur vom vegetativen Nervensystem innerviert.

Nervengewebe

Grundeigenschaften des lebenden Organismus sind die Reizbarkeit, die Erregungsleitung und die Reizbeantwortung. Bei den einzelligen Tieren laufen alle Stufen in einer Zelle ab. Bei den Metazoen (Gewebetieren) und beim Menschen wird die Erregung von einem speziellen Leitgewebe, dem Nervengewebe, übertragen.

Das Nervengewebe besteht aus Nervenzellen, Nervenfasern und Neuroglia.

Nervenzelle

Die Nervenzellen — auch Ganglienzellen genannt — findet man in der grauen Substanz des Gehirns (ca. 150 Milliarden Zellen!) und des Rückenmarks sowie in den Spinalganglien und den Ganglien des vegetativen Nervensystems. Es gibt verschiedene Formen (unipolare, bipolare, pseudounipolare und multipolare = häufigste Form) und Größen (sie variieren von 4 μm bis 120 μm Größe).

Eine Ansammlung vieler Nervenzellen wird *Ganglion*, im Hirnbereich *Nucleus* genannt.

Die Nervenzellen dienen der Signalleitung und -verarbeitung. Jede Nervenzelle besteht aus einem Zelleib (Perikaryon), der den Zellkern beinhaltet, und Fortsätzen (Neuriten und Dendriten).

Das *Perikaryon* — gebildet vom Zellkern und umgebendem Zytoplasma — stellt das trophische Zentrum der Nervenzelle dar. Seine Oberfläche kann erregende und hemmende Reize aufnehmen. Die im Zytoplasma befindliche *Nissl-Substanz* stellt den Ort der Proteinsynthese dar (Struktur- und Transportproteine) (Abb. 17).

Da den Nervenzellen die Teilungsfähigkeit verloren gegangen ist, können abgestorbene Ganglienzellen nicht durch neue ersetzt werden.

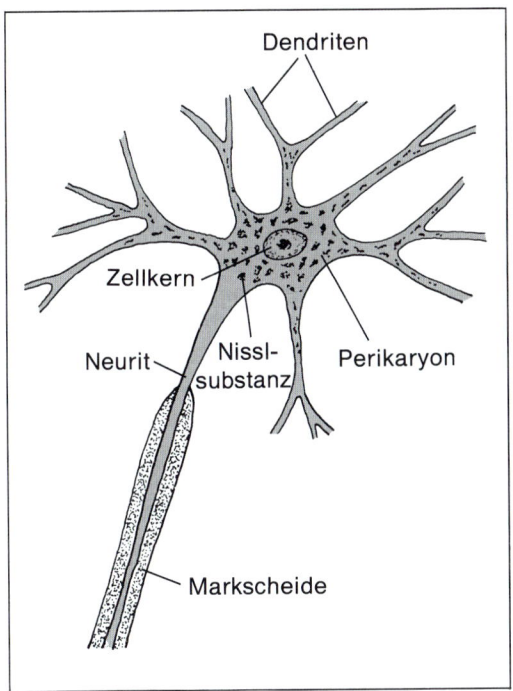

Abb. 17 Schematische Darstellung einer multipolaren Nervenzelle.

Nervenfasern

Die Nervenfasern sind die von den Nervenzellen ausgehenden Fortsätze. Man unterscheidet Neuriten und Dendriten.

Neurit
Jede Zelle besitzt einen Neuriten, der die Erregung von der Zelle weg (zellulofugal) leitet. In Abhängigkeit von der Körpergröße kann der Neurit eine Länge bis zu 1 m haben (z.B. der nervus ischiadicus, der von der Fußsohle bis zum Rückenmark reicht).

Dendrit
Die übrigen Fortsätze der Nervenzelle – Dendriten genannt – sind kürzer, stark verzweigt und variieren in ihrer Zahl. Sie leiten die Reizsignale der Nervenzelle zu.

> Die kleinste *morphologische* Einheit des Nervensystems wird *Neuron* genannt.

Ein Neuron setzt sich dabei aus der Nervenzelle, dem Neurit und den Dendriten zusammen. Man spricht auch von einer trophischen Einheit, weil die Ernährung von Neurit und Dendriten immer von der zugehörigen Zelle aus vor sich geht.

Die kleinste *funktionelle* Einheit des Nervensystems ist dagegen der *Reflexbogen*. Er besteht im einfachsten Fall aus einem zuleitenden (afferenten) Neuron, das Reize aus der inneren und äußeren Körperperipherie zum Zentralnervensystem (ZNS) weitergibt, wo eine Umschaltung über sogenannte Synapsen auf ein ableitendes (efferentes), z.B. motorisches Neuron, stattfindet. Dadurch kann die Erregung dem Erfolgsorgan, z.B. dem Muskel, zugeleitet werden.

Aufbau der Nervenfasern

Neuriten und Dendriten haben im wesentlichen den gleichen Aufbau (Abb. 18). Im Inneren liegt der Achsenzylinder (Axon), der von einer Außenhülle, der Schwannschen Scheide, umgeben ist – sie ist für die elektrische Isolierung des Axons verantwortlich. Je nach Differenzierung der Hülle unterscheidet man markscheidenhaltige und markscheidenfreie (marklose) Nervenfasern. Die Lipoproteinkomplexe der Markscheide werden auch Myelin genannt.

Die Nervenfasern lassen sich nach Größe, Dicke und Leitungsgeschwindigkeit in verschiedene Gruppen unterteilen (Tab. 1).

Aufbau eines Nervenfaserbündels

Die meisten Nervenfasern verlaufen in Bündeln (Abb. 19). Im Zentralnervensy-

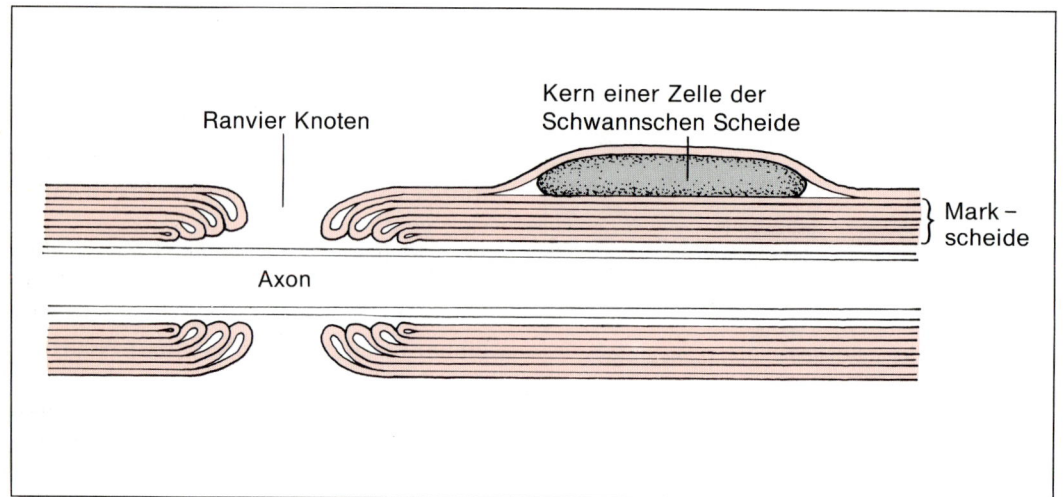

Abb. 18   Schematische Darstellung einer Nervenfaser.

Gruppe	Nervenfaser-querschnitt (in μm)	Leitungsge-schwindigkeit in m/s	Beispiele
Markscheidenhaltige Nervenfasern			
A	10 – 20	60 – 120	Efferenzen zu den quergestreiften Muskeln
A	7 – 15	40 – 90	Afferenzen aus der Haut (Berührungsempfindung)
A	4 – 8	30 – 45	Efferenzen zu den Muskelspindeln
A	3 – 5	5 – 25	Afferenzen aus der Haut (Temperaturempfindung)
B	1 – 3	3 – 15	Präganglionäre vegetative Nervenfasern
Markscheidenfreie Nervenfasern			
C	0,3 – 1	3 – 15	Postganglionäre vegetative Nervenfasern

Tab. 1   Einteilung der Nervenfasern.

stem werden sie *Fasciculi*, im peripheren Nervensystem *Nerven* genannt.

Die Nerven verbinden die Körperperipherie und das Zentralnervensystem. Man unterscheidet afferente (zum Zentralnervensystem hin leitende, z. B. sensible), und efferente (vom Zentralnervensystem weg leitende, z. B. motorische) Nerven. Die meisten Nerven sind gemischt.

Die Nervenfasern sind im Nerven durch bindegewebige Strukturen untereinander und mit der Umgebung verbunden. Man

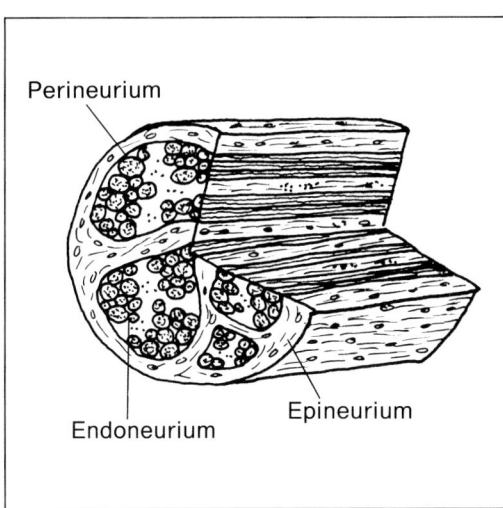

Abb. 19 Darstellung eines Nervenfaserbündels.

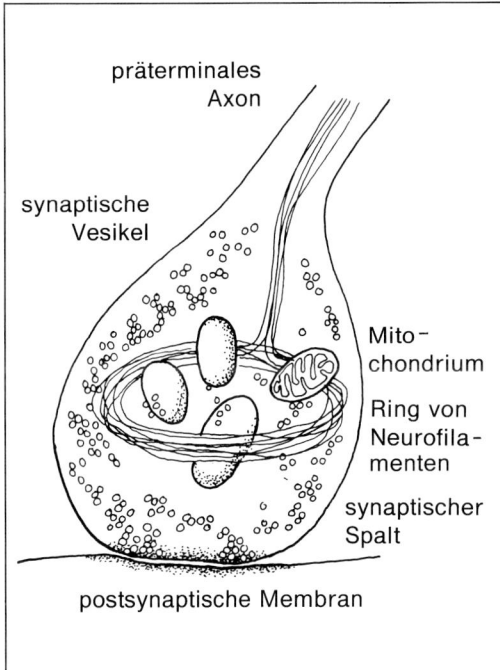

Abb. 20 Elektronenmikroskopische Darstellung einer Synapse.

unterscheidet ein Endoneurium, ein Perineurium und ein Epineurium.

Das *Endoneurium*, das Blut- und Lymphkapillaren zur Ernährung der Nervenfasern führt, umgibt als lockeres Bindegewebe unmittelbar alle Nervenfasern.

Das *Perineurium* umgibt als straffe Bindegewebshülle Bündel von mehreren Nervenfasern und schützt den Nerven gegenüber zu starker Dehnung. Das *Epineurium*, das ebenfalls einer Überdehnung entgegenwirkt, faßt schließlich alle Nervenfaserbündel zum Gesamtnervenfaserbündel zusammen. Sensible und motorische Nervenfasern laufen in den Bündeln nebeneinander. Bei der Durchtrennung eines Nerven (durch Verletzungen o.ä.) kommt es entweder zur *Degeneration* des von der Nervenzelle abgetrennten peripheren Anteils oder durch Auswachsen des proximalen Axonstumpfes und erfolgreiche Wiedervereinigung mit dem peripheren Anteil zur Reinnervation und damit zur *Regeneration* des Nerven. Da der Neurit — seine tägliche Wachstumsrate beträgt zwischen 0,5 bis 3 mm — je nach dem Ort der Durchtrennung unterschiedlich lange Strecken zurücklegen muß, um den Wiederanschluß zu erreichen, kann der funktionelle Erfolg einer derartigen Regeneration bisweilen länger als ein Jahr dauern.

Erregungsübertragung

Die Erregungsübertragung vom Nerven auf das Erfolgsgewebe, z.B. den Skelettmuskel, erfolgt über entsprechende Kontaktstellen, die als *Synapsen* bezeichnet werden (Abb. 20). Die Erregungsübertragung erfolgt nur in einer Richtung. Eine Synapse setzt sich aus drei Anteilen zusammen:

– dem kolbenförmig aufgetriebenen Endstück des Neuriten, der in synaptischen Bläschen (Vesikeln) den für die Erregungsübertragung notwendigen Transmitterstoff enthält.

— dem synaptischen Spalt: Über ihn gelangt der Erregerstoff zur nachgeschalteten
— postsynaptischen Membran des Er-
folgsorgans, wo er eine fortgeleitete Erregung auslöst.

Neuroglia

Die Neuroglia oder Glia (glia = Kitt) stellt
eine bindegewebige Stützsubstanz des Zen-
tralnervensystems dar, in das Ganglienzellen und Nervenfasern eingebettet sind. Sie
besteht aus verschiedenen Zellformen mit
ihren Fortsätzen. So bilden z. B. die Stern-
zellen den Hauptanteil in der weißen und
grauen Substanz des Gehirnes, die Mantel-
zellen hingegen stellen die Gliazellen der
peripheren Nerven dar.

Szene von den Deutschen
Meisterschaften im Wasserski-
fahren.

2 Passiver und aktiver Bewegungsapparat

Anatomische Nomenklatur

Angulus	Winkel	nucleus pulposus	Gallertkern der
aponeurosis	flächenhafte Sehne		Bandscheibe
arcus	Bogen	obliquus	schräg, schief
articulatio	Gelenk	olecranon	Hakenfortsatz
bursa	Schleimbeutel		der Elle
calcaneus	Fersenbein	os	Knochen
capitulum	Köpfchen	pars	Teil
collum	Hals	patella	Kniescheibe
condylus	Gelenkknorren	Periost	Knochenhaut
costa	Rippe	phalanx	Finger-,
crista	Kamm, Leiste		Zehenglied
Diarthrose	bewegl. Gelenk	plexus	Geflecht
discus	Knorpelscheibe	processus	Fortsatz
	in einem Gelenk	Prolaps	Vorfall
enchondral	im Knorpel liegend	protrusio	Vortreibung
epicondylus	Gelenkknorren	radius	Speiche
facies	Fläche, Gesicht	retinaculum	Halteband
fascia	bindegewebige Hülle	scapula	Schulterblatt
femur	Oberschenkel-	Skoliose	seitliche
	knochen		Verbiegung
fibula	Wadenbein		der Wirbelsäule
foramen	Loch	spina	Dorn, Stachel, Gräte
fossa	Grube	sternum	Brustbein
humerus	Oberarmknochen	sulcus	Furche
incisura	Einschnitt	Synarthrose	unbewegliche
interosseus	zwischen		Knochenverbindung
	Knochen liegend	Synchondrose	Knorpelhaft
intervertebral	zwischen	Syndesmose	Bandhaft
	Wirbeln liegend	Synostose	Knochenhaft
Kyphose	Rundrücken	talus	Sprungbein
labrum	Lippe	tendo	Sehne
ligamentum	Band	thoracal	Brust-
linea	Linie	thorax	Brustkorb
Lordose	Hohlkreuz	trochanter	Rollhügel
lumbal	Lenden-	tuber	Höcker
margo	Rand	tuberositas	Rauhigkeit
meniscus	Halbring	ulna	Elle
musculus	Muskel	zervikal	Hals-

Richtungsbezeichnungen

Alphabetische Anordnung:

anterior	vorne
dexter	rechts
distal	entfernt, vom Körper weg
dorsal	rückenwärts
externus	außen
inferior	unten
internus	innen
kaudal	fußwärts
kranial	kopfwärts
lateral	zur Seite hin
medial	zur Mitte hin
palmar	hohlhandwärts
plantar	fußsohlenwärts
posterior	hinten
profundus	in der Tiefe
sinister	links
superficialis	oberflächlich
superior	oben
ventral	bauchwärts

Systematische Anordnung:

anterior – posterior
dexter – sinister
distal – proximal
dorsal – ventral
dorsal – palmar/plantar
externus – internus
inferior – superior
internus – externus
kaudal – kranial
lateral – medial
profundus – superficialis

Bewegungen

Abduktion	Abspreizung
Adduktion	Heranführung
Anteversion	Vorführung
Retroversion	Rückführung
Extension	Streckung

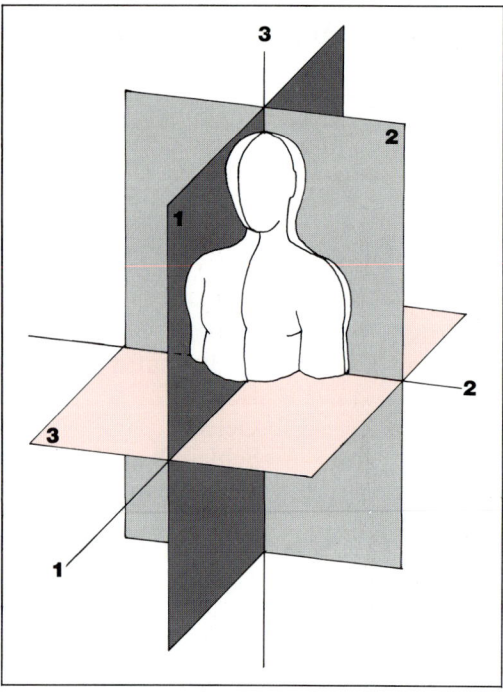

Abb. 21   Die Lage der anatomischen Ebenen und Achsen zum menschlichen Körper.

Flexion	Beugung
Pronation	Einwärtsdrehung
Supination	Auswärtsdrehung
Elevation	Heben über die Waagrechte

Ebenen und Achsen
(Abb. 21)

1. Sagittalachse – Sagittalebene
2. Frontalachse – Frontalebene
3. Längsachse – Transversalebene

Allgemeiner Überblick zum Bewegungsapparat

Der Bewegungsapparat setzt sich aus zwei Systemen zusammen, dem Skelettsystem und dem Muskelsystem. Dabei umfaßt das Skelettsystem Knochen, Gelenke und Bänder; das Muskelsystem die Muskeln mit ihren Hilfseinrichtungen wie Sehnen, Sehnenscheiden, Schleimbeuteln u. a.

Durch die Fähigkeit des Muskels, sich zu verkürzen, ist er in der Lage, gelenkig miteinander verbundene Knochen gegeneinander zu bewegen. Im Gegensatz zum Skelettsystem — dem passiven Bewegungsapparat — stellt das Muskelsystem also den aktiven Bewegungsapparat des Körpers dar.

Der passive Bewegungsapparat

Allgemeine Knochen- und Gelenklehre

Funktion des Knochens

Neben ihrer Schutzfunktion (Absicherung des Gehirns, des Knochenmarks etc.) bilden die Knochen einerseits ein Gerüstwerk, durch das die Weichteile Stütze und Halt bekommen, andererseits stellen sie feste Hebel für den Ansatz der Muskeln dar.

Knochenformen

Entsprechend den verschiedenen Funktionen und Belastungsmodalitäten findet man auch verschiedene Knochenformen: bald röhrenförmig und lang wie die Extremitätenknochen, bald breit und flach wie das Schulterblatt, das Hüftbein und die Schädelknochen, bald kurz und würfelförmig wie die Wirbel, die Hand- und Fußwurzelknochen.

Anpassung des Knochens an sportliche Belastung

Knochenentwicklung, Knochenwachstum und Knochenerhaltung werden durch hormonelle (sie seien an dieser Stelle vernachlässigt) und mechanische Regulationsmechanismen beeinflußt.

> Mechanische Belastungen, z. B durch sportliches Training, bilden einen formativen Reiz, der in spezifischer Weise

> die Zusammensetzung und das Gesamtgefüge des Knochens verändert: es kommt zu einer vermehrten Mineralisierung des Knochens, zu einer Dickenzunahme der Knochenrinde sowie zur Herausbildung funktionell angepaßter, verstärkter Knochenbälkchenstrukturen, die sich nach den Druckkraftlinien der körperlichen Beanspruchung ausrichten (vgl. Abb. 13).

Mechanische Belastung führt aber nicht nur zu Adaptationsvorgängen in der Infrastruktur des Knochens, sondern auch zu Veränderungen seiner äußeren Gestalt. Die knöchernen Rauheiten (tuberositates), Knochenleisten (cristae) und Knochenhöckerchen (tubercula), an denen Muskeln und Bänder ansetzen, treten stärker hervor, ja sogar der ganze Knochen erfährt aufgrund der ansetzenden Muskelkräfte eine Formveränderung; als Beispiel dafür kann das Schienbein gelten, das bei der Geburt primär röhrenförmig ist und durch die zunehmende mechanische Beanspruchung (mit Beginn des aufrechten Ganges) eine Dreiecksform annimmt, was bei Kindern, die von Geburt an gelähmt sind, nicht der Fall ist.

> Beachte: Im Gegensatz zur Skelettmuskulatur führt eine dauernde unphysiologisch hohe Belastung nicht zu einer weiteren Hypertrophie, sondern zu einer Atrophie und Demineralisierung des Knochens, was u. U. zu einem *Ermüdungsbruch* führen kann.

Die Knochen als Gelenk-
bildner —
Einteilung der Gelenke

Die Knochen sind entweder fest oder beweglich miteinander verbunden. Man unterscheidet Synarthrosen und Diarthrosen.

Synarthrosen

Hierbei handelt es sich um eine feste Verbindung der Knochen miteinander durch ein Bindematerial, das praktisch keine Beweglichkeit gegeneinander zuläßt. Man unterscheidet:
1. Syndesmosis (Bandhaft)
Beispiel: Die straffe, bindegewebige Verbindung von Schien- und Wadenbein.
2. Synchondrosis (Knorpelhaft)
Beispiel: Die bindegewebsknorpelige Verbindung der Schambeinfuge.
3. Synostosis (Knochenhaft)
Beispiel: Die knöcherne Verbindung beim Kreuzbein.

Diarthrosen

Darunter versteht man eine bewegliche Verbindung der Knochen mit einem Gelenkspalt. Die Knochenenden sind mit Knorpel überzogen und gegeneinander beweglich; es handelt sich somit um ein regelrechtes Gelenk.

Aufbau der Diarthrosen

Die Gelenkfläche

Die artikulierenden Knochenenden sind von hyalinem Knorpel überzogen, so daß eine glatte Oberfläche entsteht und die Reibung weitestgehend herabgesetzt ist. Die Gelenkflächen sind entweder konvex

— diese Form des Gelenkkörpers bezeichnet man als *Gelenkkopf* — oder konkav — man spricht von einer *Gelenkpfanne*. Die Pfanne kann durch einen Randwulst (labrum glenoidale) vergrößert sein: Beispiele sind das Schulter- und Hüftgelenk. Die Inkongruenz mancher Gelenkflächen wird durch Disci (platte Zwischenscheiben) oder Menisci (Halbringe) ausgeglichen.

Die Gelenkkapsel

Die Gelenkkapsel bildet eine bindegewebige Hülle für das Gelenk und schließt die Gelenkhöhle luftdicht ab. Sie ist an beiden artikulierenden Knochen, zumeist am Rand der überknorpelten Gelenkflächen befestigt. Die Gelenkkapsel besteht aus einer inneren und äußeren Schicht. Die innere Schicht ist glatt und sondert Gelenkschmiere (Synovia) ab, die bei Bewegung die Gelenkflächen schmiert und gleitfähig macht. Die äußere Schicht besteht aus kollagenen Bindegewebsfasern.

Die Gelenkhöhle

Die Gelenkhöhle ist eigentlich als „Höhle" gar nicht vorhanden, da zwischen den gelenkenden Teilen aufgrund des bestehenden Unterdruckes bzw. des Zuges der über das Gelenk ziehenden Muskeln nur ein kapillärer Spalt besteht.

Einteilung der Diarthrosen

Die Gestaltung der artikulierenden Flächen und die Anordnung des zugehörigen Bandapparates bestimmen weitgehend die Bewegungsmöglichkeiten eines Gelenkes (Abb. 22).

Einachsige Gelenke

Scharniergelenk: Es erlaubt Beuge- und Streckbewegungen wie z. B. in den Fingermittel- und -endgelenken.

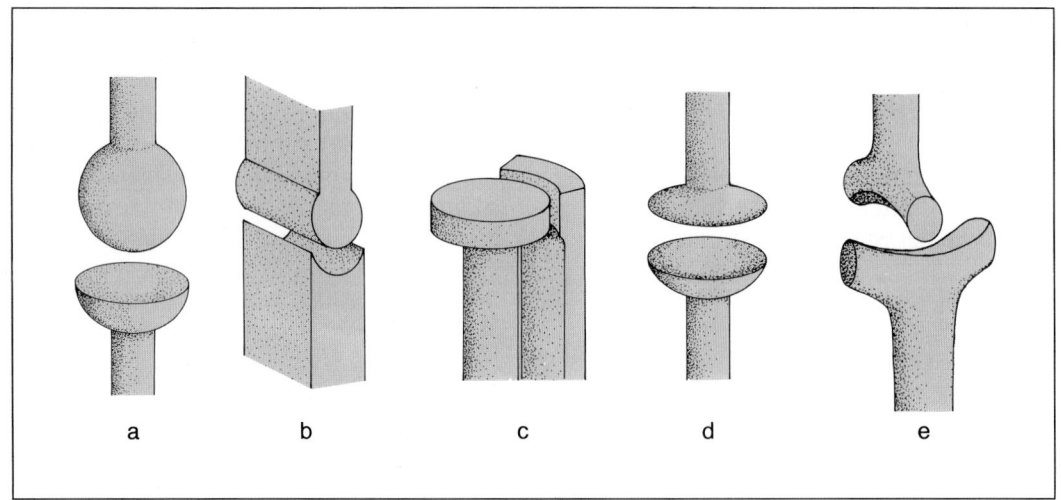

a   b   c   d   e

Abb. 22 Schematische Darstellung verschiendener Gelenktypen: a) Kugelgelenk, b) Scharniergelenk, c) Dreh- oder Radgelenk (= Trochoginglymus), d) Eigelenk und e) Sattelgelenk.

Dreh- oder Radgelenk: Drehung des Radiusköpfchens im proximalen Radio-ulnargelenk in einem Einschnitt der Elle (incisura radialis ulnae) sowie innerhalb des Ringbandes (lig. anulare) bei den Handwendebewegungen (Pronation und Supination).

Zweiachsige Gelenke

Eigelenk: Dorsal- und Palmarflexion bzw. Ulnar- und Radialabduktion im proximalen Handgelenk.

Sattelgelenk: Wie beim Reitsattel (Name!) besitzt jeder der beiden Gelenkkörper eine konvexe und eine konkave Gelenkfläche. Einziges Beispiel ist das Sattelgelenk des Daumens (articulatio carpometacarpea pollicis), bei dem die Basis des I. Mittelhandknochens des Daumens (os metacarpale I) mit dem großen Vielecksbein (os trapezium) artikuliert.

Dreiachsige Gelenke

Kugelgelenk: Die Ausdehnung der Gelenkpfanne ist kleiner als der Umfang des Gelenkkopfes. So ist z. B. das Schultergelenk zwar das beweglichste, aber auch das am geringsten gesicherte Gelenk des menschlichen Körpers.

Nußgelenk: Die Pfanne ist so tief, daß sie den Gelenkkopf bis über den Äquator hinaus erfaßt. Damit ist – wie z. B. beim Hüftgelenk – die Gefahr einer Luxation in wesentlich geringerem Maße gegeben als beim Kugelgelenk.

Vorrichtungen zur Einschränkung der Gelenksbeweglichkeit

Knochenhemmung

Die Bewegung wird durch Knochenanschlag begrenzt. Im Ellenbogengelenk wird z. B. der Streckung durch das Olecranon (Hakenfortsatz der Elle) ein Ende gesetzt.

Bandhemmung

Der Bewegungsumfang wird durch den Bandapparat eingeschränkt. Das lig. iliofemorale (Darmbeinschenkelband) z. B. gestattet nur ein geringfügiges Zurückführen des Rumpfes gegen das fixierte Standbein.

Muskelhemmung

Über mehrere Gelenke hinwegziehende Muskeln sind in ihrer Extremstellung zu kurz und lassen daher eine weitere Beugung nicht mehr zu. So können z. B. die Finger bei stark gebeugten Handgelenken nicht zur Faust geschlossen werden.

Allgemeiner Überblick über den Aufbau des menschlichen Skeletts

Das Skelett des Menschen setzt sich zusammen aus Wirbelsäule und Schädel, Schultergürtel und oberer Extremität sowie Beckengürtel und unterer Extremität (Abb. 23).

Die Wirbelsäule

Die Wirbelsäule stellt das zentrale Achsenskelett des Menschen dar. Sie schützt das Rückenmark, trägt den Kopf frei beweglich, stützt den Schultergürtel und stellt die Verbindung zum Beckengürtel her. Sie wird knöchern aus 33 – 34 Segmenten, den Wirbeln, gebildet, die präsakral durch die kleinen Wirbelgelenke, die knorpeligen Zwischenwirbelscheiben und einen kräftigen Bandapparat verbunden sind.

Der Schultergürtel und die obere Extremität

Die obere Extremität ist durch den Schultergürtel mit dem Rumpf verbunden. Der Schultergürtel — bestehend aus Schulterblatt, Schlüsselbein und Brustbein — steht mit dem Rumpf in einer außergewöhnlich beweglichen Verbindung. Er hängt in einer Muskelschlinge, und die einzige Skelettverbindung mit dem Brustkorb ist funktionell ein Kugelgelenk. Dies ist notwendig,

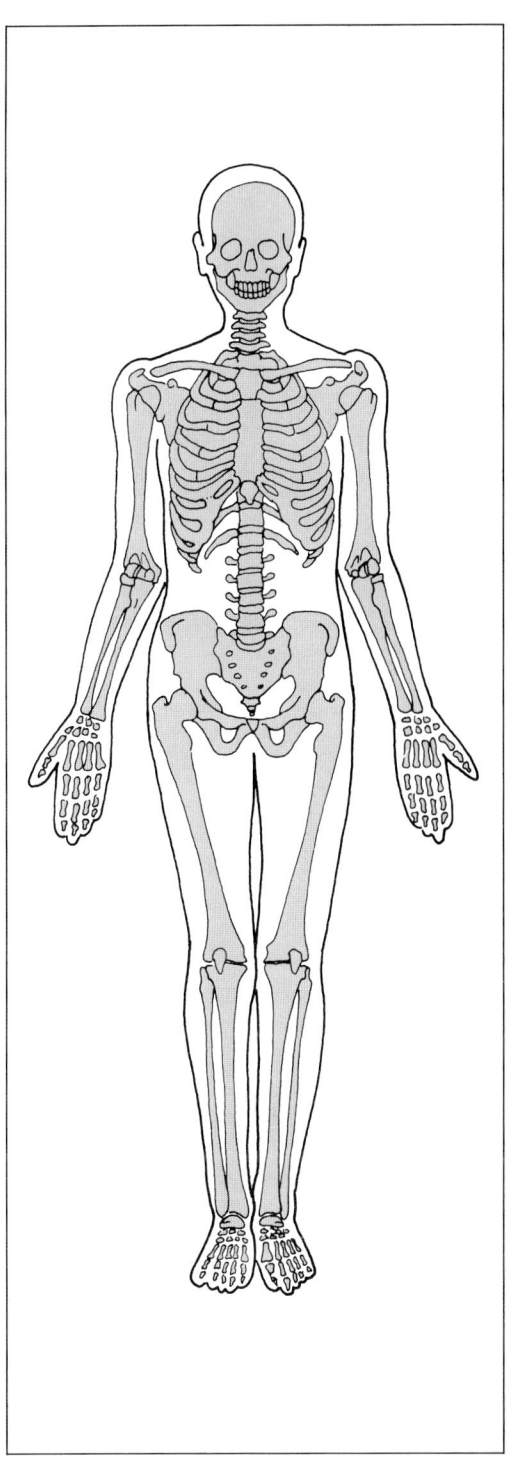

Abb. 23 Schematische Darstellung des menschlichen Skeletts.

da die obere Extremität — sie setzt sich
zusammen aus Oberarmbein, Elle und
Speiche sowie den Handwurzel-, Mittel-
hand- und Fingerknochen — aufgrund
ihrer Funktion als Greif-, Tast- und Aus-
druckswerkzeug einen großen Bewegungsraum benötigt.

Der Beckengürtel und die untere Extremität

Ebenso wie die obere ist auch die untere
Extremität durch einen Extremitätengürtel
— bestehend aus den beiden Hüftbeinen
und dem Kreuzbein — mit dem Rumpfskelett verbunden.
Die mit dem Beckengürtel artikulierende
untere Extremität wird gebildet vom
Schenkelbein, vom Waden- und Schienbein sowie den Fußwurzel-, Mittelfuß- und
Zehenknochen.
Die besondere Bedeutung des Beckengürtels als Stützapparat zeigt sich in der Größe
und der kräftigen Ausbildung seiner Anteile sowie in der Verwachsung der ur-
sprünglich einzelnen Knochen zu der
Gesamtheit des Beckengürtels.

Taek-won-Do in Vollendung:
Angriff und Konter.

Der aktive Bewegungsapparat

Allgemeine Muskellehre

Die Skelettmuskulatur besteht aus etwa 400 Einzelmuskeln von unterschiedlichster Form und Größe.

Muskelformen und -arten

Ein Muskel kann einen oder mehrere selbständige Ursprungsteile (Köpfe) besitzen, die in eine gemeinsame Endsehne auslaufen. Man unterscheidet:
– einköpfige Muskeln, wie z. B. der *m. brachialis* (Armbeugemuskel)
– zweiköpfige Muskeln, wie z. B. der *m. biceps brachii* (zweiköpfiger Armbeugemuskel)
– dreiköpfige Muskeln, wie z. B der *m. triceps brachii* (dreiköpfiger Armstrecker)
– vierköpfige Muskeln, wie z. B. der *m. quadriceps femoris* (vierköpfiger Schenkelstrecker).
Ein Muskel kann aber auch mehrere hintereinanderliegende Bäuche haben, die durch Zwischensehnen miteinander verbunden sind. Beispiel: *m. rectus abdominis* (gerader Bauchmuskel).
Ein Muskel mit seiner Sehne kann, je nachdem, wie viele Gelenke er überspringt, an mehr oder weniger komplizierten Bewegungen beteiligt sein. Man spricht von eingelenkigen – z. B. *m. brachialis* (Armbeugermuskel) –, zweigelenkigen – z. B. *m. sartorius* (Schneidermuskel) – oder mehrgelenkigen Muskeln – z. B. *m. flexor digitorum profundus* (tiefer Fingerbeuger).

Nach der *Art der Faseranordnung* (Abb. 24) unterscheidet man:
– *Parallelfaserige Muskeln.* Beispiel: *m. biceps brachii* (zweiköpfiger Armbeugemuskel).
Beachte: Der Muskelbauch geht unter Verjüngung beiderseits in die Endsehnen über. Die oberflächlich fast parallele Faseranordnung geht aber im Innern meist in eine klare Fiederung über.
– *Einfach gefiederte Muskeln.* Beispiel: m. *extensor digitorum longus* (langer Zehenstrecker).
– *Doppelt gefiederte Muskeln.* Beispiel: *m. quadriceps femoris* (vierköpfiger Schenkelstrecker).
Es kann aber auch vorkommen, daß ein und derselbe Muskel in seinen verschiedenen Anteilen unterschiedliche Faserverlaufsmuster aufweist. Beim *m. deltoideus* (Deltamuskel) z. B. zeigen der vordere und der hintere Anteil einen parallelfaserigen Verlauf, der mittlere Anteil hingegen ist mit 3–5 doppelt gefiederten Sehnen ausgestattet.

Muskelmechanik

Hubhöhe und Faseranordnung

Die *Hubhöhe* des Muskels ist der Länge der Muskelfaserbündel und der Änderung ihres Ansatzwinkels proportional. Der Muskel kann sich maximal bis zu 50% seiner Ausgangslänge verkürzen. Ein Mehr ist aufgrund des Gleitmechanismus der Muskelfilamente nicht möglich. *Parallel-*

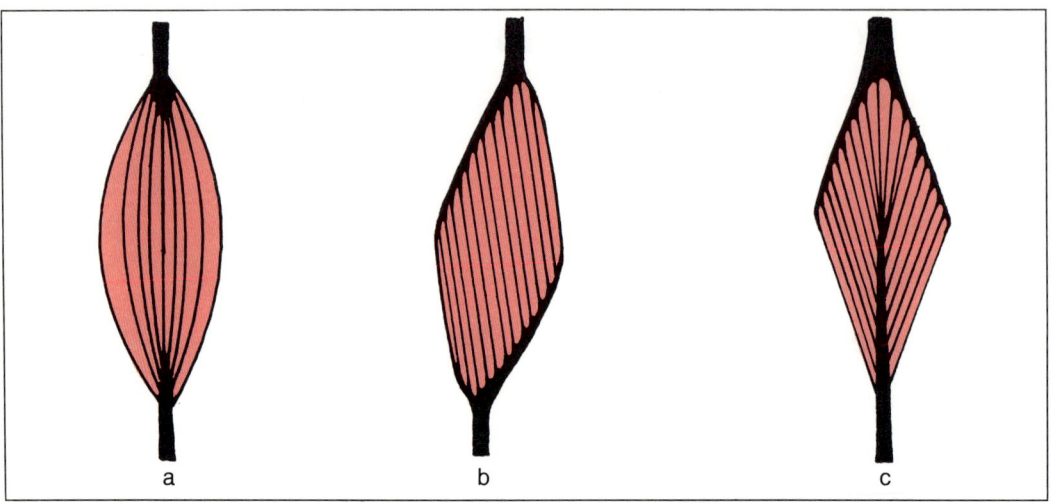

a   b   c

Abb. 24   **Arten der Muskelfaseranordnung: a) Parallelfaseriger, b) einfach gefiederter und c) doppelt gefiederter Muskel.**

faserige Muskeln sind Muskeln mit einer besonders großen Hubhöhe; sie werden deshalb auch als *Schnelligkeitsmuskeln* bezeichnet. Beispiel: *m. biceps brachii* (2köpfiger Armbeuger). *Doppeltgefiederte Muskeln* mit stumpfem Ansatzwinkel der Muskelfasern sind hingegen typische Muskeln für geringe Hubhöhe, aber *große Kraftentwicklung*; dies sind vor allem Muskeln, die für *Haltearbeit* von Bedeutung sind, wie z. B. die *mm. vastus medialis, lateralis* und *intermedius* des *m. quadriceps femoris* (vierköpfiger Schenkelstrecker, vgl. dazu S. 120).

> Die Kraft des Muskels hängt von der Summe der Querschnitte der Fasern und von ihrem Ansatzwinkel ab.

Anatomischer und physiologischer Querschnitt

Man unterscheidet einen *anatomischen* und einen *physiologischen* Querschnitt. Unter dem *anatomischen* Querschnitt versteht man den Querschnitt, der im rechten Winkel durch die Längsachse des Muskels läuft; unter dem *physiologischen* die Gesamtquerschnittsoberfläche aller Muskelfasern (Abb. 25). Der anatomische Muskelquerschnitt ist nur bei parallelfaserigen Muskeln mit dem physiologischen identisch, ansonsten aber immer kleiner als dieser.

Die maximale Kraftentfaltung eines Muskels beträgt normalerweise etwa 6 kp/cm² seiner Querschnittsfläche. Diese Querschnittskraft ist jedoch noch von Faktoren wie Geschlecht, Alter, intramuskulärer Koordination, Motivation etc. abhängig.

Mechanische Selbststeuerung

Da sich der Muskel bei seiner Kontraktion verdickt, bedarf es besonderer Mechanismen, die dies ohne Beeinträchtigung des Kontraktionsvorganges ermöglichen. Dies geschieht durch die sogenannte mechanische Selbststeuerung (*Benninghoff/Goerttler* 1975): Durch das spitzwinklige Ansetzen der Muskelfasern an der Sehne gewinnt der Muskel bei der Kontraktion durch die Vergrößerung des Fiederungswinkels Raum für die Dickenentfaltung der Muskelfasern (Abb. 26).

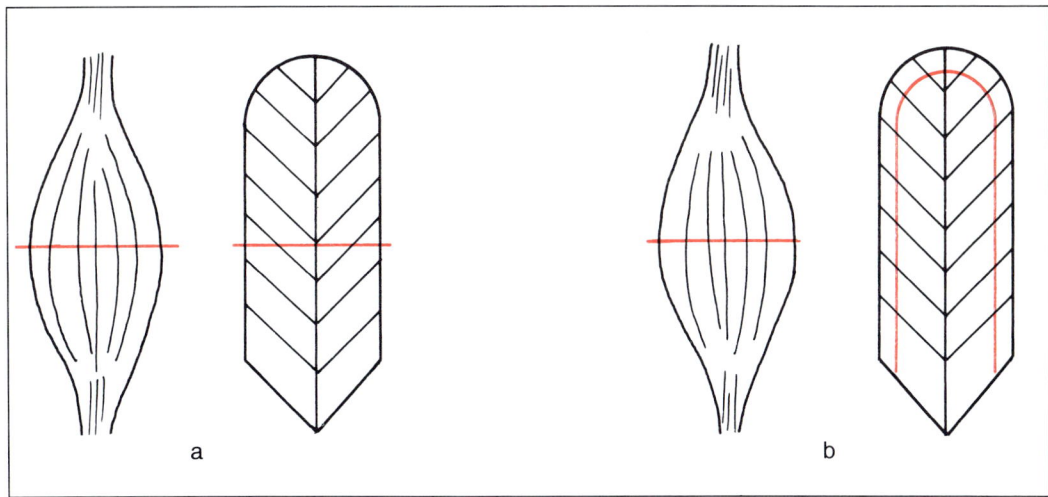

Abb. 25   Demonstration des anatomischen (a) und des physiologischen Querschnitts (b) bei einem parallelfaserigen Muskel, bei dem beide Querschnitte identisch sind, und bei einem doppelt gefiederten Muskel, bei dem der physiologische Querschnitt wesentlich größer ist als der anatomische.

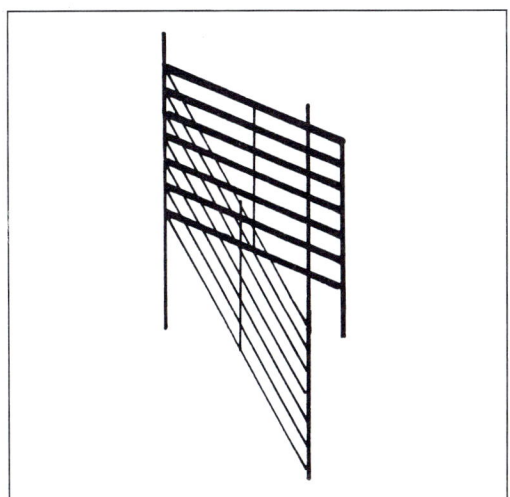

Abb. 26   Schematische Darstellung der mechanischen Selbststeuerung des Muskels nach *Benninghoff* und *Goerttler*.

Ursprung — Ansatz — Drehachse

Die Befestigungsstellen des Muskels pflegt man als *Ursprung* — punctum fixum — und *Ansatz* — punctum mobile — zu

bezeichnen. Die Wirkungsweise des Muskels läßt sich jeweils aus der Kenntnis von Ursprung und Ansatz herleiten. Dabei ist zu beachten, daß die Festlegung des *punctum fixum* bzw. des *punctum mobile* nur als schematische Angabe, nicht aber als ein in der Bewegungsrealität tatsächlich starr und unveränderlich bestehendes Faktum zu werten ist.

Meist wird als *punctum fixum* eine Stelle des Bewegungsapparates bezeichnet, die in bezug auf eine feste Unterlage bzw. auf den Rumpf unbeweglich ist. Das *punctum mobile* wird aufgrund der geringen Masse als der bewegte Teil betrachtet.

Bei vielen Bewegungen kommt es jedoch zu Lageveränderungen von beiden Fixpunkten des Muskels, ja es kann sogar zu einer „Bewegungsumkehr" kommen, wenn die als *punctum mobile* bezeichnete Muskelansatzstelle fixiert wird und sich nun das „punctum fixum" dem „punctum mobile" nähert, wie dies z. B. bei einem Felgaufzug am Reck der Fall ist: da die Arme durch die Reckstange in ihrer Position nicht verändert werden können, nähert sich der Rumpf den Armen.

Wichtig bei der Beurteilung der Bewegungsfunktion eines Muskels bzw. seiner verschiedenen Anteile ist seine Lage zur *Drehachse* der übersprungenen Gelenke. Liegen der Muskel bzw. seine Sehne *vor* der Drehachse, wie z. B. der *m. quadriceps femoris* beim Kniegelenk, so hat er streckende Wirkung, liegt er hinter der Drehachse, so hat er beugende Wirkung.

Es kann jedoch vorkommen, daß ein und derselbe Muskel innerhalb einer Bewegungsexkursion mit seinen verschiedenen Anteilen z. T. antagonistische Wirkungen erzielt. Paradebeispiel ist hier der *m. deltoideus* (Deltamuskel). Unterhalb der Drehachse (Abb. 27a) adduzieren der vordere und hintere Anteil den Arm, oberhalb (Abb. 27b) abduzieren bzw. elevieren sie ihn und unterstützen damit den mittleren Anteil.

Synergisten – Antagonisten

Bei einer Bewegung arbeiten immer mehrere Muskeln gleichzeitig oder nacheinander zusammen. Selten kontrahiert sich ein Muskel allein. Muskeln, die bei der Ausführung einer Bewegung zusammenarbeiten, heißen *Synergisten*, Muskeln, die bei der Ausführung einer Bewegung gegen die Bewegungsrichtung arbeiten – und sei es nur durch ihre passive Dehnung – heißen *Antagonisten*. Jede Bewegung wird demnach durch das Wechselspiel von *Synergisten* und *Antagonisten* in ihrer Ausführung beeinflußt.

> Beachte: Ein Muskel, der vor seiner Kontraktion durch die Antagonisten vorgedehnt wird, erreicht ein größeres Kontraktionsmaximum (deshalb die Ausholbewegung z. B. beim Werfen). Wird jedoch ein Muskel in eine Stellung gebracht, die ihm nur noch eine geringe Verkürzung erlaubt, dann nimmt seine Kontraktionskraft in erheblichem Maße ab.

Hilfseinrichtungen der Muskulatur und der Ansatzsehnen

Die meisten Muskeln haben über *Sehnen* einen knöchernen Ursprung bzw. Ansatz. Manche Muskeln jedoch entspringen nicht am Knochen oder setzen nicht dort an, sondern an derben Bindegewebshäuten – sogenannten Zwischenknochenmembranen –, die als Bindegewebsskelett eine Fortsetzung des knöchernen Skeletts darstellen.

Sehnen

Wie bei den Muskeln, so finden sich auch bei den Sehnen die funktionsabhängig unterschiedlichsten Formen: Lange strangförmige, kurze sowie flache und breite Sehnen, sogenannte Sehnenplatten (Aponeurosen).

Sehnenansatzstrukturen

Die Sehne verankert sich meist in einer besonders strukturierten Knochenzone, die in der Regel stark verkalkt ist und Knorpelgewebe enthält (vgl. S. 22).

> Je nach Ansatzmodalität und Muskelzug entstehen an den Knochen mehr oder weniger ausgeprägte Knochenvorsprünge. Man unterscheidet dabei umschriebene Ansatzvorsprünge wie Rauhigkeiten (tuberositates), Höckerchen (tubercula), Stachel (spinae), Fortsätze (processus) und Rollhügel (trochanteres), sowie mehr oder weniger ausgezogene feine (lineae) und stärker imponierende (cristae) Knochenleisten.

Schutzmechanismen für die Sehne

An Stellen, die einer hohen mechanischen Belastung ausgesetzt sind, finden sich oft spezielle Vorrichtungen wie Sesambeine, Schleimbeutel oder Sehnenscheiden. *Se-*

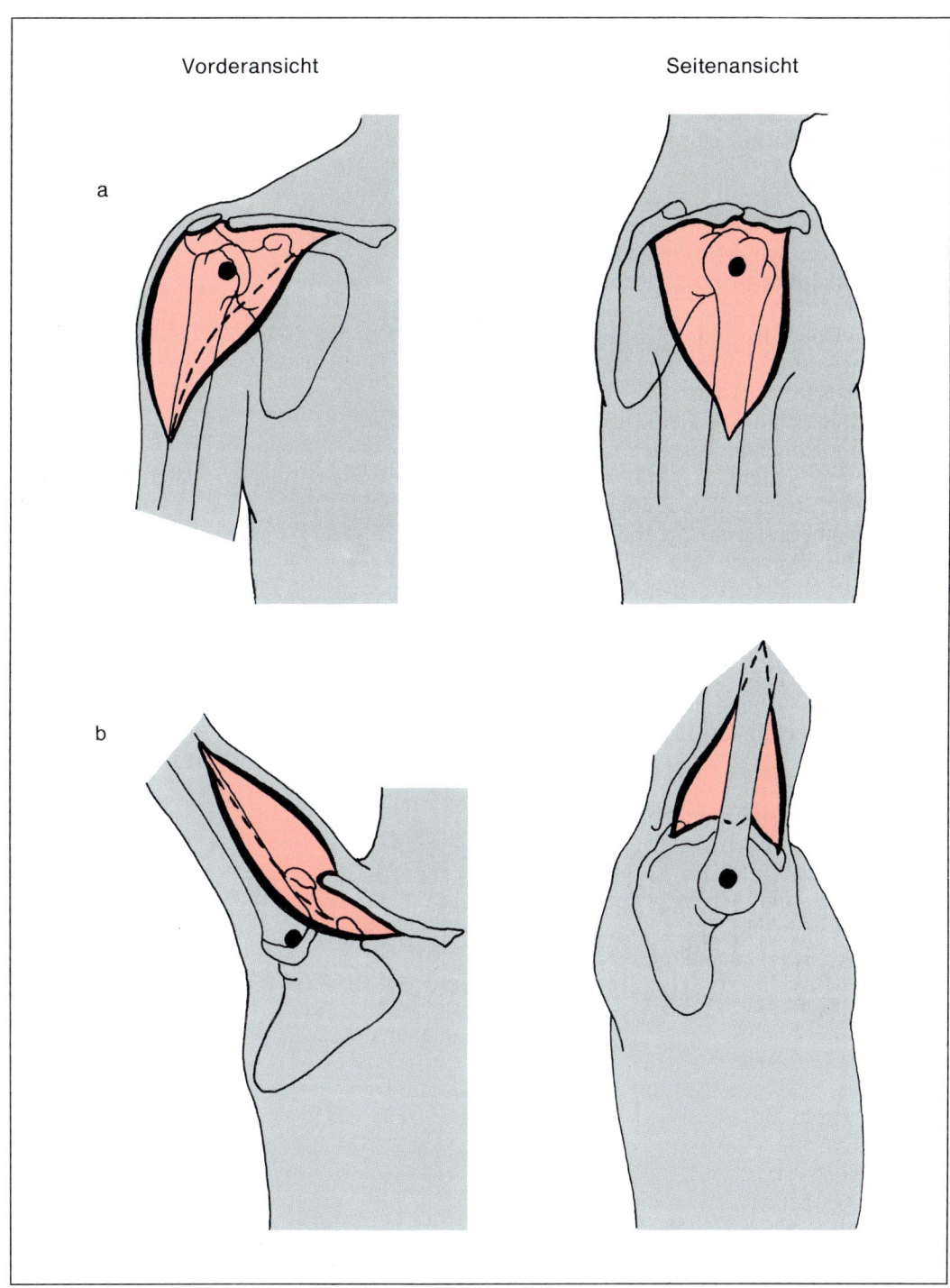

Vorderansicht

Seitenansicht

a

b

Abb. 27 Änderung der Bewegungsfunktion eines Muskels innerhalb einer Bewegungsexkursion in Abhängigkeit von seiner Lage zur Drehachse am Beispiel des m. deltoideus. a) Der Muskel liegt vorwiegend unterhalb der Drehachse (Adduktion). b) Er befindet sich oberhalb der Drehachse (Abduktion).

sambeine stellen verknöcherte Sehnenabschnitte dar und dienen der Verstärkung der Sehne und der Verbesserung der Zugmechanik des Muskels. Größtes Sesambein des Menschen ist die Kniescheibe (patella).

Schleimbeutel (bursae) sind kleine, flüssigkeitsgefüllte Säckchen, die sich überall dort befinden, wo Muskeln und Sehnen über Knochenvorsprünge gleiten: sie haben die Funktion eines Wasserkissens und sollen den Dauerdruck der Sehne abfangen und damit vom Knochen fernhalten.

Sehnenscheiden (vaginae tendinum) schließlich haben die Aufgabe, die Gleitfähigkeit von Sehnen an besonders exponierten Stellen zu sichern, z. B. da, wo Sehnen eine längere Strecke über Knochen laufen oder sich überkreuzen. Sie bestehen aus straffem Bindegewebe und sind innen mit einer Gelenkschmiere (Synovia) absondernden Haut ausgekleidet, die das Gleiten der Sehnen so reibungslos wie möglich gestaltet.

Faszien (Muskelbinden)

Muskelbinden stellen eine aus straffem Bindegewebe bestehende Hülle für einen Muskel bzw. eine Muskelgruppe dar, die als Führungsröhre dafür sorgt, daß der Muskel bzw. die Muskelgruppe in der richtigen Lage und damit einsatzbereit bleibt. Bisweilen dienen diese Faszien auch anderen Muskeln als Ursprungs- oder Ansatzstellen.

3 Einzeldarstellung der wichtigsten Gelenksysteme

Der Rumpf

Dem Rumpf fallen funktionell vorwiegend zwei Aufgaben zu: zum einen stellt er die schützende Umhüllung für die verschiedenen inneren Organsysteme dar, zum anderen bildet er die Basis für die Extremitätenbewegungen und die Haltung des Kopfes. Für die Sicherung der aufrechten Körper- bzw. Rumpfhaltung erfährt die Wirbelsäule eine dynamische Verspannung durch die Bauch- und Rückenmuskulatur (Abb. 28).

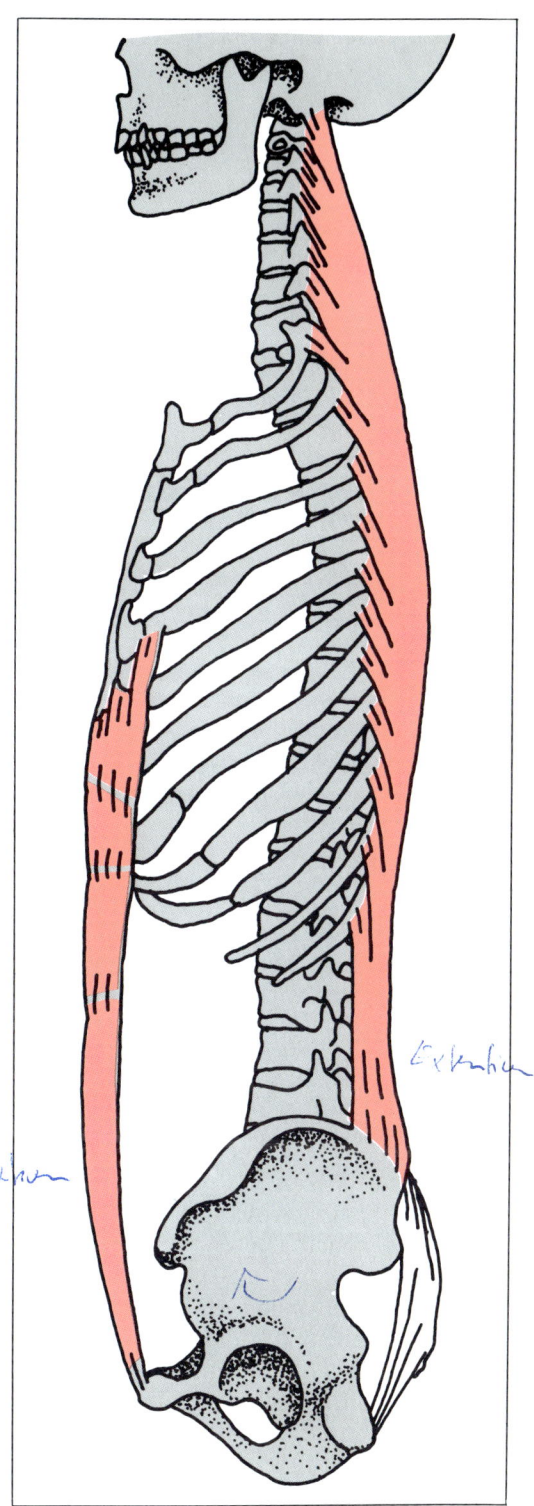

Abb. 28 Die Rumpfmuskulatur als Verspannungssystem für die Erhaltung der aufrechten Körperhaltung.

Passiver Bewegungsapparat des Rumpfes

Das Rumpfskelett setzt sich aus der Wirbelsäule und dem Brustkorb sowie dem Beckengürtel zusammen.

Knöcherner Aufbau der Wirbelsäule

Die Wirbelsäule besteht aus 33–34 knöchernen Segmenten, den Wirbeln. Man unterscheidet:

   7 Halswirbel
  12 Brustwirbel
   5 Lendenwirbel
   5 Kreuzwirbel
4–5 Steißwirbel

33–34 Wirbel insgesamt

Dabei sind die Kreuzwirbel zu einem einheitlichen Knochen, dem Kreuzbein (os sacrum), die Steißwirbel zum Steißbein (os coccygis) verschmolzen.
Die Wirbel sind zwar alle nach einem einheitlichen Bauplan – Wirbelkörper, Wirbelbogen, Dorn- und Querfortsätze, kleine Wirbelgelenke – aufgebaut, differieren aber in den einzelnen Abschnitten in typischer Form in Abhängigkeit von ihrer von oben nach unten zunehmenden Druckbelastung (Abb. 29).
Nur die beiden ersten Halswirbel (Atlas und Axis) fallen aus diesem Allgemeinschema heraus (vgl. S. 79).
Das tragende Element ist der *Wirbelkörper* (corpus vertebrae). Er ist im Halsbereich mit einer rechteckigen, im Brustbereich mit einer dreieckigen und im Lendenbereich

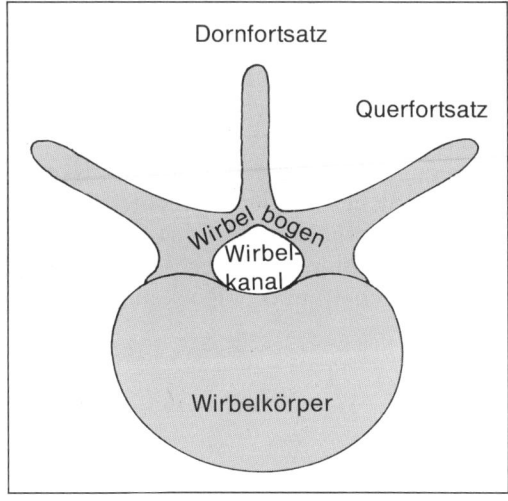

Abb. 29   Schematische Darstellung von Bau und Form eines Wirbels in der Aufsicht.

mit einer bohnenförmigen Grundfläche versehen (Abb. 30).
Zwischen den 24 präsakralen Wirbelkörpern befindet sich jeweils eine Zwischenwirbelscheibe (discus intervertebralis) – auch Bandscheibe genannt –, die die Funktion eines Wasserkissens hat. Sie besteht aus einem Gallertkern (nucleus pulposus) und dem Faserring (anulus fibrosus). Der *Faserring* bildet den größten Teil der Zwischenwirbelscheibe und besteht aus ringförmig und spiralig verlaufenden Lamellen von Faserknorpel und Bindegewebe, die sich nach oben und unten in die Knorpelplatten der Nachbarwirbel hineinsenken. Hierdurch erhalten die Wirbelkörper eine besonders feste

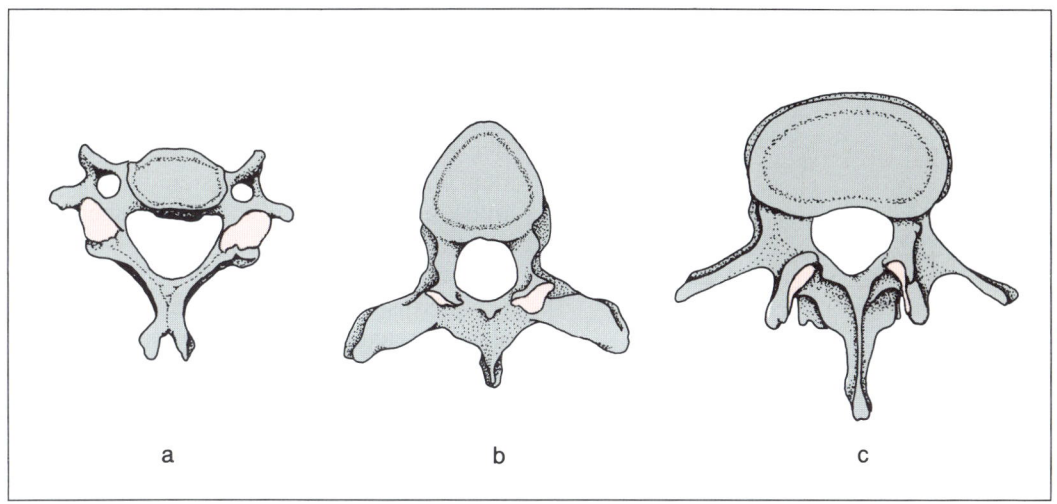

Abb. 30 Die Form der Wirbelkörpergrundfläche in den verschiedenen Wirbelsäulenabschnitten. a) Hals-, b) Brust- und c) Lendenwirbelsäulenbereich.

Verbindung untereinander. Der *Gallertkern* dient bei der Streckung und Beugung der Wirbelsäule als Druckverteiler. Bei der Vorwärtsbeugung wandert der Gallertkern nach hinten, bei der Extension nach vorne, bei der Seitwärtsbewegung zur Gegenseite. Die Zwischenwirbelscheibe stellt demnach das faserknorpelige Verbindungsstück zwischen zwei Wirbelkörpern dar, fängt die Belastung des Achsenorgans (Wirbelsäule) federnd ab und vermittelt dessen Beweglichkeit.

Ventral und dorsal werden die Wirbelkörper durch straffe, längsverlaufende Bandzüge (ligg. longitudinalia anterius et posterius) verspannt, sie tragen damit zur Aufrechterhaltung der S-förmigen Krümmungen der Wirbelsäule bei.

Exkurs: Bandscheibendegeneration

Bei der *Bandscheibendegeneration* durch übermäßige sportliche oder sonstige Druck- oder Scherbelastung kommt es durch Verschleißerscheinungen zu einer Höhenabnahme dieser Zwischenwirbel-

scheiben. Dies wiederum führt zu einem Nachlassen der Spannung des Längsbänderapparates und somit zur Lockerung des Bewegungssegmentes. Mit der damit verbundenen Stellungsänderung der Wirbelkörper läuft meist eine Einengung der Zwischenwirbellöcher parallel, und es kommt zu einer Bedrängung bzw. Reizung der hier austretenden Nerven, was zu mannigfachen Schmerzzuständen führen kann (Abb. 31).

Welche Bedeutung die intakte Bandscheibe für die Belastbarkeit des Achsenskeletts Wirbelsäule hat, wird anhand des nachfolgenden Beispiels deutlich: Wird bei ausgestrecktem Arm (Hebelarm etwa 75 cm) ein Gewicht von 10 kg gehalten, dann muß die Wirbelsäule im Lenden-Kreuzbeinbereich über die Rückenstrecker (sie haben einen Hebel von etwa 5 cm) ein Gewicht von 150 kg ausbalancieren, da das Verhältnis von Lastarm zu Kraftarm 15 : 1 beträgt. Dieses Totalgewicht, bei dem das Gewicht anderer Körperteile, die sich ebenfalls vor dem Drehpunkt befinden, noch nicht einbezogen ist, lastet auf der Bandscheibe bzw. wird von ihr abgefan-

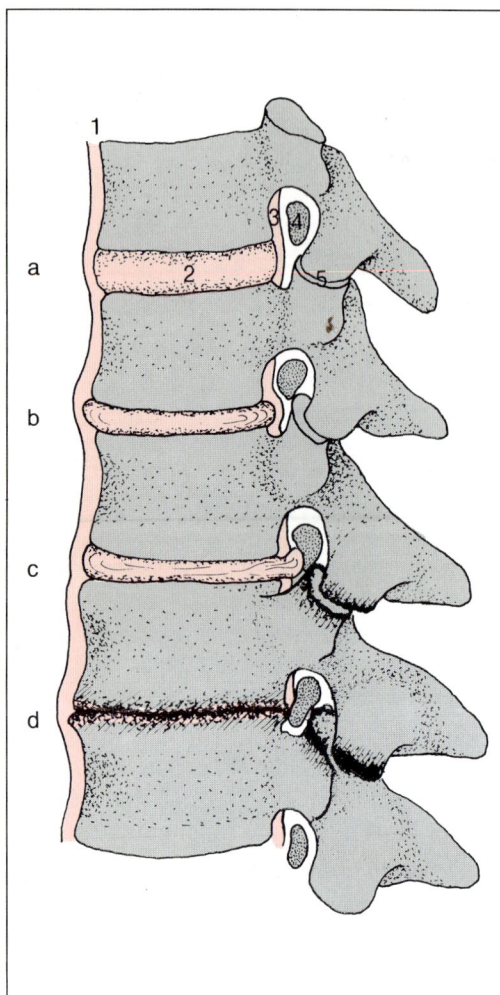

Abb. 31   Schematische Darstellung der Vorgänge bei der Bandscheibendegeneration. (1 = vorderes Längsband, 2 = Bandscheibe, 3 = hinteres Längsband, 4 = Nervenwurzel im Zwischenwirbelloch, 5 = Zwischenwirbelgelenk). a) Normale Verhältnisse im Zwischenwirbelbereich; b) Veränderung der Zwischenwirbelverbindung mit Höhenverlust, Lockerung des Bandapparates, Veränderung des Zwischenwirbelloches (Nervenaustrittsstelle!), Fehlbelastung der Zwischenwirbelgelenkflächen und Vortreibung der Bandscheibe in Richtung Nervenwurzel; c) Vorfall des gallertigen Bandscheibenkernes (nucleus pulposus) nach hinten mit Druck auf den Nerv; d) Degeneration der Zwischenwirbelscheibe unter Annäherung der benachbarten Deckplatten, Ausbildung von Randzacken und -wülsten an den Wirbelkörpern und den deformierten Zwischenwirbelgelenken (nach *Pitzen* und *Rössler).

gen. Ist sie zerstört, dann wirkt diese Druckkraft direkt auf die Wirbelkörper ein!

An den *Wirbelkörper* schließt sich dorsal der *Wirbelbogen* (arcus vertebrae) an, der den *Wirbelkanal,* in dem sich das Rückenmark befindet, umgibt. Vom Wirbelbogen gehen mehrere *Fortsätze* aus:
— zwei seitwärts gerichtete *Querfortsätze* (processus transversi). Sie stützen im Brustbereich die Rippen ab, verschmelzen im Lendenbereich mit den Rippenrudimenten zu den Rippenfortsätzen (processus costarii) und bilden im Halsbereich zusammen mit den Rippenresten die Querfortsatzlöcher (foramina transversaria), einen Gefäße führenden Kanal.
— Zwei Paare von *Gelenkfortsätzen* (processus articulares superior et inferior): Über diese oberen und unteren Gelenkfortsätze artikulieren die jeweils aufeinanderfolgenden Wirbel miteinander.
— Ein nach hinten gerichteter *Dornfortsatz* (processus spinosus).

Die unterschiedliche Stellung der Gelenkfortsätze bzw. des Dornfortsatzes in den einzelnen Wirbelsäulenabschnitten beeinflußt maßgeblich die Bewegungsmöglichkeiten der Wirbelsäule (vgl. Abb. 33 und S. 61).

Quer- und *Dornfortsätze* dienen Muskeln und Bändern als Ansatzflächen. Vor allem die kräftige Ausprägung der Dornfortsätze der Lendenwirbel läßt erkennen, welche Hebelkräfte in diesem Bereich für die Aufrechterhaltung der Wirbelsäule notwendig sind.

Insgesamt läßt sich feststellen, daß der vordere Teil der Wirbelsäule (über den Wirbelkörper) als Tragsäule, der mittlere Teil (über den vom Wirbelbogen gebildeten Wirbelkanal) als Schutzstück für das Rückenmark und der hintere

Anteil (mit den verschiedenen Fortsätzen) als Hebelwerk für die Wirbelsäulenbeweglichkeit dienen.

Die beiden ersten Halswirbel, Atlas und Axis, bedürfen aufgrund ihres unterschiedlichen Baus einer gesonderten Betrachtung (s. S. 79)

Form der Wirbelsäule

Die menschliche Wirbelsäule ist nicht gerade, sondern zeigt in den einzelnen Wirbelsäulenabschnitten charakteristische Krümmungen in der Sagittalebene: Die Halslordose (nach vorne durchgebogen), die Brustkyphose (nach hinten durchgebogen), die Lendenlordose und die Sakralkyphose. Diese Krümmungen hängen mit dem aufrechten Gang des Menschen zusammen. Dabei dient die Halslordose zur Federung des Kopfes, die Lendenlordose zur Federung des Rumpfes (Abb. 32).
Stärkere Biegungen in der Frontalebene (seitliche Krümmungen) heißen Skoliosen und sind pathologisch.

Beweglichkeit der Wirbelsäule

Die Beweglichkeit der Wirbelsäule wird von den kleinen Wirbelgelenken bestimmt, die im Bereich der Hals-, Brust- und Lendenwirbelsäule unterschiedlich ausgebildet sind (Abb. 33).
Die Bewegungsmöglichkeiten in den einzelnen Wirbelgelenken sind zwar gering, aber die Summation der Einzelbewegungen ergibt doch eine beträchtliche Gesamtbeweglichkeit.

Bau der Wirbelgelenke

In der *Halswirbelsäule* sind die Gelenkflächen fast eben und etwas schräg nach vorne

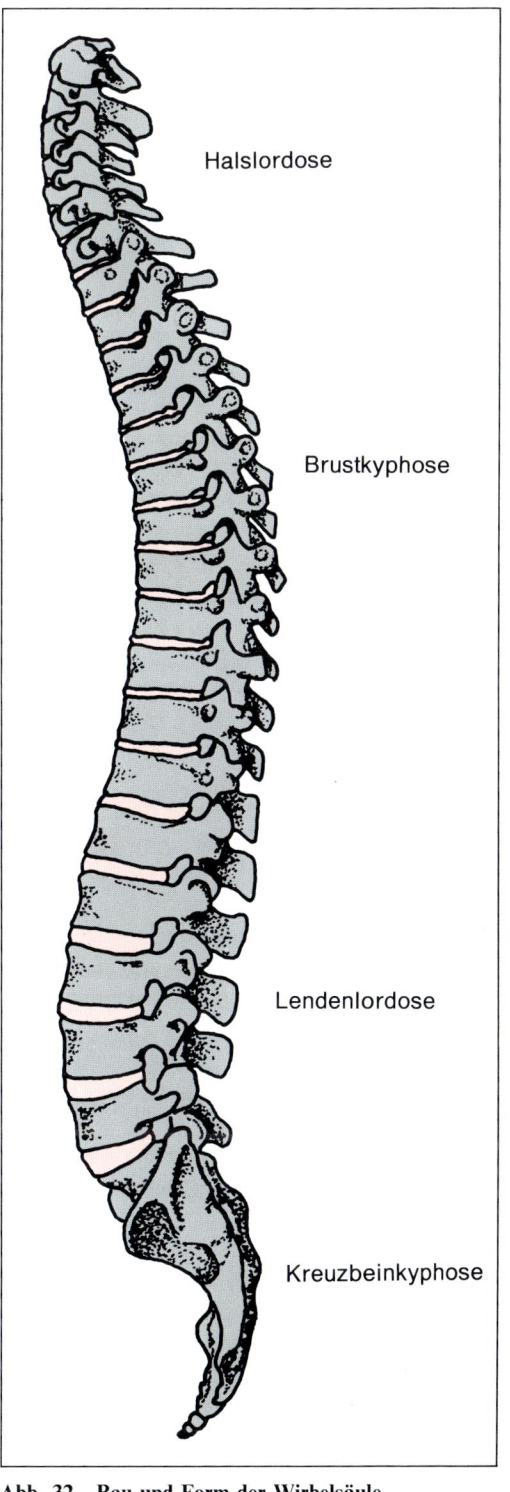

Halslordose

Brustkyphose

Lendenlordose

Kreuzbeinkyphose

Abb. 32   Bau und Form der Wirbelsäule.

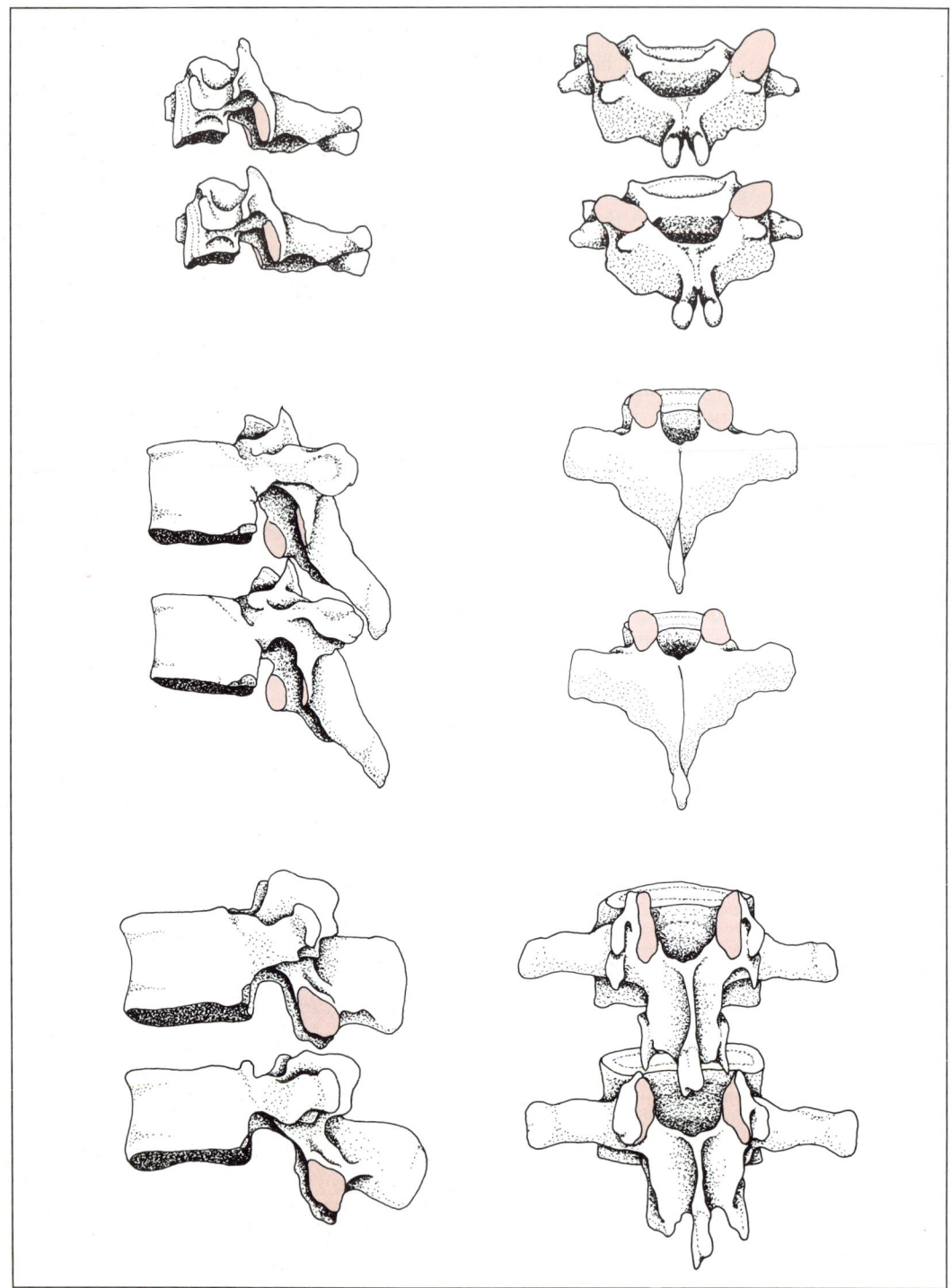

Abb. 33   Bau und Stellung der kleinen Wirbelgelenke in Seit- und Rückansicht im Bereich der Hals- (oben), Brust- (mitte) und Lendenwirbelsäule (unten). Die Gelenkflächen sind gerastert dargestellt.

Turneuropameisterschaften:
Elena Muchina am Schwebe-
balken.

geneigt. Da die Gelenkkapseln darüber hinaus noch sehr schlaff sind und die Dornfortsätze durch ihren nur leichten Neigungswinkel keine bewegungshemmende Wirkung besitzen, sind Dreh-, Beuge- und Streckbewegungen sowie Seitwärtsneigungen gut möglich.

> Die Halswirbelsäule ist deshalb der beweglichste Wirbelsäulenabschnitt.

In der *Brustwirbelsäule* sind die Gelenkflächen steil gestellt und etwas gegeneinander abgewinkelt. Sie ermöglichen demnach vor allem Torsionsbewegungen, die aber durch den strafferen Kapselapparat und die Rippen etwas eingeschränkt sind. Ansonsten sind auch Seitneigungs- sowie Beuge- und Streckbewegungen möglich. Allerdings wird die Überstreckbarkeit der Brustwirbelsäule durch die dachziegelartige Übereinanderlagerung der Dornfortsätze mit ihren starken Neigungswinkeln stark reduziert.

In der *Lendenwirbelsäule* stehen die Gelenkflächen fast senkrecht und zeigen zueinander, wodurch sich die unteren Gelenkfortsätze mit den oberen des nachfolgenden Wirbels miteinander „verzapfen". Diese Tatsache macht Rotationsbewegungen in diesem Bereich unmöglich; Seitneigungsbewegungen sind nur in geringem Umfang durchführbar. Eine derartige Bewegungseinschränkung gilt der Sicherung der Körperhaltung und des aufrechten Ganges. Ausgezeichnet hingegen ist die Überstreckbarkeit (wie z. B. beim Bogengang), gut die Beugungsfähigkeit der Lendenwirbelsäule. Eine Unterstützung findet die Extensions- und Flexionsbewegung durch die horizontale Ausrichtung der Dornfortsätze, die umfangreiche Bewegungsausschläge in der Sagittalebene ermöglicht und darüber hinaus gute Hebelansätze für die kräftige Lendenwirbelsäulenmuskulatur bietet.

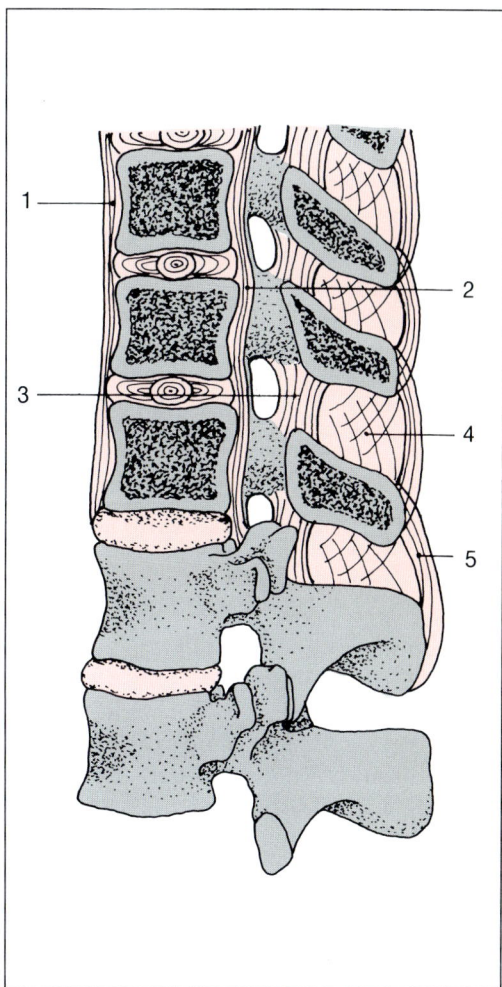

Abb. 34   Der Bandapparat der Wirbelsäule (obere drei Wirbel im Längsschnitt): 1 = Vorderes Längsband (lig. longitudinale anterius), 2 = hinteres Längsband (lig. longitudinale posterius), 3 = gelbe Bänder (ligg. flava), 4 = Zwischendornfortsatzbänder (ligg. interspinalia) und 5 = Dornfortsatzspitzenbänder (ligg. supraspinalia).

> Zusammenfassend kann man feststellen, daß der Bewegungsumfang der Wirbelsäule aufgrund der zunehmenden statischen Belastung und der sich daraus ergebenden Stabilitätsnotwendigkeiten von oben nach unten abnimmt.

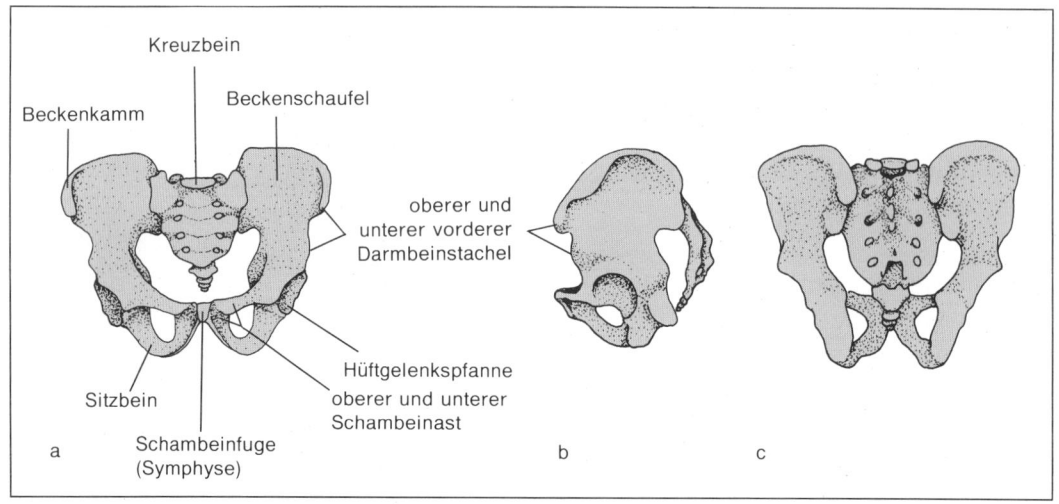

Kreuzbein

Beckenschaufel

Beckenkamm

oberer und
unterer vorderer
Darmbeinstachel

Hüftgelenkspfanne

Sitzbein
oberer und unterer
Schambeinast

a Schambeinfuge
(Symphyse)
b   c

Abb. 35   Darstellung des Beckengürtels mit Vorder- (a), Seit- (b) und Rückansicht (c).

Bandapparat der Wirbelsäule

Die Beweglichkeit der Wirbelsäule wird durch straffe Bänder zum Teil erheblich eingeschränkt. An der Vorder- und Rückseite der Wirbelkörper verlaufen als Längsbänder die *ligg. longitudinalia anterius et posterius*, zwischen den Wirbelbögen die *ligg. flava* (gelbe Bänder), zwischen den Dornfortsätzen die *ligg. interspinalia*, von Dornfortsatzspitze zu Dornfortsatzspitze die *ligg. supraspinalia* und schließlich von Querfortsatz zu Querfortsatz die *ligg. intertransversaria* (Abb. 34).
Die Wirbelsäule tritt über den 5. Lendenwirbel bzw. die letzte Gelenkzwischenscheibe (discus articularis) mit dem Kreuzbein, einem Teil des Beckengürtels, in Verbindung.

Knöcherner Aufbau des Beckengürtels

Der Beckengürtel stellt eine Gewölbekonstruktion dar, bei dem die an seiner Bildung beteiligten platten Knochen eine Rahmenverstärkung erfahren. Er setzt sich aus den beiden Hüftbeinen (ossa coxae) — sie sind aus der Verschmelzung von Darmbein (os ilium), Sitzbein (os ischii) und Schambein (os pubis) hervorgegangen — und dem Kreuzbein zusammen, über das die Wirbelsäule in eine feste Verbindung mit dem Beckenring tritt (Abb. 35).
Die Beckenform weist deutliche Geschlechtsdifferenzen auf, die sich auf die Notwendigkeiten des Geburtsvorganges zurückführen lassen: das weibliche Becken ist weiter und geräumiger, zeigt eine geringere Steilstellung und ist mit einem breiteren und tieferen Beckenein- und -ausgang versehen.
Die Funktion des Beckengürtels besteht darin, die Last des Rumpfes aufzufangen (Abb. 36) und eine Verbindung zur unteren Extremität herzustellen.

Gelenkige Verbindungen und Bandapparat des Beckengürtels

Die Hüftbeine sind mit dem Kreuzbein über zwei Amphiarthrosen (articulationes sacroiliacae) und miteinander über die *Symphyse*, eine Synchondrose, verbunden.

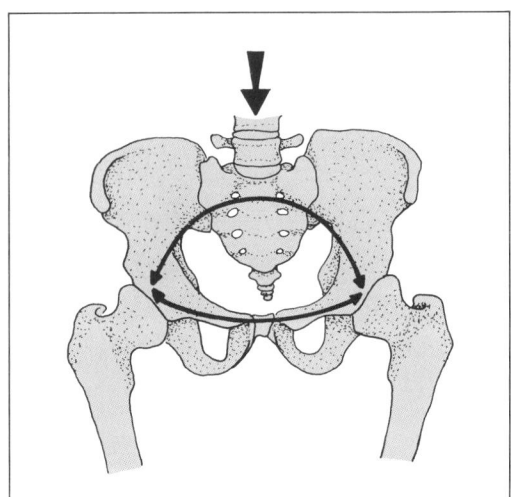

Abb. 36   Die Gewölbekonstruktion des Beckengürtels mit schematischer Darstellung der Druckverteilung (nach *Töndury*).

Der Brustkorb stellt für den Bewegungsapparat des Rumpfes eine Mittlerrolle zwischen oberem und unterem Pol dar, die er bewegungsdynamisch miteinander verbindet. Darüber hinaus hat er eine Schutzfunktion für lebenswichtige Organe und unterstützt über seine rhythmischen Bewegungsexkursionen den Atemvorgang.

Der Brustkorb setzt sich aus 12 Brustwirbeln, 12 Rippenpaaren und dem Brustbein zusammen. Die ersten sieben Rippen stehen mit dem Brustbein mit ihren knorpeligen Enden direkt, die restlichen fünf nur indirekt über Knorpelspangen oder gar nicht in Verbindung.

Die Beweglichkeit des Brustkorbes wird über die Rippengelenke (articulationes costovertebrales) ermöglicht, welche Drehbewegungen der Rippen und damit die für den Atemvorgang wichtige Erweiterung bzw. Verkleinerung des Thorax zulassen (s. Abb. 38). Auf eine detaillierte Beschreibung dieser Gelenke soll im Rahmen dieses Buches verzichtet werden.

Der Bandapparat — er ist dorsal stärker ausgebildet als ventral — zeigt eine Ausrichtung der Band- und Faserstrukturen in der Verlaufsrichtung der dominierenden Belastungslinien (Abb. 37).

Der Brustkorb (Thorax)

Der Brustkorb befindet sich im Wirbelsäulenbereich zwischen den beiden polaren Enden Kopf—Hals und Lende—Kreuzbein.

Zwischen diesen beiden Bereichen, die sich zum einen durch umfangreiche Bewegungsmöglichkeiten (Kopf—Hals) — sie haben neben ihrer motorischen Funktion auch große Bedeutung im Sinne der menschlichen Gestik und Ausdruckskraft —, zum anderen durch eine zunehmende Einschränkung der Beweglichkeit (Lende—Kreuzbein) — im Sinne einer festen Basis für die Erhaltung des aufrechten Ganges — auszeichnen, liegt der Brustkorb.

Die Atemmuskulatur (einschließlich Atemhilfsmuskulatur)

Aufgrund der Bedeutung der Atmung bzw. der Atemtechnik und der Atemunterstützungsmöglichkeiten bei allen Ausdauerbelastungen bzw. sonstigen kardiopulmonalen Anforderungen, soll hier noch kurz auf die verschiedenen Atemtypen — Brust- und Bauchatmung — und die Atem- bzw. Atemhilfsmuskulatur eingegangen werden.

Brustatmung

Bei der Brustatmung werden die Rippen bei der Inspiration gehoben und bei der Exspiration gesenkt. Wie die Abbildung 38

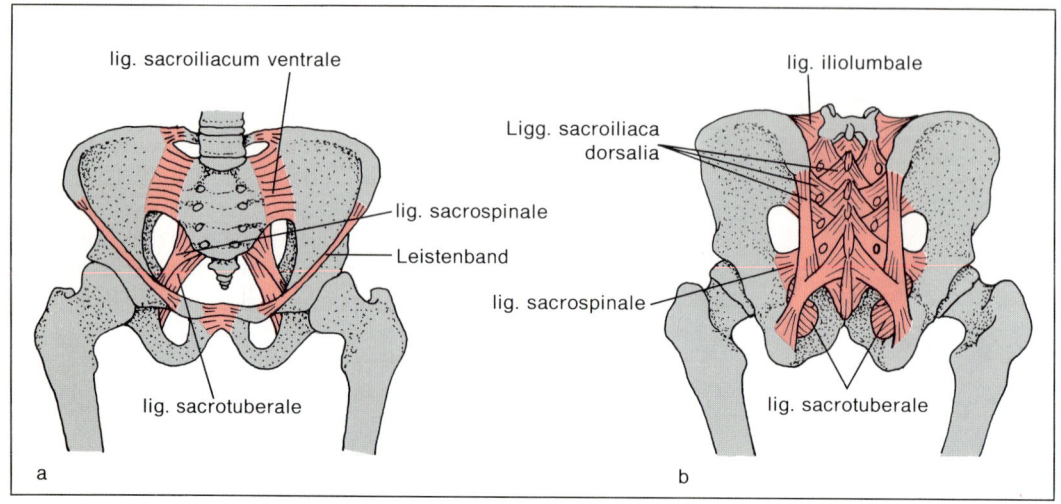

Abb. 37   Der Bandapparat des Beckengürtels. a) Ventral. b) Dorsal.

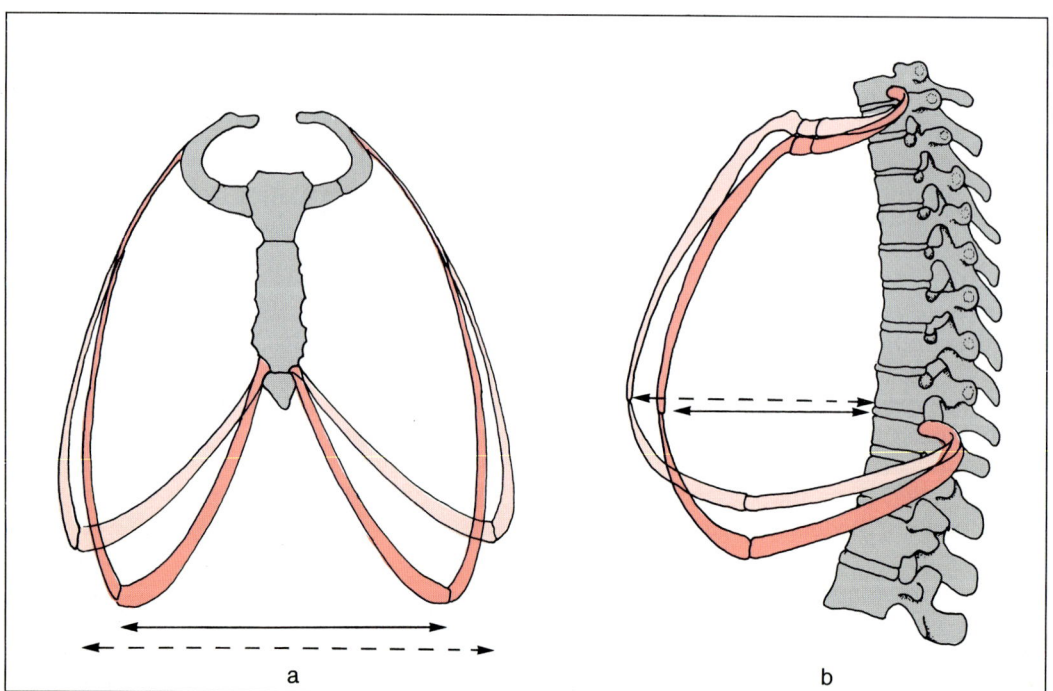

Abb. 38   a) Vorder- und b) Seitansicht des Brustkorbes bei der Inspirations- (hellrot) und der Exspirationsstellung (dunkelrot). Zunahme des queren (a) und des sagittalen (b) Durchmessers in der Inspirationsstellung.

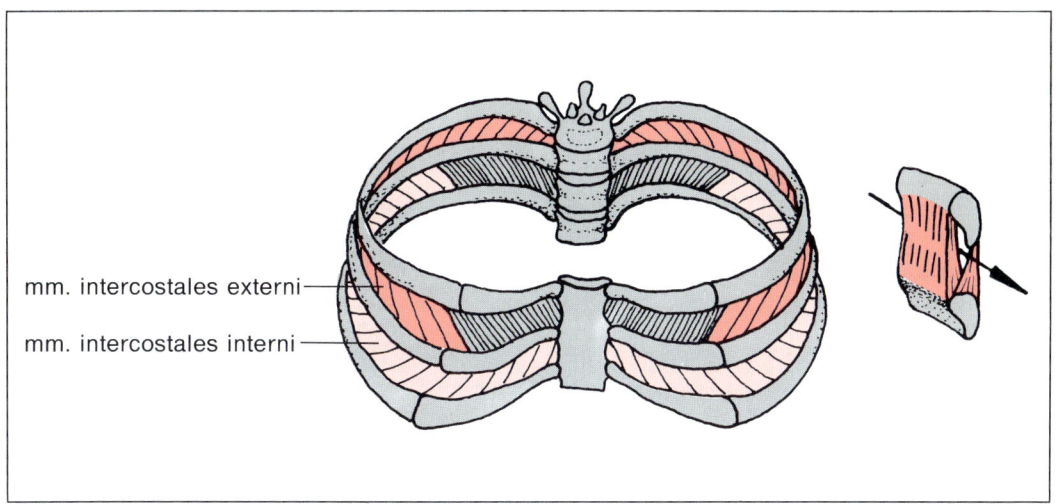

Abb. 39 a) Mm. intercostales externi et interni. b) Darstellung des dazwischen liegenden, Gefäße und Nerven führenden Kanals.

zeigt, wird die Brusthöhle durch die Hebung der Rippen sowohl im sagittalen als auch queren Durchmesser erweitert: es handelt sich hierbei um die Inspirationsstellung. Werden die Rippen gesenkt, dann verkleinern sich beide Durchmesser: es liegt die Exspirationsstellung vor.

Die eigentliche Atemmuskulatur

— *Mm. intercostales externi* (äußere Zwischenrippenmuskulatur)
Diese Muskeln reichen im Zwischenrippenraum von hinten oben nach vorne unten bis zur Knochen-Knorpelgrenze; danach werden die Muskelplatten membranös. Sie entspringen an der Außenseite der Rippen, wirken als Rippenheber und sind daher Inspirationsmuskeln.
— *Mm. intercostales interni* (innere Zwischenrippenmuskulatur)
Sie entspringen an der Innenseite der Rippen und reichen vom Rippenwinkel bis zum Brustbein; sie kreuzen fast im rechten Winkel mit den *mm. intercostales externi*. Auch diese Muskelplatte setzt sich, aller-

dings im hinteren Bereich, in einer Sehnenplatte fort.
Die Zwischenrippenmuskeln lassen sich aufgrund ihrer Verlaufsrichtung als die Fortsetzung der inneren bzw. äußeren Bauchmuskulatur betrachten.
Zwischen beiden Muskelplatten liegt ein gefäß- und nervenführender Kanal (Abb. 39).
Die Zwischenrippenmuskeln werden von einer Reihe anderer Atemmuskeln unterstützt:
— *M. transversus thoracis* (querer Brustmuskel)
— *Mm. subcostales* (Unterrippenmuskeln)
Beide Muskeln befinden sich an der Innenseite des Brustkorbes und wirken bei der Exspiration mit.
— *Mm. levatores costarum* (Rippenhebemuskeln)
Diese Muskeln sind Inspirationsmuskeln.
– *Mm. serratus posterior superior et inferior* (oberer und unterer hinterer Sägemuskel)
Diese Muskeln beteiligen sich zum einen durch die Hebung der Rippen (*m. serratus posterior superior*) an der Inspiration bzw. durch ihre Senkung (*m. serratus posterior inferior*) an der Exspiration, zum anderen

sind sie an der Gurtung des *m. erector spinae* bzw. an der Streckung des Rumpfes beteiligt (s. Abb. 40).

Beachte: Die Brustatmung erfährt im Bedarfsfalle (z. B. nach einem 400-m-Lauf) eine Unterstützung durch die sogenannte **Atemhilfsmuskulatur**. Bei fixiertem Schultergürtel (Aufstützen der Arme) helfen bei der Inspiration alle rippenhebenden Muskeln mit, wie z. B. *mm. pectorales major et minor, m. serratus anterior, m. sternocleidomastoideus* und *mm. scaleni*. Bei der Exspiration unterstützen alle rippensenkenden Muskeln, wie z. B. *m. iliocostalis, m. quadratus lumborum* sowie die Bauchmuskeln.

Bauchatmung

Neben der *Brustatmung* gibt es einen zweiten Atemtyp, die sogenannte *Bauchatmung*. Die Bezeichnung rührt von der Tatsache her, daß die Atmungsbewegungen an der vorderen Bauchwand sichtbar sind.

Der Motor dieser *Bauchatmung* ist das Zwerchfell (Diaphragma), das seinen Ursprung vom Brustbein, von der Innenfläche der sechs unteren Rippen und vom Querfortsatz des ersten Lendenwirbels nimmt und kuppelförmig an einer Sehnenplatte (centrum tendineum) ansetzt (Abb. 41).

Die Kontraktion des Zwerchfells drückt die Bauchorgane nach abwärts — was zu einer Vorwölbung der vorderen Bauchwand führt — und ermöglicht auf diese Weise die Inspiration. Kontrahieren sich hingegen die Bauchmuskeln — die Antagonisten des Zwerchfells —, dann wird das Zwerchfell nach oben gedrängt, und es kommt zur Exspiration.

Brustatmung und *Bauchatmung* sind in ihrer gemeinsamen Funktion meist nicht zu trennen, sondern arbeiten mit unterschiedlicher Intensität zusammen.

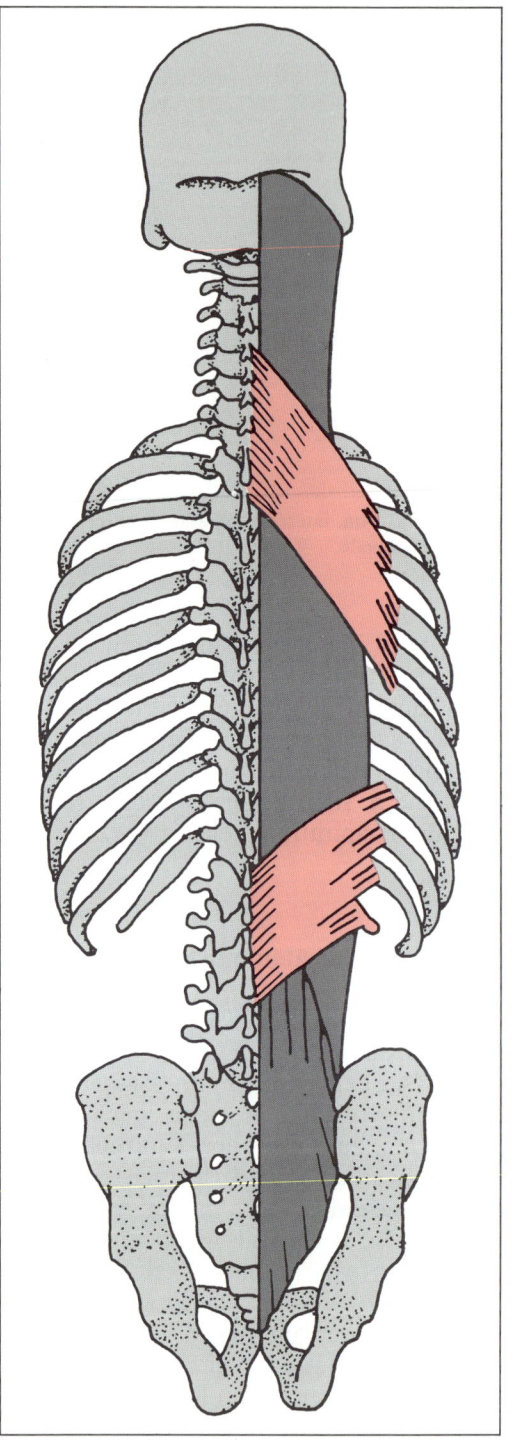

Abb. 40   Mm. serratus posterior superior et inferior (nach *Rohen*).

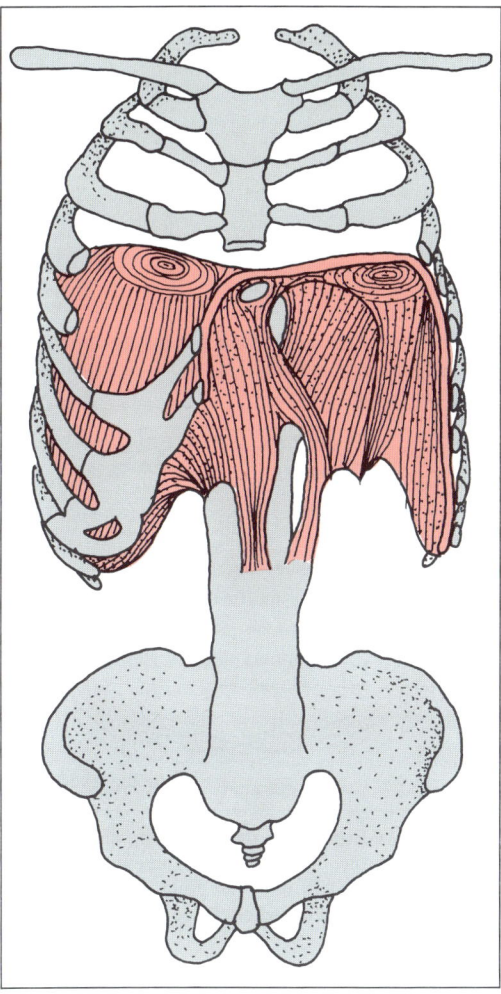

Abb. 41   Das Zwerchfell mit seinen verschiedenen Anteilen.

Aktiver Bewegungsapparat des Rumpfes

Bauch- und
Rückenmuskulatur

Wie bereits erwähnt, erfährt der Rumpf
über die Bauch- und Rückenmuskulatur
eine dynamische Verspannung, die durch
unterschiedliche Verlaufsrichtungen der
einzelnen Muskelfaserzüge ein sehr differenziertes Bewegungsspiel zuläßt.
Die *Bauchmuskulatur* weist dabei stark
flächenhafte Muskelzüge auf – sie haben
unter anderem die Bauchorgane schützend
abzudecken –, die sich zwischen Brustkorb (thorax) und oberem Beckenrand
ausspannen. Die *Rückenmuskulatur* hingegen ist wesentlich *stärker gegliedert* und
setzt sich aus einer Vielzahl von kürzeren
und längeren Muskeln zusammen.

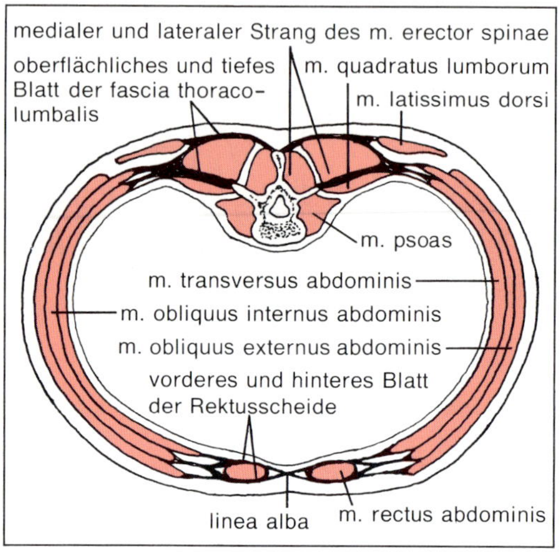

medialer und lateraler Strang des m. erector spinae
oberflächliches und tiefes Blatt der fascia thoraco-lumbalis
m. quadratus lumborum
m. latissimus dorsi
m. psoas
m. transversus abdominis
m. obliquus internus abdominis
m. obliquus externus abdominis
vorderes und hinteres Blatt der Rektusscheide
linea alba
m. rectus abdominis

**Abb. 42   Die Schichtung und Fixierung der
Bauchmuskulatur, dargestellt am Rumpfquerschnitt.
Die „linea alba" stellt dabei die Naht- bzw. Überkreu-
zungsstelle der Bauchmuskelscheide dar.**

Bauchmuskulatur

Muskulatur der vorderen und seitlichen Bauchwand

Die seitliche Bauchmuskulatur setzt sich
aus drei Muskeln zusammen, die über
Sehnenplatten mit dem ventral gelegenen
geraden Bauchmuskel in Verbindung stehen, diesen umscheiden und damit eine
vordere Fixierung finden. Hinten sind sie
über die Lendenrückenbinde (fascia thoracolumbalis) – sie umgibt mit einem
vorderen und hinteren Blatt die Rückenmuskulatur – an der Wirbelsäule verankert (Abb. 42).

– *M. rectus abdominis* (gerader Bauchmuskel (Abb. 43)

Ursprung: 5. – 7.   Rippenknorpel,
Schwertfortsatz des Brustbeines (processus
xiphoideus sterni).

Ansatz: Schambein (os pubis).

Innervation: nn. intercostales.

Funktion: Ist das Becken fixiert, dann zieht
der Muskel den Rumpf nach vorne (z. B.
beim Rumpfbeugen vorwärts aus der
Rückenlage bei fixierten Beinen). Wird der
Brustkorb arretiert, dann hebt der Muskel

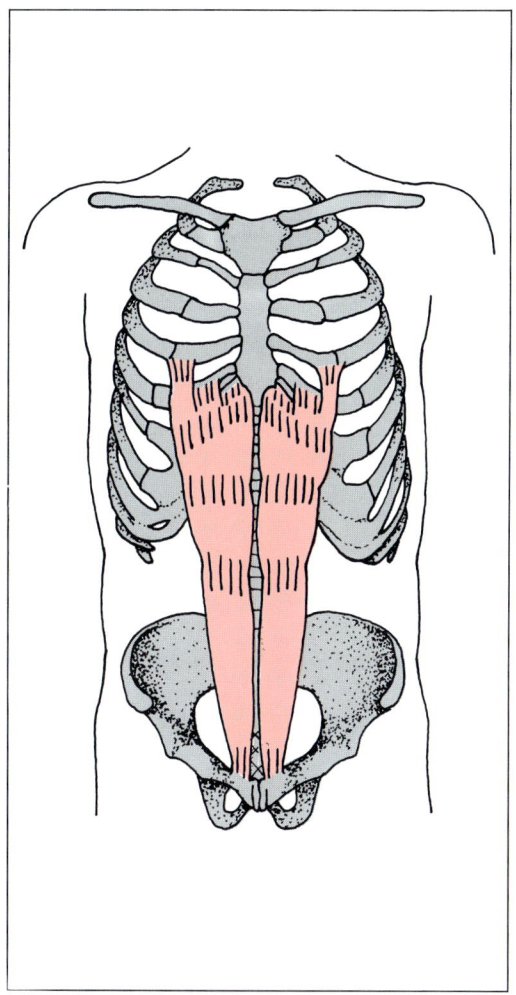

Abb. 43   M. rectus abdominis.

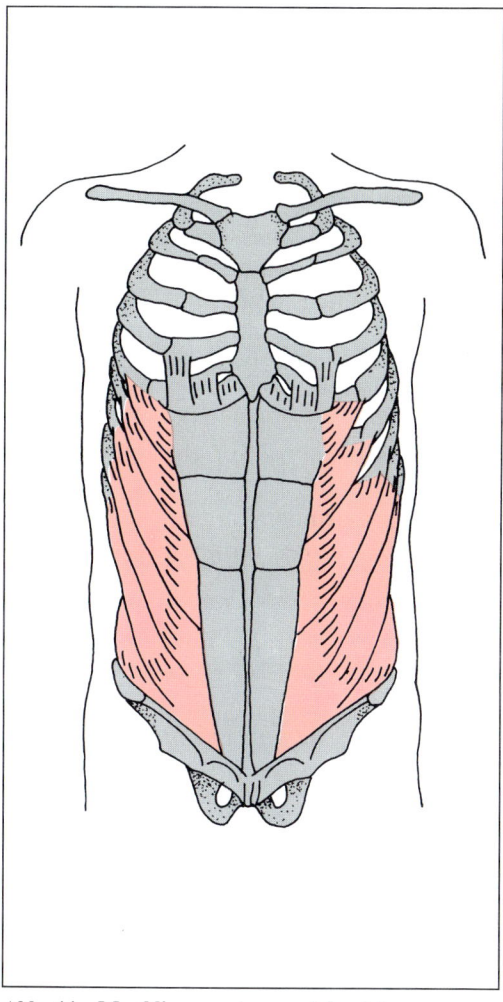

Abb. 44   M. obliquus externus abdominis.

das Becken (z. B. beim Felgaufzug am Reck); er wird dabei von anderen Muskeln unterstützt. Bei einseitiger Innervation beugt er den Rumpf zur Seite. Schließlich ist der Muskel noch an der Bauchpresse und der Exspiration (s. S. 68) beteiligt.
Der gerade Bauchmuskel spielt durch seinen Ansatz am Schambein auch eine wichtige Rolle bei der Aufrechterhaltung der Beckenstellung und damit indirekt der Krümmung der Lendenwirbelsäule: ist er schwach ausgeprägt, dann kippt das Bekken nach vorne und es kommt zu einer

zunehmenden Lordosierung der Lendenwirbelsäule, was zur Ausbildung der Haltungsschwäche Hohlrücken führen kann.

– *M. obliquus externus abdominis* (äußerer schräger Bauchmuskel) (Abb. 44)

Ursprung: Außenfläche der 5. – 12. Rippe.
Ansatz: Darmbeinkamm (crista iliaca), Leistenband (lig. inguinale), Schambeinhöckerchen (tuberculum pubicum), „Weiße Linie" (linea alba).

Innervation: nn. intercostales, n. iliohypo-
gastricus, n. ilioinguinalis.

Funktion: Bei beidseitiger Innervation
unterstützt er den *m. rectus abdominis* beim
Rumpfbeugen vorwärts. Bei einseitiger
Kontraktion neigt er den Rumpf zur Seite
bzw. dreht ihn zur Gegenseite, das heißt,
der rechte *m. obliquus externus abdominis*
dreht nach links und umgekehrt. Bei allen
leichtathletischen Wurf- und Stoßdisziplinen ist der Muskel an der finalen Dreh-
streckung des Rumpfes beteiligt.

— *M. obliquus internus abdominis* (innerer
schräger Bauchmuskel) (Abb. 45).

Ursprung: Darmbeinkamm, Leistenband,
Lendenaponeurose (aponeurosis lumbalis).

Ansatz: 9. — 12. Rippe, Weiße Linie (linea
alba).

Innervation: wie *m. obliquus externus
abdominis*.

Funktion: Bei beidseitiger Innervation unterstützt er das Rumpfbeugen vorwärts,
bei einseitiger neigt er den Rumpf zur Seite
bzw. dreht ihn zur Kontraktionsseite. Die
innere schräge Bauchmuskulatur arbeitet
also bei der Seitneigung mit der gleichseiti-
gen, bei der Rumpfdrehung mit der gegen-
seitigen schrägen äußeren Bauchmuskulatur zusammen. Innere und äußere schräge
Bauchmuskulatur kreuzen sich in einem
Winkel von 90 Grad.
Beide Muskeln sind auch noch an der
Bauchpresse und der Exspiration beteiligt.

— *M. transversus abdominis* (Abb. 46)
Dieser Muskel bildet die tiefste Schicht
aller Bauchmuskeln.

Ursprung: Innenfläche des 7. — 12. Rip-
penknorpels, Lendenaponeurose, Darmbeinkamm.
Ansatz: Weiße Linie (linea alba).

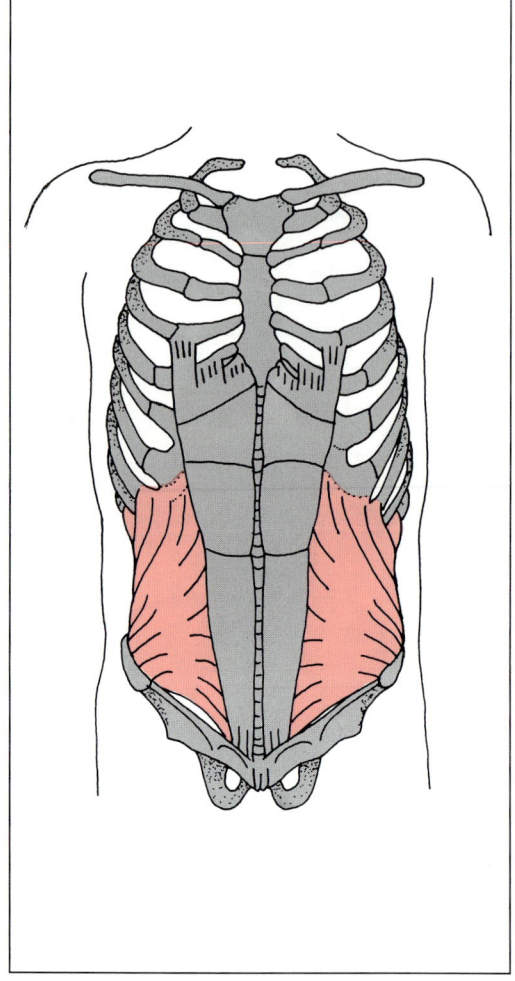

Abb. 45　M. obliquus internus abdominis.

Innervation: nn. intercostales, plexus lumbalis.
Funktion: Die Hauptaufgabe dieses Muskels liegt in seiner Tätigkeit bei der Bauchpresse; zusammen mit anderen Muskeln
spielt er bei der Formung der Taille eine
Rolle.

Bei einer zusammenfassenden Betrachtung der vorderen und seitlichen Bauchmuskulatur läßt sich feststellen, daß
diese großflächigen und wenig gegglieder-

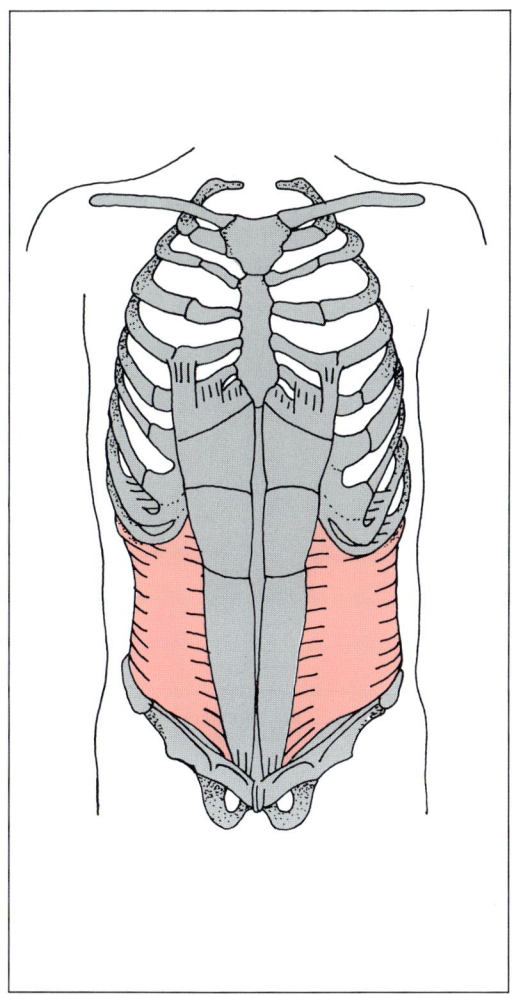

Abb. 46 M. transversus abdominis.

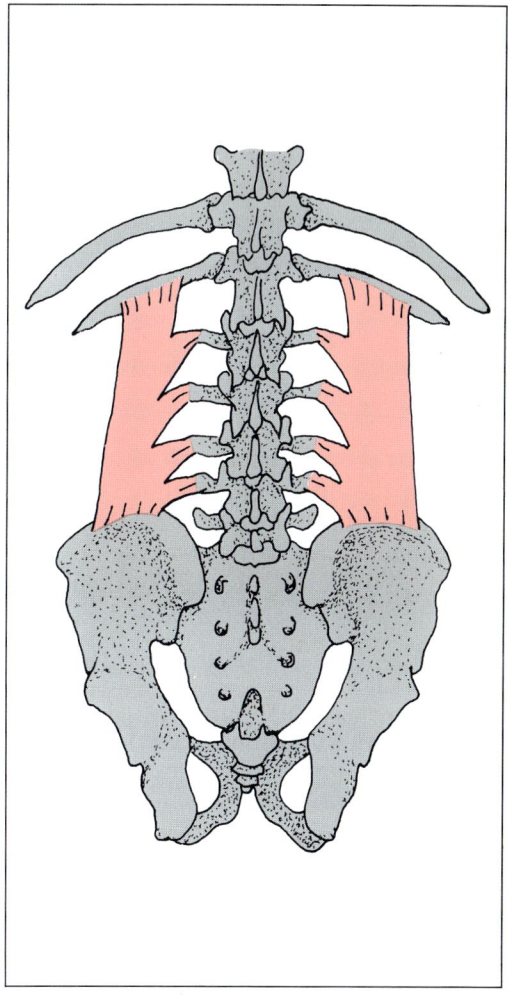

Abb. 47 M. quadratus lumborum.

ten Muskeln durch ihre unterschiedlichen Verlaufsrichtungen (vertikal, diagonal und horizontal) und die über die Bauchwandaponeurosen kreuzenden Zugsysteme (s. S. 70) eine äußerst fein abgestimmte Einstellung der Rumpfbewegungen ermöglichen.

Muskulatur der hinteren Bauchwand

Der Abschluß der hinteren Bauchwand erfolgt überwiegend durch den

− *M. quadratus lumborum* (viereckiger Lendenmuskel) (Abb. 47)

Ursprung: Darmbeinkamm.
Ansatz: 12. Rippe, Querfortsätze der Lendenwirbel.

Innervation: nn. intercostales, plexus lumbalis.

Funktion: Bei beidseitiger Kontraktion zieht er den Rumpf nach hinten (z. B. beim Aufbiegen rückwärts) und unterstützt da-

bei vor allem den *m. erector spinae* (Rük-
kenstrecker). Bei einseitiger Innervation
beugt er den Rumpf seitwärts (zusammen
mit anderen Muskeln) und sorgt für die
Feineinstellung der Rumpfseitneigung.

Rückenmuskulatur

Die stark gegliederten Rückenmuskeln
entspringen von den Bögen der Wirbel und
deren Fortsätzen. Man unterscheidet hierbei die platten oberflächlichen Muskelschichten — es handelt sich zumeist um
Muskeln, die auf die Extremitäten bzw. auf
den Schultergürtel wirken (sie sollen daher
dort behandelt werden) — von den eigentlichen, *autochthonen* Rückenmuskeln, deren gemeinsame Hauptfunktion die Strek-
kung der Wirbelsäule ist.

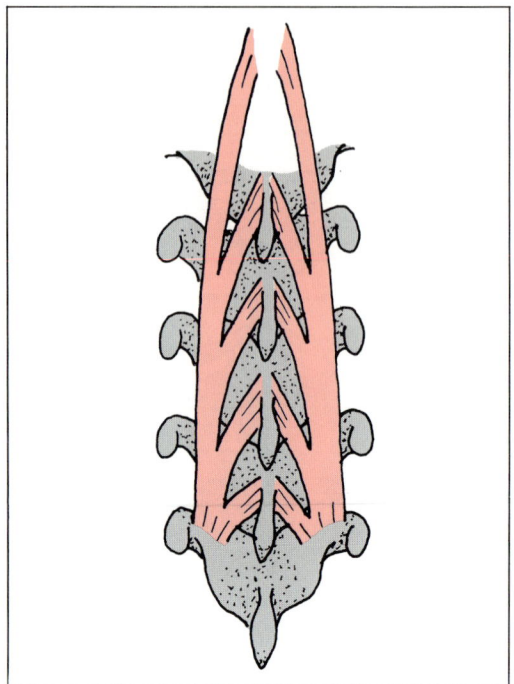

**Abb. 48   Darstellung des transversospinalen
Systems.**

Autochthone Rückenmuskulatur

Die *autochthone Rückenmuskulatur*, die
sich in einen *medialen* und *lateralen Strang*
(vgl. Abb. 50) unterteilen läßt, wird durch
die Lendenrückenbinde (fascia thoraco-
lumbalis) an den Dorn- bzw. Querfortsätzen der Wirbel befestigt. Dadurch wird
verhindert, daß sich die Rückenmuskulatur bei der Extension wie die Sehne eines
Bogens vom Rumpf zu lösen vermag.

Medialer Strang (tractus medialis)

Der mediale Strang liegt in der Rinne
zwischen Dorn- und Querfortsätzen. Er
läßt sich unterteilen in ein *spinales System*
— es umfaßt Muskelzüge, die sich in ihren
Ursprüngen und Ansätzen auf den Dorn-
fortsatzbereich beschränken —, ein *trans-
versospinales* System — hier verlaufen sie
von den Quer- zu den Dornfortsätzen —
und ein *spinotransversales System* — hier
ziehen sie von den Dorn- zu den Querfortsätzen.

Beim *spinalen System* unterscheidet man
die nur über ein Bewegungssegment gehen-
den *mm. interspinales* (Zwischendornfort-
satzmuskeln), die im Hals- und Lendenbereich paarig von Dornfortsatz zu Dornfortsatz ziehen, und den m. spinalis (Dorn-
muskel), der im Brustbereich über mehrere
Dornfortsatzsegmente   hinwegziehende
Muskelbögen bildet.
Beim *transversospinalen System* (Abb. 48)
— auch *m. transversospinalis* (Querfort-
satzdornfortsatzmuskel) genannt — unterteilt man in aufsteigender Reihe (die kürzeren Muskeln liegen dabei tiefer als die
längeren):
— *Mm. rotatores breves et longi* (kurze und
lange Wirbeldreher)
— *M. multifidus* (vielgespaltener Muskel)
— *M. semispinalis* (Halbdornmuskel), der
einen Kopf- und einen Halsteil besitzt.
Das *spinotransversale System* schließlich

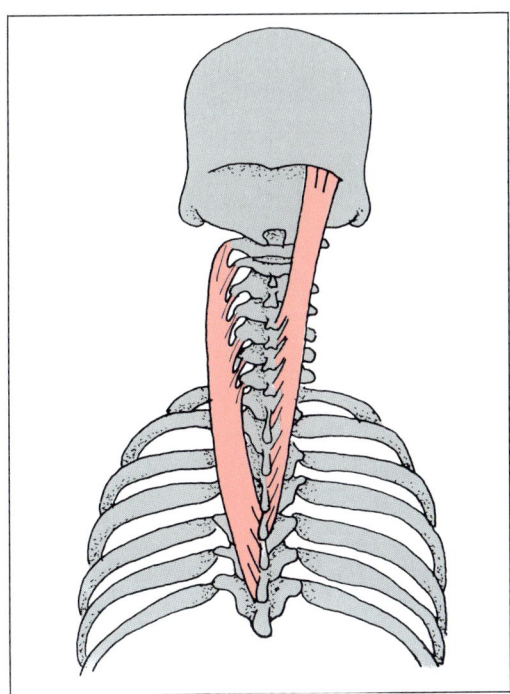

Abb. 49   Mm. splenius capitis (rechts) et cervicis (links).

wird durch die *mm. splenius capitis et cervicis* (Riemenmuskel, Kopf- und Halsteil) gebildet (Abb. 49).

– *M. splenius capitis* (Riemenmuskel, Kopfteil)

Ursprung: Dornfortsätze der oberen Brust- (Th$_1$–Th$_3$) und Halswirbel (C$_3$–C$_7$).

Ansatz: Warzenfortsatz (processus mastoideus) und obere Nackenlinie (linea nuchae superior).
Innervation: Rückwärtige Zweige der Spinalnerven C$_1$–C$_5$.

Funktion: Der *m. splenius capitis* dreht bei einseitiger Innervation den Kopf zur Kontraktionsseite bzw. nimmt ihn bei beidseitiger Anspannung in den Nacken.

– *M. splenius cervicis* (Riemenmuskel, Halsteil)

Ursprung: Dornfortsätze von Th$_3$–Th$_6$.

Ansatz: Querfortsätze von C$_1$–C$_6$.

Innervation: wie oben.

Funktion: Der *m. splenius cervicis* dreht bzw. neigt bei einseitiger Kontraktion die Halswirbelsäule zur gleichen Seite; bei beidseitiger Kontraktion neigt er sie dorsalwärts. Über seinen Ansatzteil am Atlas wirkt der Muskel auch noch auf die Kopfdrehung ein.

Lateraler Strang (tractus lateralis)

Während der *mediale Strang* mehr aus kurzgliedrigen Muskelketten besteht, wird der *laterale Strang* vorwiegend aus langen Muskelzügen gebildet.

Der *laterale Strang*, der sich in der Lendenregion zu einem mächtigen Muskelstrang, dem *m. erector spinae* (Rumpfaufrichter) vereint, setzt sich aus zwei Anteilen zusammen, nämlich dem *m. longissimus* (langer Muskel) und dem *m. iliocostalis* (Hüftrippenmuskel) (Abb. 50).

– *M. longissimus* (langer Muskel)

Ursprung: Je nach Anteil – er zerfällt in einen Kopf-, Hals- und Brustteil – entspringt dieser Muskel von den Querfortsätzen aller Wirbel, dem Kreuzbein und dem Darmbeinkamm.

Ansatz: Der *Kopfteil* setzt am Warzenfortsatz (processus mastoideus), der *Halsteil* an den Querfortsätzen der Halswirbel, der *Brustteil* an den Rippen bzw. Querfortsätzen der Brust- und Lendenwirbel an.

Innervation: Rami dorsales der zugehörigen Spinalnervensegmente.

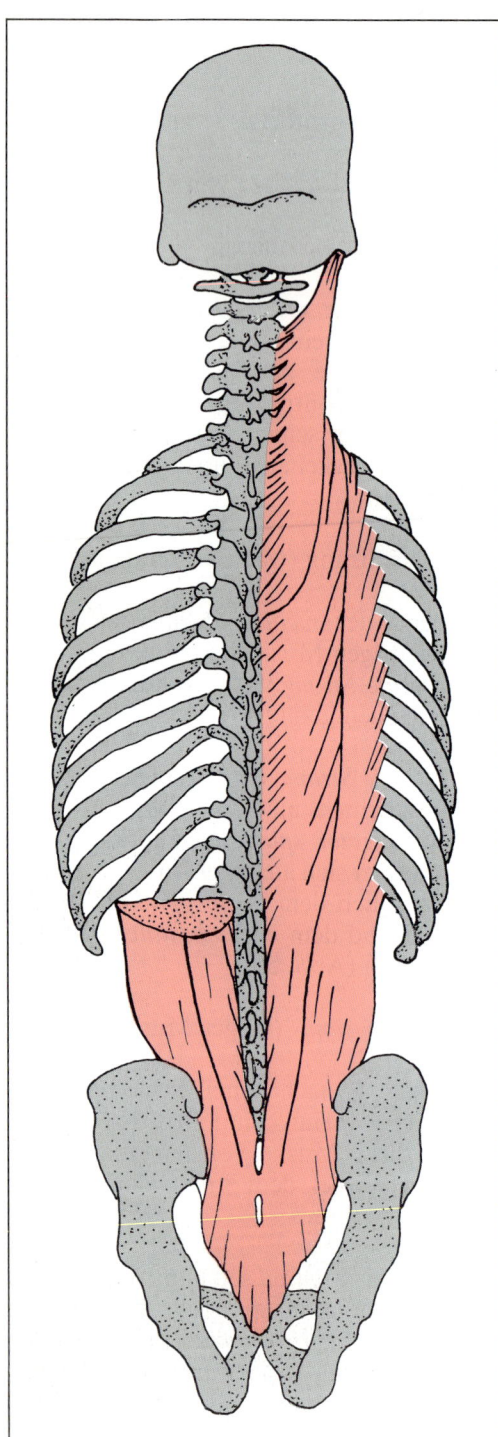

Abb. 50   M. erector spinae mit seinen beiden Anteilen.

Funktion: Bei einseitiger Innervation kommt es zur Seitneigung der kontrahierten Wirbelsäulenanteile, bei beidseitiger zu einer Dorsalextension.

— *M. iliocostalis* (Hüftrippenmuskel)

Ursprung: Je nach Anteil — wie der vorhergehende Muskel zerfällt auch er in mehrere Teile, nämlich einen Hals-, Brust- und Lendenteil — von der 3. bis 12. Rippe, dem Kreuzbein und dem Darmbeinkamm.

Ansatz: An allen 12 Rippen bzw. an den Querfortsätzen der Halswirbel.
Innervation: s. oben.

Funktion: Wie der *m. longissimus* sorgt er für die Streckung bzw. Seitwärtsneigung des Rumpfes. Daneben senkt er die Rippen und unterstützt somit die Exspiration (s. S. 68).

Ist der *m. erector spinae* — auch *m. erector trunci* genannt — unzureichend gekräftigt, kann es zu einer zunehmenden Haltungsschwäche in der Form des „Rundrückens" kommen.

Der Rumpf erfährt über die Bauch- und Rückenmuskulatur eine dynamische Verspannung, die sich in außergewöhnlich differenzierter Weise allen Extremitäten- und Rumpfbewegungen anpaßt. Hauptfunktion dieser Muskelsysteme ist die Sicherung der aufrechten Körperhaltung. Die Wirbelsäule ist dabei mit einem Bootsmast vergleichbar, der über ein entsprechendes Verspannungssystem senkrecht im Deck (Becken) verankert werden soll.
Änderungen in der Verspannung an einer Stelle erfordern Änderungen im gesamten restlichen Vertauungssystem. Das System der Bauch- und Rückenmuskulatur reagiert demnach nie isoliert, sondern immer als Ganzes.

Hanni Wenzel auf dem Weg
zum Sieg im Weltcupslalom.

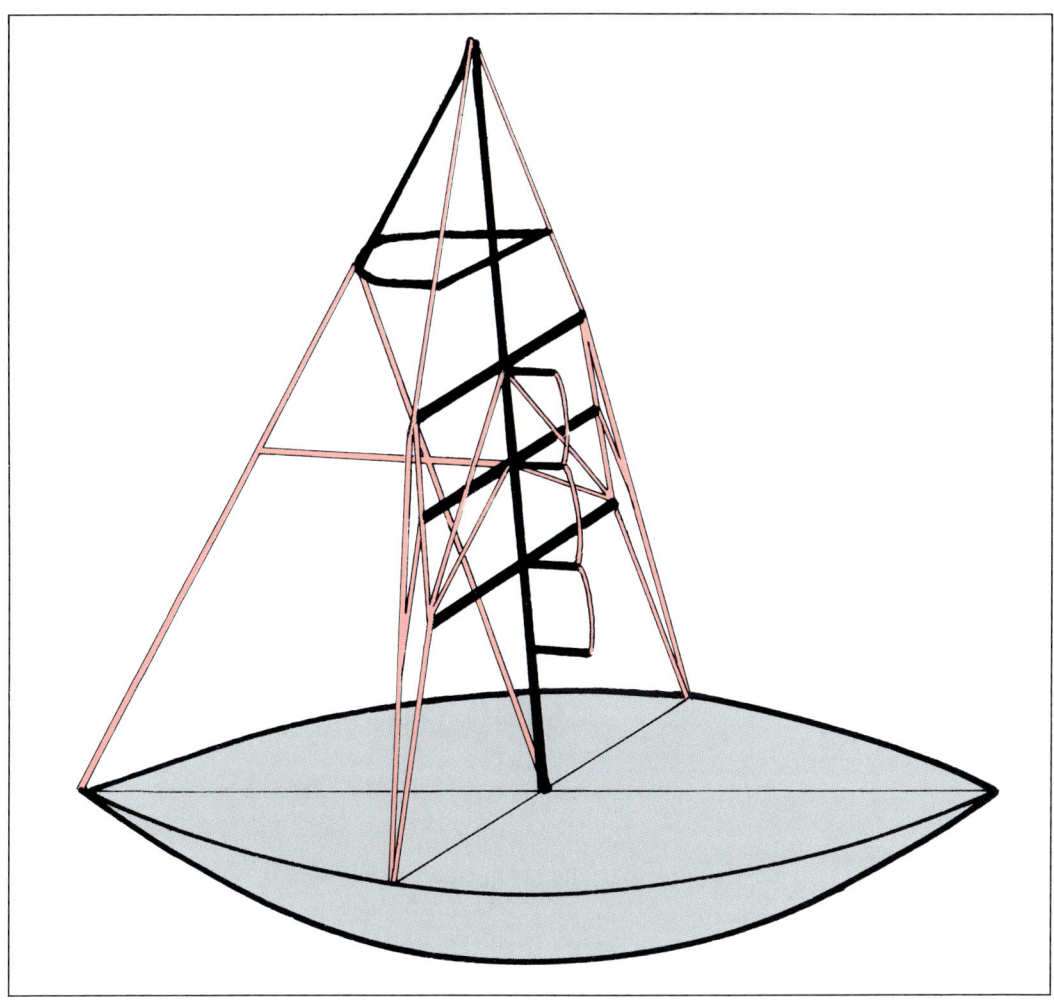

Abb. 51 Bootsmastmodell des Verspannungssystems der Wirbelsäule.

Zusammenfassende Beurteilung der Funktion der Bauch- und Rückenmuskulatur

Die stark schematisierte Darstellung (zur Verdeutlichung ist sie in ihren relativen Proportionen verzerrt wiedergegeben), hebt auch die Unterschiede in der Gliederung der vorderen und hinteren Verspannung hervor: Die Bauchmuskulatur ist im Verhältnis zur Rückenmuskulatur nur wenig gegliedert (Abb. 51).

Gelenkige Verbindung zwischen Wirbelsäule und Kopf

Im Gegensatz zur relativ unbeweglichen und starr im Beckengürtel verankerten Lendenwirbelsäule besitzt die Halswirbelsäule, auf der der Kopf als Träger der Sinnesorgane befestigt ist, eine außergewöhnlich hohe Beweglichkeit in allen Bewegungsrichtungen. Die Variabilität der

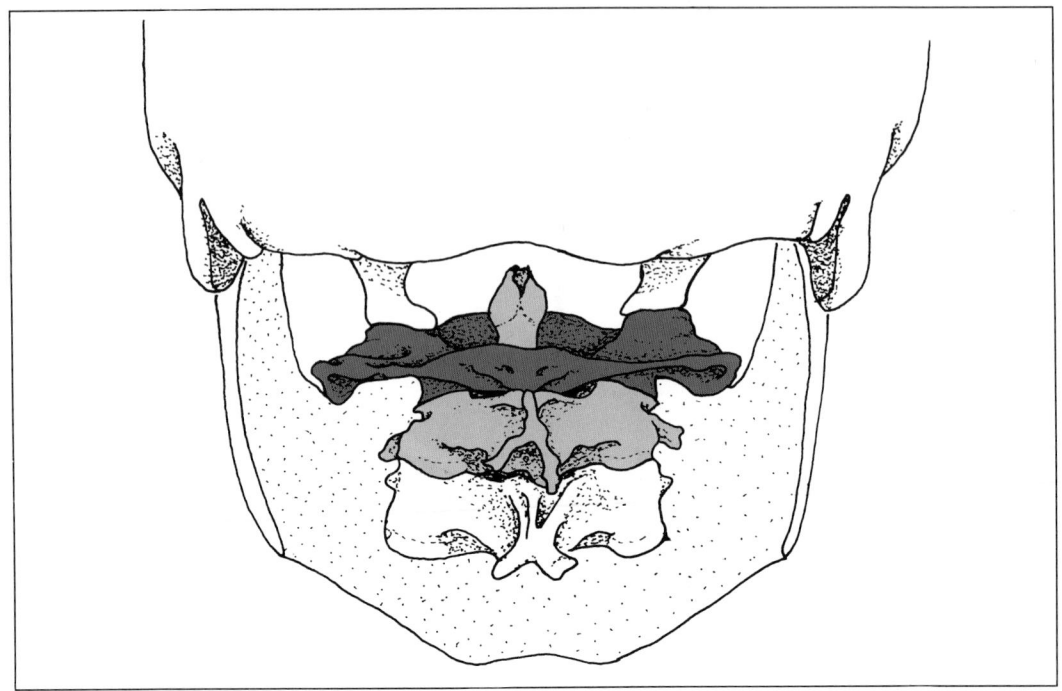

Abb. 52 Darstellung der kraniovertebralen Verbindung und ihrer Gelenksysteme.

Kopfbewegungen wird durch spezielle Gelenke ermöglicht (Abb. 52).

Man unterscheidet ein oberes Kopfgelenk (art. atlantooccipitalis) — in ihm artikulieren die Kondylen des Hinterhauptbeines mit den korrespondierenden Gelenkflächen des Atlas — und ein unteres — hier stehen die beiden oberen Halswirbel, Atlas und Axis, in gelenkiger Verbindung.

Im oberen Kopfgelenk sind nur Kopfneigebewegungen — vorwärts, rückwärts und in geringem Maße auch seitwärts — möglich. Im unteren Kopfgelenk finden die Drehbewegungen statt.

Wie die Abbildung 53 zeigt, unterscheidet sich der Bau der beiden letzten Halswirbel erheblich von dem der sonstigen Wirbel: Im Laufe der menschlichen Entwicklung

hat der Atlas seinen Wirbelkörper an den Axis abgegeben, wodurch dessen Zahn (dens axis) entstanden ist. Der Atlas ist dadurch zu einem Ring geworden, der sich um den Zahn drehen kann.

Bandapparat der Kopfgelenke

Damit der Zahn des Axis bei den Kopf- bzw. Halsbewegungen nicht in das verlängerte Rückenmark eindringt, wird er über eine Reihe von Bändern in seiner Lage fixiert. Aus der Vielzahl der verschiedenen Bandsicherungen sei hier nur das *quere Band* (lig. transversum) genannt, das den Zahn des Axis am vorderen Atlasbogen befestigt und durch seine überknorpelte Innenfläche einen Teil des mittleren atlantoaxialen Gelenkes bildet.

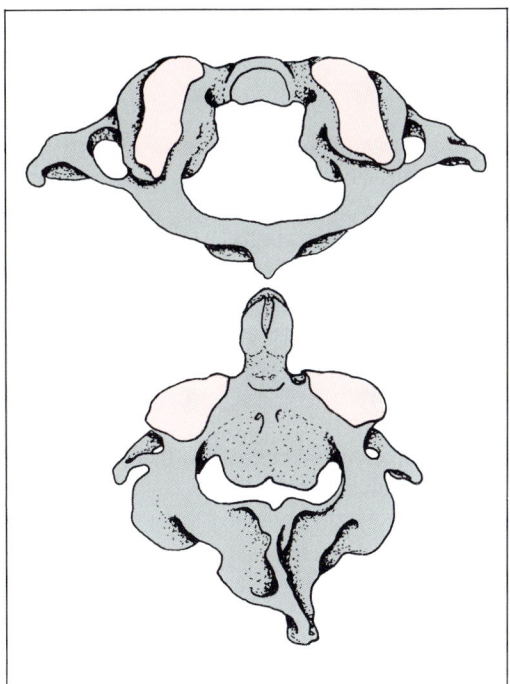

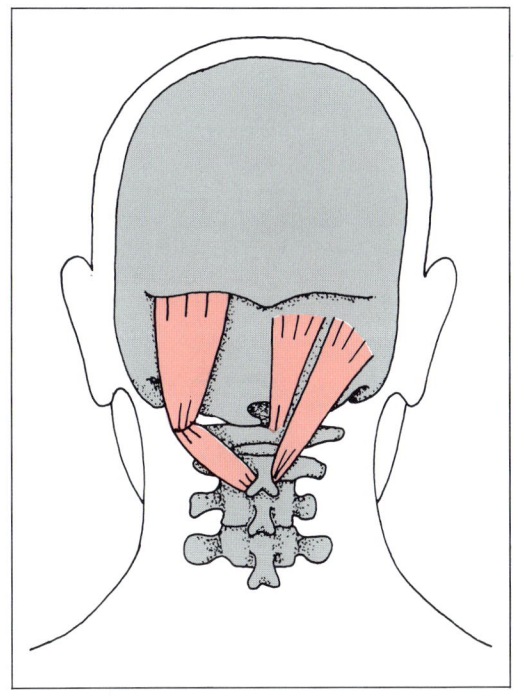

Abb. 53 Darstellung von Atlas (oben) und Axis (unten).

Abb. 54 Muskelapparat der kleinen Kopfgelenke. Linke Seite: Schräger oberer und unterer Kopfmuskel (mm. obliquus capitis superior et inferior); rechte Seite: Kleiner und großer gerader hinterer Kopfmuskel (mm. rectus capitis posterior minor et major).

Muskeln, die auf die Kopfstellung einwirken

Wie bereits erwähnt, ist der Kopf über die Halswirbelsäule außergewöhnlich beweglich mit dem Rumpf verbunden. Eine derartige Beweglichkeit ist zum einen für die räumliche Orientierung, zum anderen für die individuelle Ausdrucksgestaltung von Wichtigkeit.

Für die Feineinstellung des Kopfes spielt dabei ein System von vielgliedrigen kleinen Muskeln eine bedeutende Rolle: sie sollen hier nur zeichnerisch, nicht aber im Detail, dargestellt werden (Abb. 54).

Im sportlichen Bereich ist aber nicht nur die Feineinstellung zur räumlichen Orientierung bzw. differenzierten Bewegungssteuerung wie z. B. beim Wasserspringen

oder Trampolinspringen wichtig, sondern auch die Feststellung des Kopfes wie z. B. beim Kopfball im Fußballspiel. Diese Feststellung des Kopfes wird durch größere und kräftigere Muskeln erreicht und kommt durch eine isometrische Anspannung aller auf die Kopfgelenke einwirkenden Muskeln zustande. Es sollen hier nur die wichtigsten dargestellt werden (Abb. 55).

Im hinteren Halsbereich seien der m. trapezius (Kapuzenmuskel, Näheres s. S. 83) und Teile des in der Tiefe liegenden medialen und lateralen Stranges der autochthonen Rückenmuskulatur (s. S. 74) mit dem *m. semispinalis capitis*, dem *m. splenius capitis* sowie dem Kopfteil des *m. longissimus* genannt.

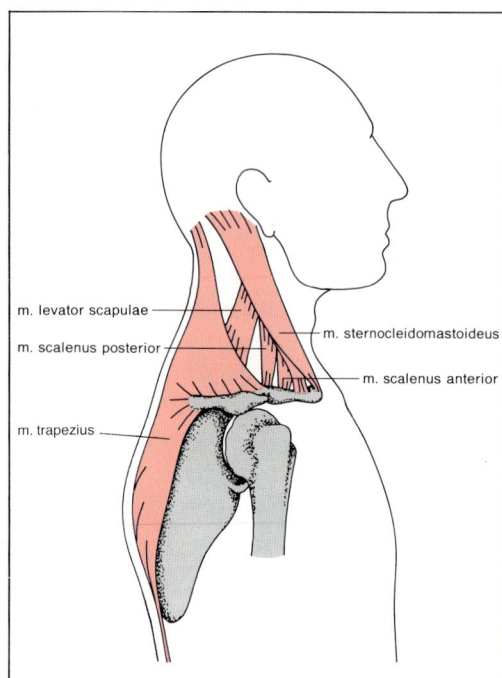

m. levator scapulae

m. scalenus posterior

m. sternocleidomastoideus

m. scalenus anterior

m. trapezius

Abb. 55   Übersicht der wichtigsten oberflächlichen Halsmuskeln.

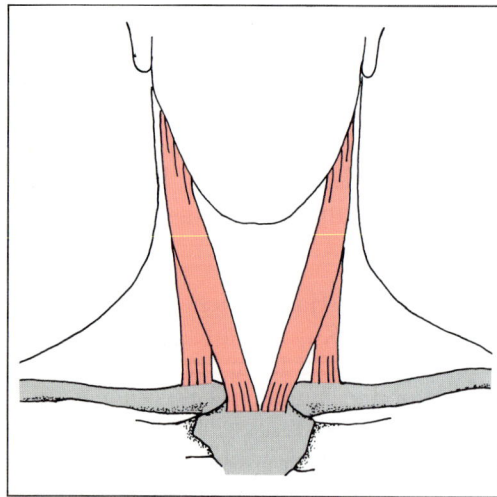

Abb. 56   M. sternocleidomastoideus.

Im seitlichen und vorderen Bereich imponiert vor allem der *m. sternocleidomastoideus*.

— *M. sternocleidomastoideus* (Kopfwender) (Abb. 56).

Ursprung: Brustbein (sternum) und Schlüsselbein (clavicula).

Ansatz: Warzenfortsatz (processus mastoideus) und obere Nackenlinie (linea nuchae superior).

Innervation: n. accessorius und zusätzlich Äste des plexus cervicalis.

Funktion: Bei beidseitiger Kontraktion neigt er den Kopf mit großer Kraft nach vorne; er agiert dabei als Antagonist des m. trapezius. Einseitig innerviert neigt er den Kopf nach vorne und dreht ihn zur Gegenseite. Er unterstützt die Inspiration.
Indirekt über die Halswirbelsäule wirken auch noch die *mm. scaleni* (Rippenhalter) — sie sind zum Teil vom *m. sternocleidomastoideus* bedeckt — auf die Kopfhaltung ein. Man unterscheidet einen vorderen, mittleren und hinteren Rippenhaltermuskel. Sie entspringen von den Querfortsätzen der Halswirbel und setzen an den ersten beiden Rippen an. Bei einseitiger Innervation neigen sie die Halswirbelsäule zur Seite, bei beidseitiger haben sie brustkorbhebende Wirkung und unterstützen damit die Inspiration.

Die Obere Extremität

Der Schultergürtel

Der *Schultergürtel* fixiert das Schultergelenk am Rumpf und stellt somit eine Verbindung zwischen Arm und Rumpf her. Der *Schultergürtel* wird von Schulterblatt (scapula), Schlüsselbein (clavicula) und Brustbein (sternum) gebildet (Abb. 57).

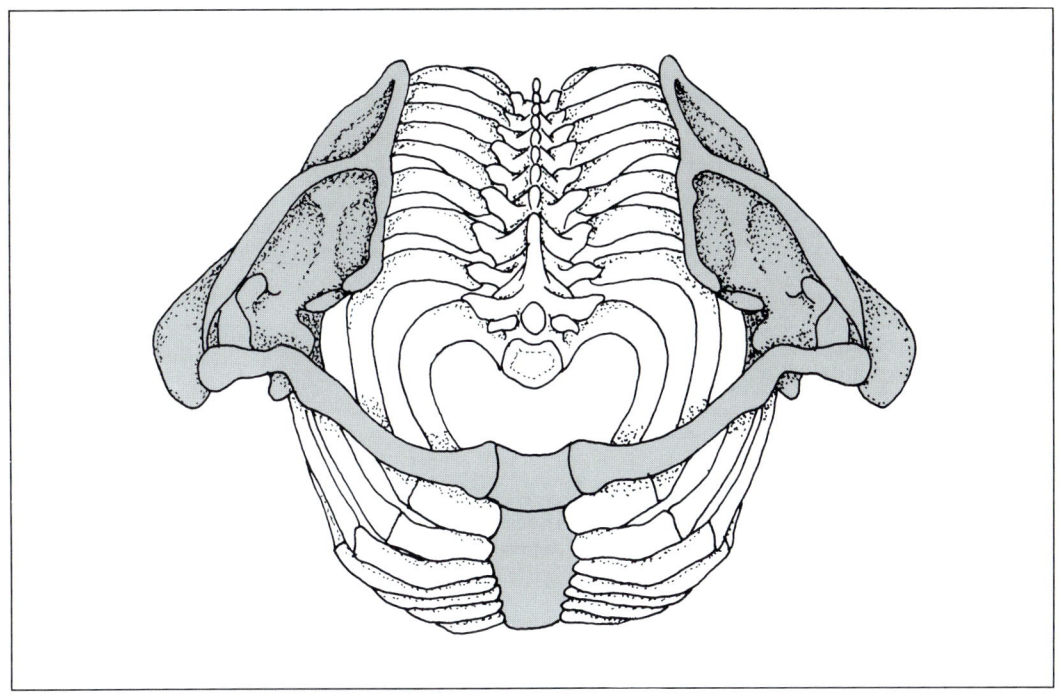

Abb. 57   Schematische Darstellung des Schultergürtels (Aufsicht).

Im Gegensatz zum *Beckengürtel*, der Wirbelsäule und untere Extremität relativ starr verbindet, ist der *Schultergürtel* ein sehr bewegliches Verbindungsglied.

Durch die Verschieblichkeit des Schultergürtels wird das Bewegungsfeld der Arme fast verdoppelt, was für die Erweiterung des Greifraumes der Hand von erheblicher Bedeutung ist (Abb. 58).

Die Gelenke des Schultergürtels

Der Schultergürtel bildet eine Funktionseinheit, die durch zwei Kugelgelenke realisiert wird. Man unterscheidet ein inneres und äußeres Schlüsselbeingelenk (s. Abb. 59).
Beim *inneren Schlüsselbeingelenk* (art. sternoclavicularis) artikulieren Schlüsselbein und Brustbein. Über dieses Gelenk stellt

das Schlüsselbein die einzige knöcherne Verbindung zwischen Schultergürtel und Rumpf her, und stützt den Schultergürtel gegen den Thorax ab. Die Bewegungsfreiheit dieses Gelenks ist durch straffe Bänder stark reduziert (s. Abb. 59).
Beim *äußeren Schlüsselbeingelenk* (art. acromioclavicularis) gelenken Schlüsselbein und Schulterhöhe (acromion). Auch hier ist der Bewegungsspielraum durch Bänder in ausgeprägter Weise eingeschränkt.

Die Muskulatur des Schultergürtels

Die Funktion dieser Muskeln besteht darin, den Schultergürtel am Rumpf zu fixieren und die Einstellbewegungen des Schultergürtels für die Bewegungen des Armes zu vollziehen.

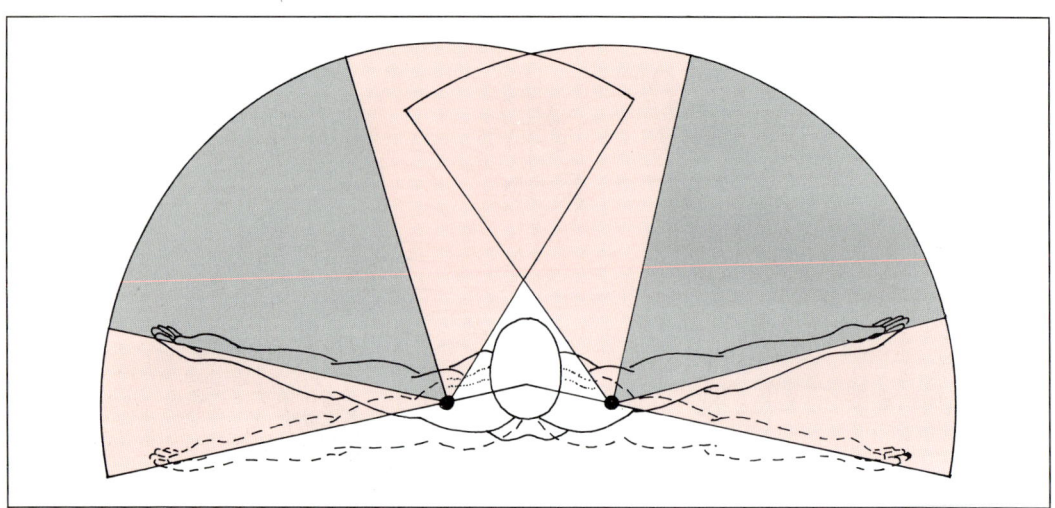

Abb. 58 Die Erweiterung des Bewegungsfeldes der Arme im Schultergelenk durch die zusätzlichen Bewegungsmöglichkeiten des Schultergürtels (Erweiterungsbereich rot).

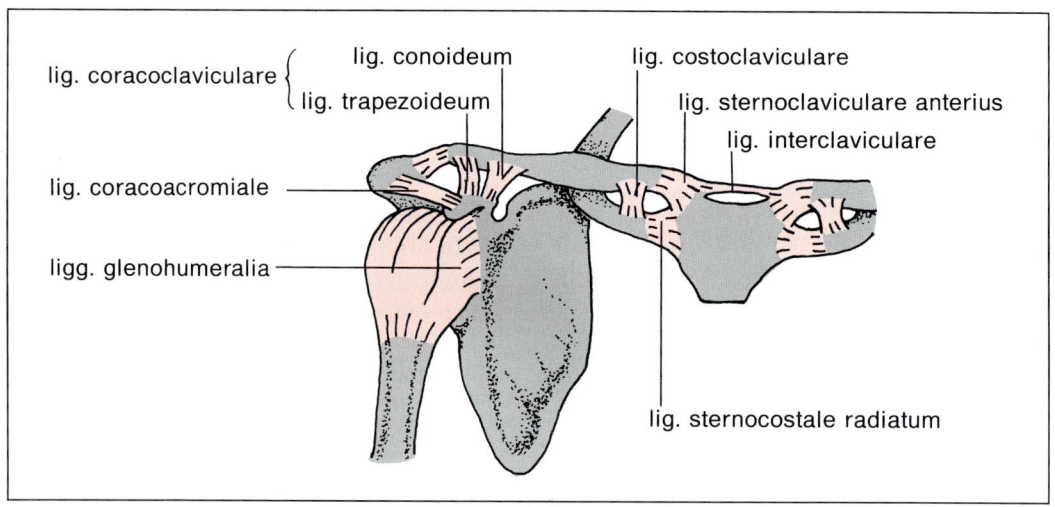

Abb. 59 Knochen- und Bandapparat des Schultergürtels (nach *Benninghoff*).

— *M. trapezius* (Kapuzenmuskel) (Abb. 60)

Der *m. trapezius* bedeckt zusammen mit dem *m. latissimus dorsi* (breiter Rückenmuskel, s. S. 86) fast den geamten Rücken.

Ursprung: Hinterhauptsschuppe (protuberantia occipitalis), Dornfortsätze der Hals- und Brustwirbel.

Ansatz: Schlüsselbein, Schulterhöhe, Schulterblattgräte (spina scapulae).

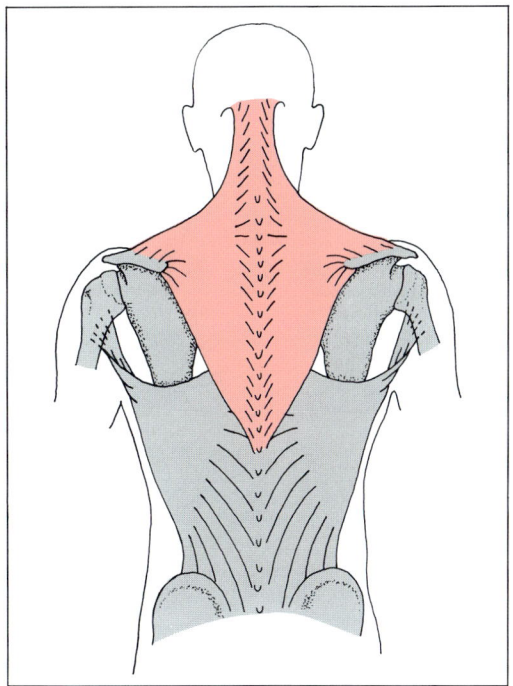

Abb. 60 M. trapezius.

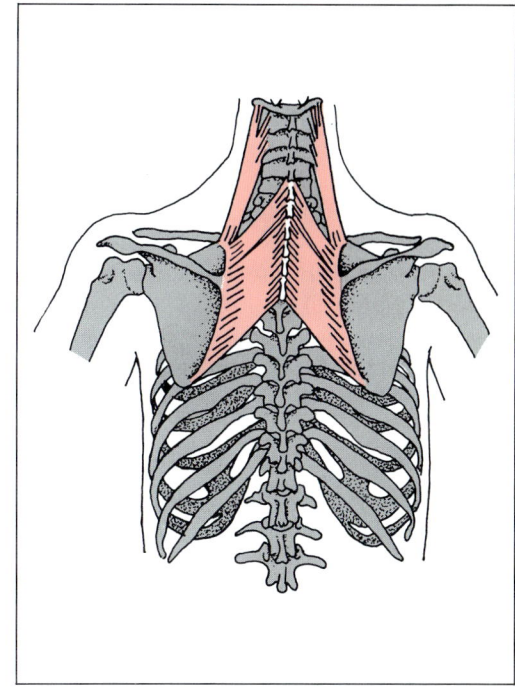

Abb. 61 Darstellung des m. rhomboideus major (unten), et minor (mitte) und des m. levator scapulae (oben).

Innervation: n. accessorius, Äste des plexus cervicalis.

Funktion: Entsprechend den unterschiedlichen Verlaufsrichtungen der Fasern des *m. trapezius* unterscheidet man einen oberen, mittleren und unteren Anteil.
Der *obere Teil* zieht die Schultern nach oben und unterstützt die Schulterblattdrehung (s. S. 142). Bei allen Zieh- und Hebebewegungen spielt er eine wichtige Rolle; er ist deshalb bei Gewichthebern besonders gut entwickelt. Bei einseitiger Innervation dreht der obere Teil des *m. trapezius* den Kopf nach der entgegengesetzten Seite; seine Klavikularportion schließlich hebt das Schlüsselbein und unterstützt so die Inspiration.
Der *mittlere querverlaufende Teil* nähert die Schulterblätter der Wirbelsäule (z. B. beim Seitrückführen der Arme).

Der *untere Teil* senkt die Schultern und trägt ebenso wie die obere Portion des Muskels zur Schulterblattdrehung bei. Beim Stütz verhindert er zusammen mit anderen Muskeln das Absinken des Rumpfes.
Der *m. trapezius* wird selten in seiner Gesamtheit beansprucht; seine verschiedenen Anteile arbeiten meist mit anderen Muskeln zusammen. Das Beispiel dieses Muskels macht außerdem deutlich, daß ein und derselbe Muskel mit seinen unterschiedlichen Anteilen je nach Ansatz- und Ursprungsgebiet verschiedene zum Teil gegensätzliche Bewegungen auszuführen vermag.

– *M. rhomboideus major* (großer Rautenmuskel) (Abb. 61)
Dieser Muskel liegt ebenso wie die nachfolgenden unter dem *m. trapezius*.

Ursprung: Dornfortsätze der oberen vier Brustwirbel.

Ansatz: Medialer Rand des Schulterblattes.

Innervation: n. dorsalis scapulae.

— *M. rhomboideus minor* (kleiner Rautenmuskel) (Abb. 61)

Ursprung: Dornfortsätze der beiden unteren Halswirbel.

Ansatz: Medialer Rand des Schulterblattes.
Innervation: s. oben.

Gemeinsame Funktion: Sie ziehen das Schulterblatt nach oben zur Wirbelsäule. Vor allem der *m. rhomboideus major* ist an der Drehung des unteren Schulterblattwinkels als Antagonist des *m. serratus anterior* (vorderer Sägemuskel, s. S. 84) beteiligt.

— *M. levator scapulae* (Schulterblattheber) (Abb. 61)

Ursprung: Obere vier Halswirbelquerfortsätze.

Ansatz: Oberer Schulterblattwinkel.

Innervation: n. dorsalis scapulae.

Funktion: Er zieht das Schulterblatt (Name!) nach oben und zur Wirbelsäule (z.B. beim Achselzucken); er arbeitet stets mit anderen Muskeln zusammen.

— *M. serratus anterior* (vorderer Sägemuskel) (Abb. 62)

Ursprung: 1. — 9. Rippe.

Ansatz: Medialer Rand des Schulterblattes sowie oberer und unterer Schulterblattwinkel.

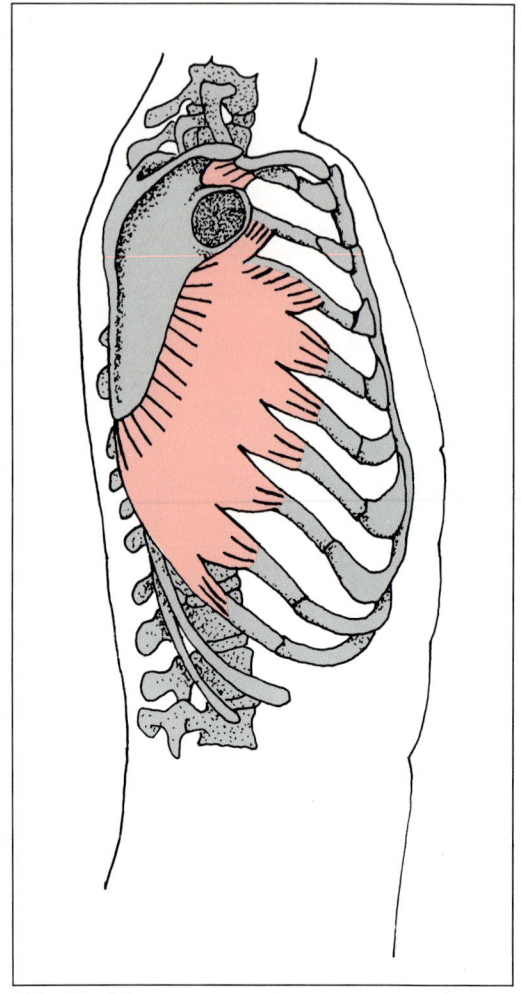

Abb. 62   M. serratus anterior.

Innervation: n. thoracicus longus.

Funktion: Der Muskel fixiert in seiner Gesamtheit das Schulterblatt am Rumpf. Sein *oberer* Anteil wirkt als Heber des Schulterblattes, sein *mittlerer* als Antagonist zum querverlaufenden Teil des *m. trapezius*. Der *untere* Anteil ist von besonderer Wichtigkeit für die Schulterblattdrehung: Er zieht den unteren Schulterblattwinkel nach vorne und ermöglicht so das Heben des Armes über die Senkrechte hinaus (Elevation s. S. 142).

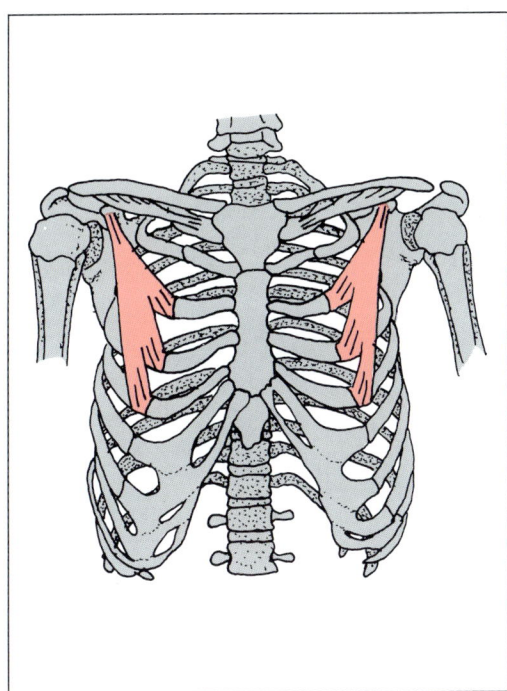

Abb. 63   M. pectoralis minor.

Schließlich wirkt der *m. serratus anterior* bei fixiertem Schulterblatt (Aufstützen der Arme) rippenhebend und damit die Inspiration unterstützend (s. S. 68).

— *M. pectoralis minor* (kleiner Brustmuskel) (Abb. 63)

Ursprung: 2. — 5. Rippe.

Ansatz: Rabenschnabelfortsatz (processus coracoideus).

Innervation: nn. pectorales med. et lat.

Funktion: Dieser unter dem *m. pectoralis major* (großer Brustmuskel, s. S. 87) gelegene Muskel senkt den Schultergürtel und kann bei der Fixierung des Schultergürtels (s. oben) die Inspiration durch das Anheben der Rippen unterstützen (s. S. 68). Dieser Muskel wirkt selten allein.

— *M. sternocleidomastoideus* (Kopfwender) (Abb. 55 und 56)

Auch dieser Muskel wirkt, vom Kopf kommend, auf den Schultergürtel ein (er wurde bereits auf S. 80 besprochen).

Das Schultergelenk

Beim *Schultergelenk* (art. humeri) stehen der Kopf des Oberarmes (caput humeri) und die Gelenkpfanne des Schulterblattes (cavitas glenoidalis) in gelenkiger Verbindung.

Das *Schultergelenk* ist aufgrund der unterschiedlichen Größenverhältnisse von Gelenkfläche des Schulterblattes und Größe der Gelenkfläche des Oberarmknochens — ihre Flächen verhalten sich wie 1 : 4 — und wegen der schlaffen Gelenkkapsel und der damit einhergehenden reinen Muskelführung das beweglichste Gelenk des Menschen; es ist deshalb auch das luxationsgefährdetste.

Lediglich durch das Dach der Schulterhöhe erfährt der Oberarm bei der Anteversions- und Abduktionsbewegung eine „Anschlagsperre" im Bereich der waagrechten Armhaltung, die aber durch eine Drehung des Schulterblattes weitgehend kompensiert werden kann: somit ist ein Heben des Armes bis etwa zur Senkrechten möglich (Abb. 59).
Klinischer Hinweis: Da die schlaffe Kapsel bei herabhängendem Arm eine Falte schlägt, ist bei einer erzwungenen längerdauernden Ruhigstellung des Armes (durch Bruch etc.) auf eine sachgemäße Schienung in Abduktions-Anteversions-Stellung zu achten. Wird dies unterlassen, so kann es durch eine Verklebung bzw. Schrumpfung dieser Achselfalte zu ausgeprägten Bewegungseinschränkungen kommen.

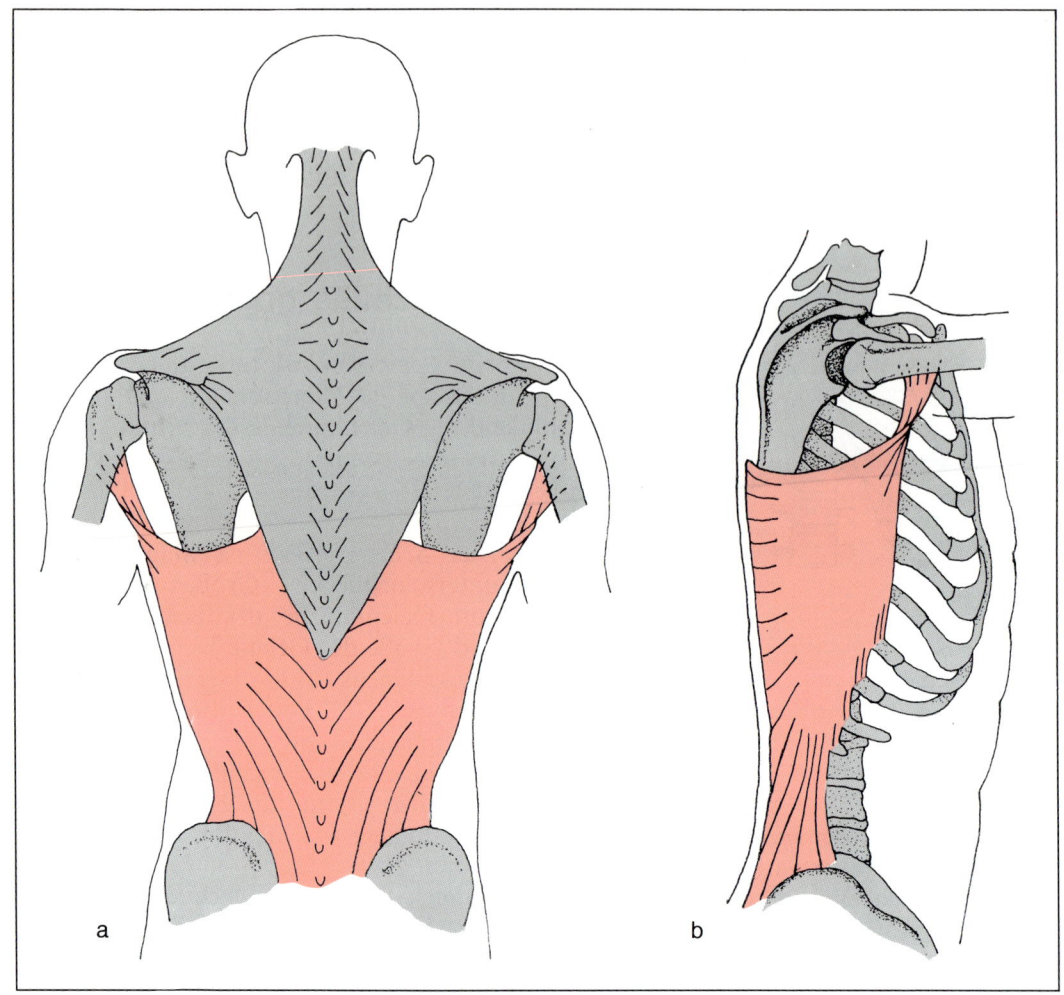

Abb. 64 M. latissimus dorsi a) Rückansicht b) Seitansicht.

Die Muskulatur des Schultergelenks

— *M. latissimus dorsi* (breiter Rückenmuskel (Abb. 64)
Dieser Muskel liegt oberflächlich und bedeckt zusammen mit dem *m. trapezius* fast den gesamten Rücken. Er gehört zu den größten flächenhaften Muskeln des Menschen und bildet zusammen mit dem *m. teres major* (großer Rundmuskel, s. S. 92) die hintere Achselfalte.

Ursprung: Mittels der Lendenrückenbinde (fascia thoracolumbalis) an den Dornfortsätzen der sechs unteren Brust- und aller Lendenwirbel, am Kreuzbein und am Darmbeinkamm.

Ansatz: Kleinhöckerleiste des Oberarmbeines (crista tuberculi minoris humeri).
Innervation: n. thoracodorsalis.

Funktion: Der *m. latissimus dorsi* dreht den herabhängenden Arm nach innen und zieht ihn nach hinten. Den erhobenen Arm senkt er mit großer Kraft; er spielt daher bei allen Schlagwurfbewegungen eine große Rolle. Den in Seithalte befindlichen Arm adduziert er, wie dies z. B. beim Heben aus dem Seitspannstütz mit gestreckten Armen in den Stütz der Fall ist. Bei fixierten Armen zieht er den Rumpf armwärts, wie z. B. beim Klimmziehen. Im Langhang am Reck oder beim Querstütz am Barren verhindert er zusammen mit dem *m. pectoralis major* (großer Brustmuskel) u. a. das Absinken des Rumpfes, der von diesen Muskeln wie in einer Tragschlinge gehalten wird (Abb. 65).

— *M. pectoralis major* (großer Brustmuskel) (Abb. 66)

Dieser Muskel bildet die vordere Achselfalte.

Ursprung: Schlüsselbein, Brustbein und Scheide (vagina) des geraden Bauchmuskels.

Ansatz: Leiste des großen Oberarmbeinhöckers (crista tuberculi majoris humeri).

Innervation: nn. pectorales anteriores.

Funktion: Da der *m. pectoralis major* absteigende, querverlaufende und aufsteigende Fasern enthält, ist die Wirkung dieser Anteile des Muskels natürlich unterschiedlich. Nur bei der Senkung des Armes aus der Hochhalte (z. B. beim Speerwurf) — alle Fasern liegen zu diesem Zeitpunkt in der Hauptzugslinie — arbeitet der Muskel mit allen Anteilen gleichzeitig. Bei erhobenem und fixiertem Arm — wie z. B. beim Stabhochsprung — kann er den Rumpf in einer Bewegungsumkehr zusammen mit anderen Muskeln nach oben ziehen. Auf seine Tragschlingenfunktion zur Fixierung des Rumpfes wurde bereits hingewiesen (vgl. Abb. 65).

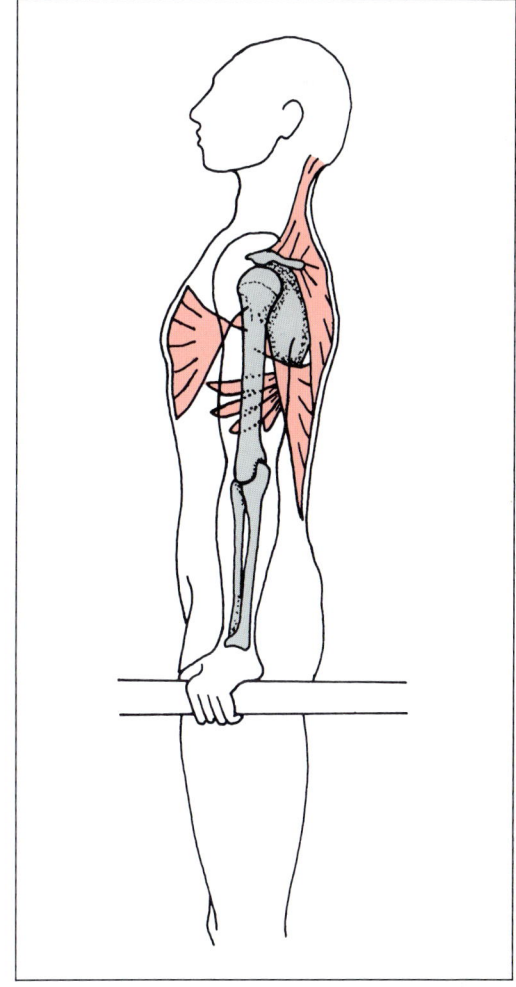

Abb. 65 Die Tragschlinge des Rumpfes, die bei allen Hang- und Stützbewegungen das Absinken des Rumpfes verhindert. An der Bindung des Rumpfes zum Schultergürtel sind der m. latissimus dorsi, der m. pectoralis major et minor sowie die unteren Anteile des m. serratus anterior und des m. trapezius beteiligt.

Bei den meisten Bewegungen des *m. pectoralis major* ist ein mehr oder weniger ausgeprägtes Überwiegen des einen oder anderen Anteils festzustellen. Beim Vorführen des seitlich rückgeführten Armes, wie z. B. beim Diskuswurf, ist vorwiegend der querverlaufende Brustbeinrippenanteil beteiligt, beim Vorbringen des nach unten

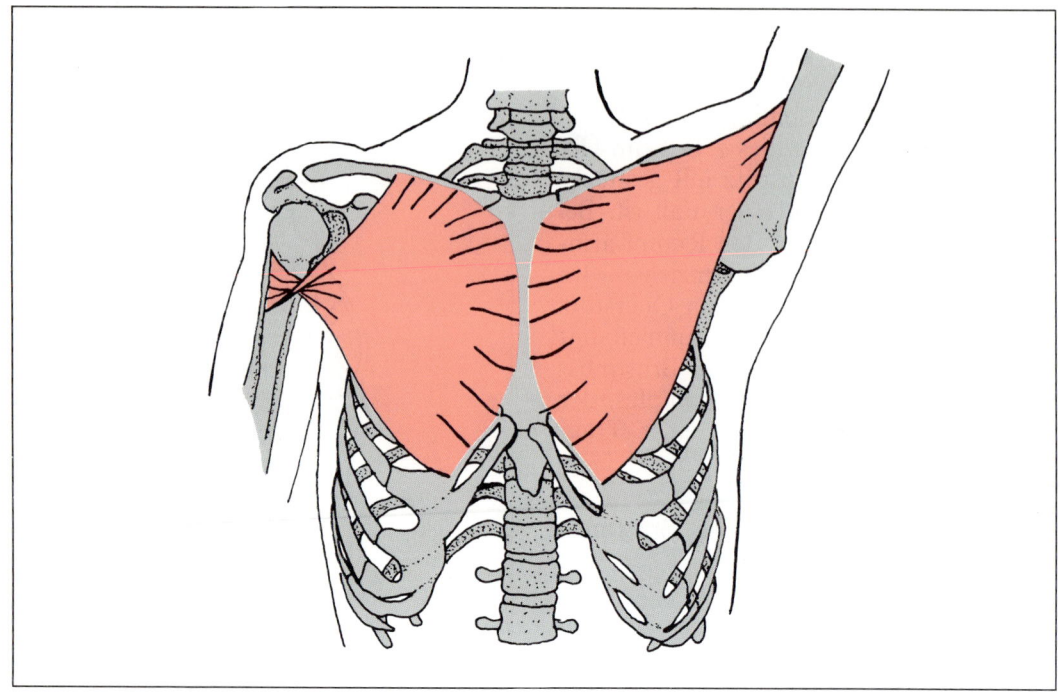

Abb. 66   M. pectoralis major.

rückgeführten Armes bringt vor allem der klavikuläre Anteil den Arm nach vorne, wie z. B. beim Bowling; zusammen mit dem querverlaufenden Teil realisiert er auch die Innenrotation des Oberarmes. Die adduzierende Wirkung erfolgt überwiegend über den queren und aufsteigenden Anteil. Bei aufgestützten Armen ist der *m. pectoralis major* schließlich noch bei der Inspiration tätig (s. S. 68).

Beachte: Um die Anteversions- bzw. Elevationsbewegung des Armes aufgrund der verschiedenen Muskelanteile und ihrer damit verbundenen unterschiedlichen Faserlänge nicht zu behindern, zeigt der *m. pectoralis major* zum einen eine hohe Dehnfähigkeit, zum anderen gleicht er die Faserlängenunterschiede durch eine Überkreuzung der Ansatzsehnen aus: Diejenigen Fasern, die am Rumpf im oberen Bereich ihren Ursprung haben, setzen am tiefsten, diejenigen, welche am tiefsten entspringen, am höchsten an; durch einen derartigen Ansatzmechanismus wird erreicht, daß der Muskel einerseits in jeder Lage eine gewisse Spannung besitzt und andererseits beim Heben des Armes in seinen aufsteigenden Anteilen nicht überdehnt wird (Abb. 67).

— *M. deltoideus* (Deltamuskel) (Abb. 27 und 68)

> Dieser Muskel hat mit seinen verschiedenen Anteilen für das Schultergelenk nicht nur eine außerordentlich wichtige dynamische Funktion — er ist an *allen* Schultergelenksbewegungen beteiligt —, sondern auch eine bedeutende Auf-

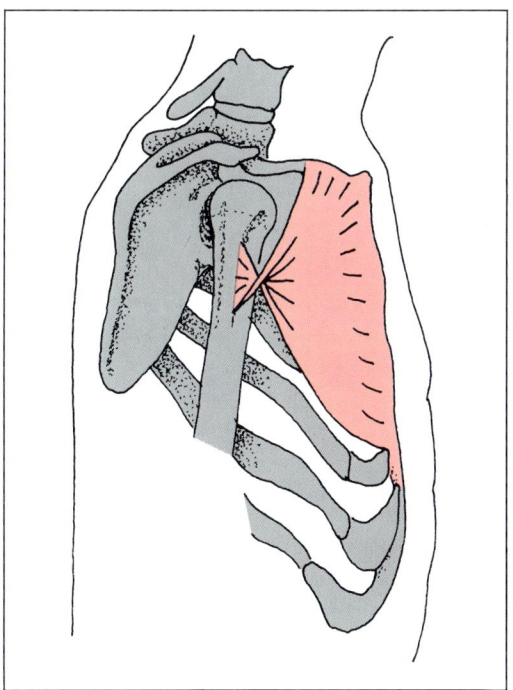

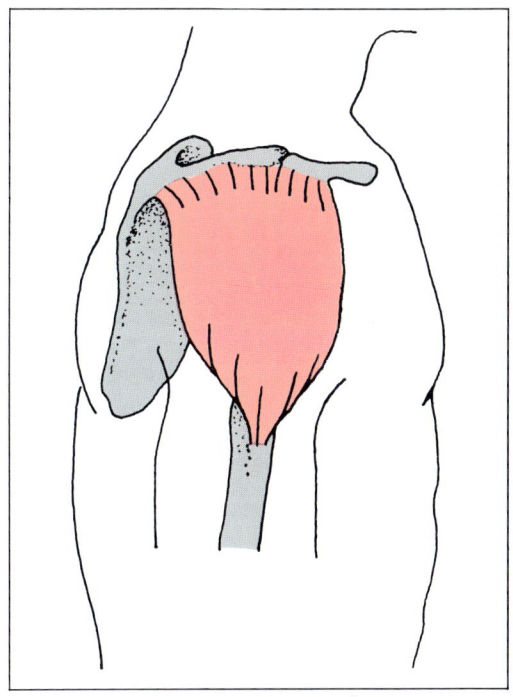

Abb. 67   Der Ansatzmechanismus der Sehne des m. pectoralis major (nach *Rohen*).

Abb. 68   M. deltoideus (vgl. auch Abb. 27).

gabe im Sinne einer Stabilisierung des Gelenkes selbst. Er umschließt kappenartig das Schultergelenk und sichert dessen Zusammenhalt. Diese muskuläre Sicherung ist auch der Grund, warum eine Luxation im Schultergelenk meist nach unten erfolgt, da hier eine derartige Muskelsicherung fehlt.

Bei der Atrophie des *m. deltoideus* (durch Nervenlähmung u. a.) kommt es zum sogenannten Schlottergelenk.

Ursprung: Mit seinen drei Anteilen entspringt er vom Schlüsselbein, von der Schulterhöhe und von der Schulterblattgräte (spina scapulae).
Ansatz: Deltarauhigkeit des Oberarmbeines (tuberositas deltoidea humeri).

Innervation: n. axillaris.

Funktion: Der *vordere* Anteil hebt den Arm nach vorne, der *hintere* nach hinten, der *mittlere* zur Seite. Der *vordere* Anteil hat weiterhin innenrotierende, der *hintere* außenrotierende Wirkung. Der *m. deltoideus* ist der vielseitigste Muskel im Schultergelenk. Er ist der Schwimmermuskel par excellence: beim Kraulschwimmen z. B. bringt er den Schwungarm unter Innenrotation von hinten nach vorne. Beim Gewichtheber ist dieser Muskel aufgrund der Abduktionsbewegung in der Zugphase besonders kräftig ausgebildet.

Da dieser Muskel an allen Bewegungen im Schultergelenk beteiligt ist, vereinigt er in sich ein System von Synergisten und Antagonisten (vgl. S. 53).

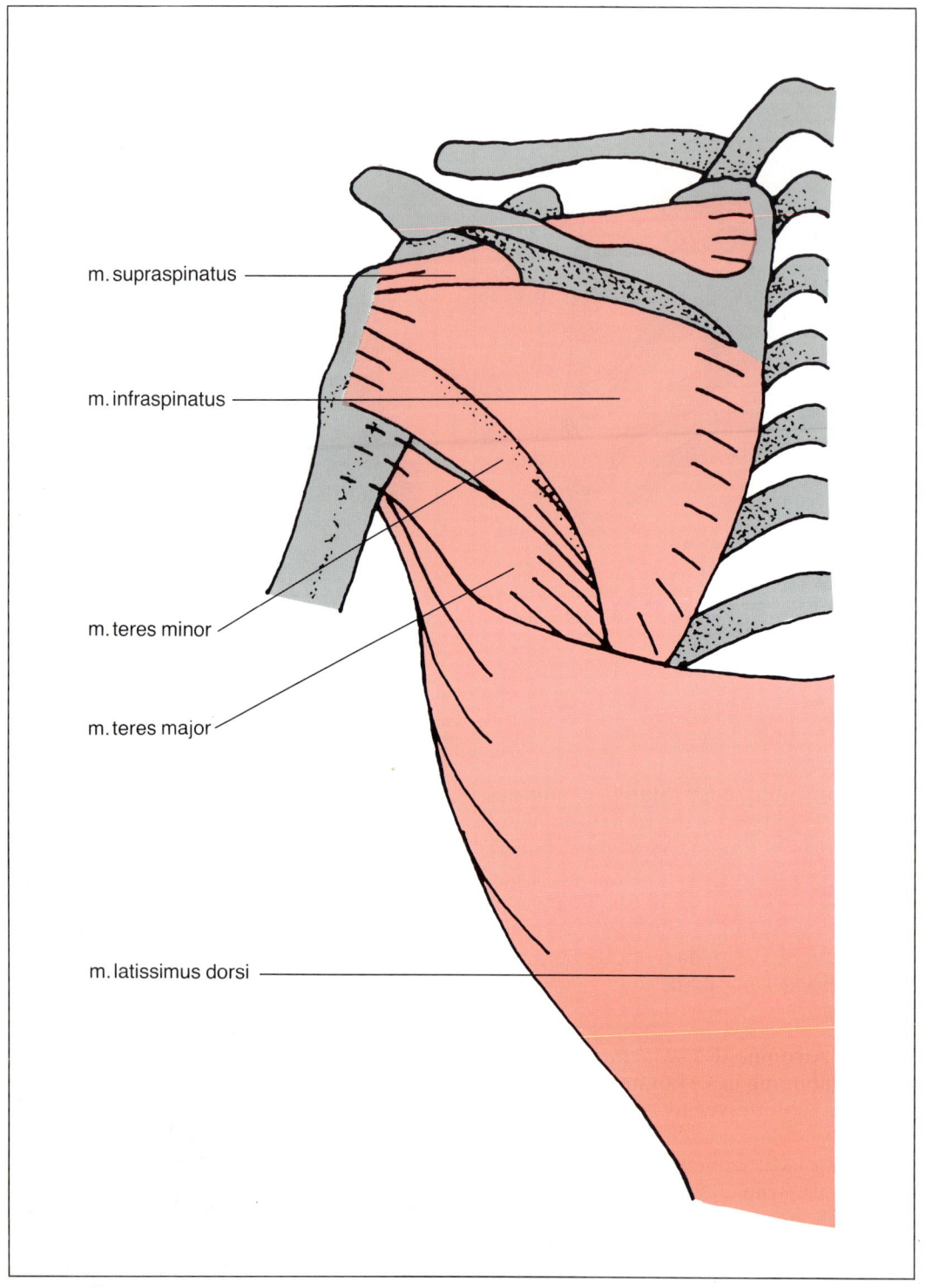

m. supraspinatus

m. infraspinatus

m. teres minor

m. teres major

m. latissimus dorsi

Abb. 69 Übersicht über die von der Schulterblattrückseite bzw. vom Rumpf zum Oberarm ziehenden Muskeln.

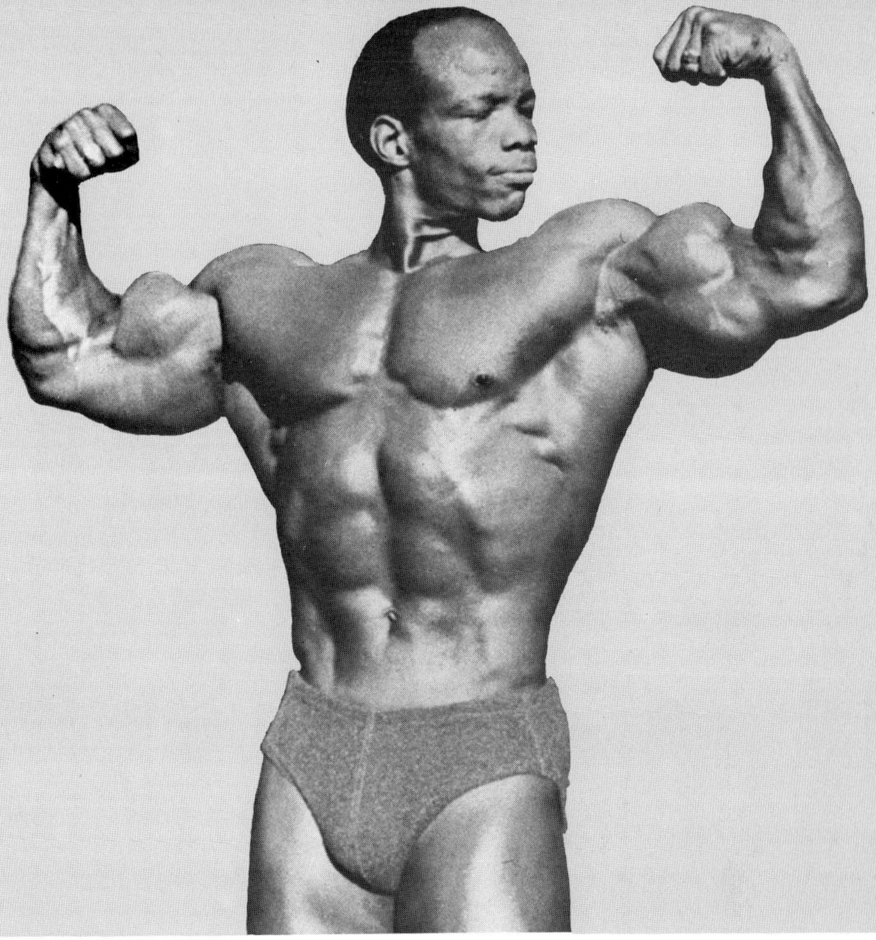

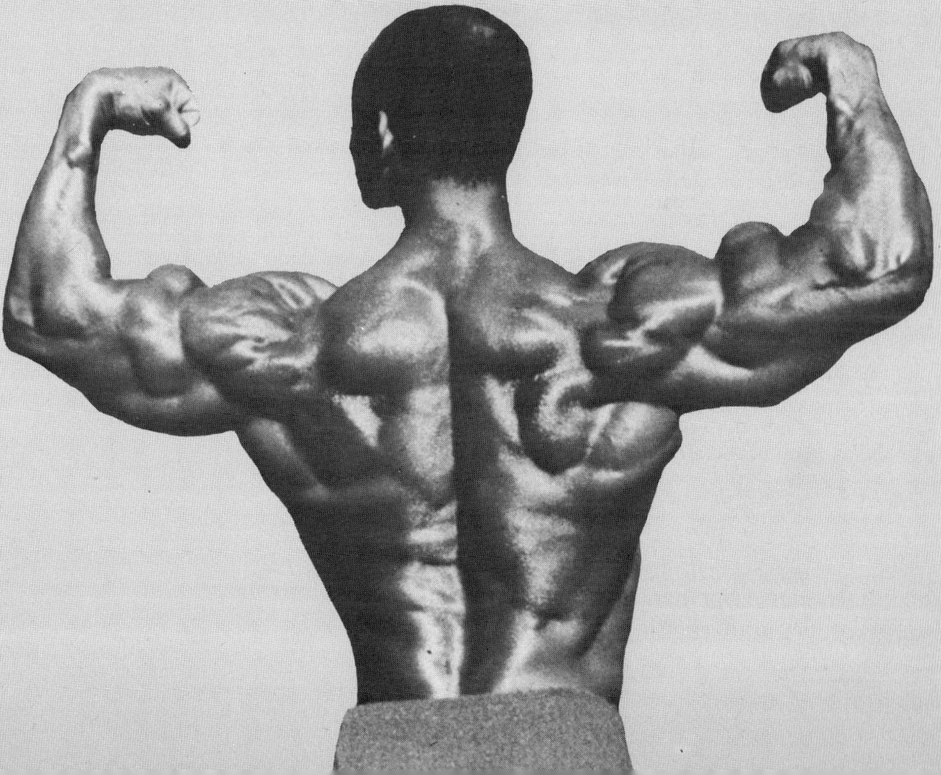

Die Muskulatur der Arme bzw.
der Rumpfvorder- und -rück-
seite.

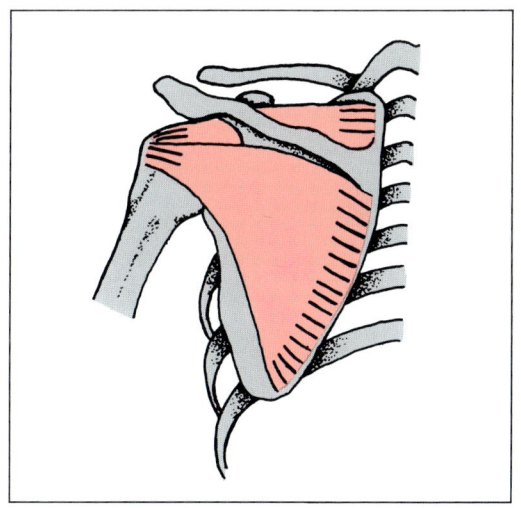

Abb. 70   Mm. supraspinatus (oben) et infraspinatus (unten).

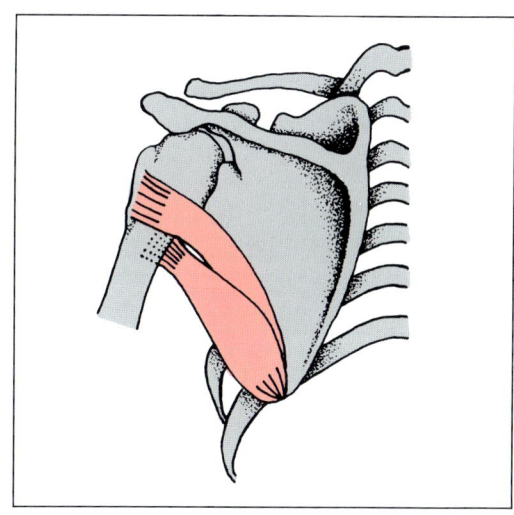

Abb. 71   Mm. teres major (unten) et minor (oben).

Die nachfolgenden Muskeln kommen ausschließlich vom Schulterblatt und ziehen zum proximalen Humerusende. Abbildung 69 gibt einen zusammenfassenden Überblick über die Lage dieser Muskeln.

− *M. supraspinatus* (Obergrätenmuskel) (Abb. 70)

Ursprung: Obergrätengrube des Schulterblattes (fossa supraspinata scapulae).

Ansatz: Großer Oberarmbeinhöcker (tuberculum majus humeri), obere Facette der Außenrotatorenmanschette.
Innervation: n. suprascapularis.

Funktion: Der Muskel abduziert den Arm − er unterstützt dabei den *m. deltoideus* − und rollt ihn mit seinen rückwärtigen Anteilen nach außen.

− *M. infraspinatus* (Untergrätenmuskel) (Abb. 70)

Ursprung: Untergrätengrube des Schulterblattes (fossa infraspinata scapulae).

Ansatz: Großer Oberarmbeinhöcker (mittlere Facette).

Innervation: n. suprascapularis.

Funktion: Mit seinen oberen Faseranteilen abduziert er den Arm, mit seinen unteren adduziert er ihn. Der *m. infraspinatus* hat an der Rückwärtsauswärtsdrehung des Armes (Ausholbewegung bei Würfen) von allen Anteilen die stärkste außenrotatorische Kraftentwicklung.

− *M. teres minor* (kleiner Rundmuskel) (Abb. 71)

Ursprung: Schulterblatt.

Ansatz: Großer Oberarmbeinhöcker (untere Facette).

Innervation: n. axillaris.

Funktion: Er adduziert den Oberarm, rollt ihn nach außen und zieht den erhobenen Arm nach unten hinten (zusammen mit anderen Muskeln).

− *M. teres major* (großer Rundmuskel) (Abb. 71)

Ursprung: Schulterblatt, laterales unteres Drittel.

Ansatz: Kleinhöckerleiste des Oberarmbeines (crista tuberculi minoris humeri).

Innervation: nn. subscapulares.

Funktion: Er adduziert den Arm, rollt ihn im Gegensatz zum *m. teres minor* nach innen, zieht den erhobenen Arm nach unten hinten (z. B. beim Kraularmzug, beim Armeinsatz beim Skilanglauf) und ist damit ebenfalls an allen Schlagwurfbewegungen beteiligt.
Bei fixiertem Oberarm kann er den Rumpf armwärts ziehen (z. B. bei der Schwungstemme vorlings rückwärts am Reck). Er wirkt demnach in vielen Funktionen ähnlich wie der *m. latissimus dorsi*.
Von der Schulterblattvorderseite − sie ist den Rippen zugewandt − schließlich entspringt der *m. subscapularis*.

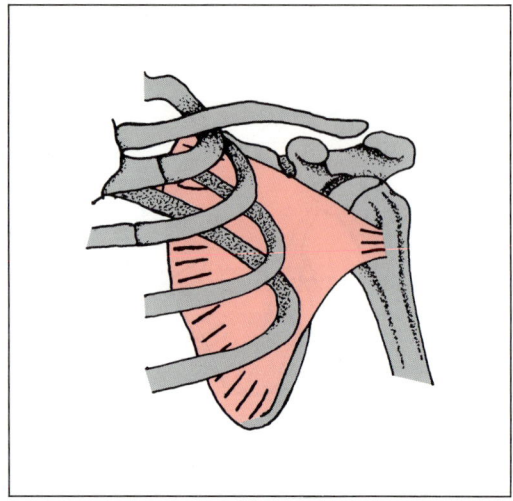

Abb. 72   M. subscapularis.

− *M. subscapularis* (Unterschulterblattmuskel) (Abb. 72)

Ursprung: Rippenseite des Schulterblattes.

Ansatz: Kleiner Oberarmbeinhöcker (tuberculum minus humeri).

Innervation: nn. subscapulares.

Funktion: Der Muskel rollt den Arm nach innen und zieht den erhobenen Arm nach unten; er ist damit ebenfalls an den Schlagwurfbewegungen beteiligt. Mit seinen *unteren* Faseranteilen adduziert er den Arm, mit seinen *oberen* abduziert er ihn. Beim Gehen unterstützt er das ausgleichende Vor- und Zurückpendeln der Arme.

− *M. coracobrachialis* (Hakenarmmuskel) (Abb. 73)

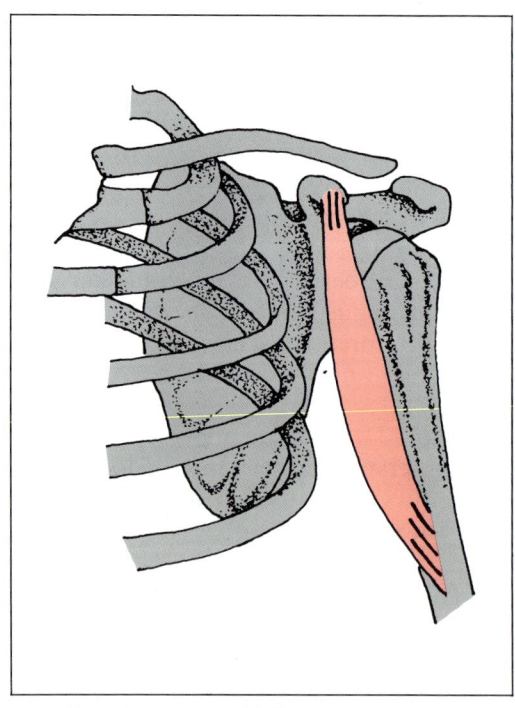

Abb. 73   M. coracobrachialis.

Ursprung: Rabenschnabelfortsatz des Schulterblattes (processus coracoideus)

Ansatz: Vorderer und innerer Umfang des proximalen Oberarmbeines.

Innervation: n. musculocutaneus.

Funktion: Der Muskel adduziert den erhobenen Arm und dreht ihn einwärts. Beim Gehen unterstützt er beim ausgleichenden Pendeln die Anteversionsbewegung des Armes. Außerdem trägt er mit zur Fixation des Schultergelenkes bei.

Es folgen zwei Muskeln, die als zweigelenkige Muskeln zwar auch auf das Schultergelenk, aber in ihrer Hauptfunktion auf das Ellbogengelenk wirken. Sie werden daher dort ausführlicher behandelt.

— M. biceps brachii (zweiköpfiger Armmuskel) (Abb. 76)
Funktion im Schultergelenk: Mit seinem langen Kopf hebt er den Arm aus der Tiefhalte (Abduktion) und innenrotiert ihn, mit seinem kurzen adduziert er ihn und pendelt ihn wie der m. coracobrachialis beim Gehen und Laufen nach vorne.
Die lange Bizepssehne zieht innerhalb der Gelenkkapsel zu seiner Ursprungsstelle oberhalb der Gelenkspfanne. Der m. biceps brachii ist damit ebenfalls an der muskulären Stabilisierung des Schultergelenkes beteiligt.

— M. triceps brachii (dreiköpfiger Armmuskel) (Abb. 80)

Funktion im Schultergelenk: Sein langer Kopf zieht den Arm aus der Hoch- und Vorhalte in die Tief- und Rückhalte, wie z. B. beim Schwimmen (alle vier Lagen), bei allen Wurf- und Schlagbewegungen sowie beim Armeinsatz beim Skilanglauf. Bei fixiertem Arm zieht er den Rumpf armwärts. Er arbeitet bei diesen Bewegungen stets mit anderen Muskeln zusammen.

Das Ellbogengelenk (art. cubiti)

Das Ellbogengelenk verbindet den Oberarm mit dem Unterarm. Es handelt sich um ein Drehwinkelgelenk (Trochoginglymus), das in seinen drei Teilgelenken so gegliedert ist, daß es Dreh- und Scharnierbewegungen in jeder Gelenkstellung und unabhängig voneinander ermöglicht. Auf diese Weise wird der funktionell wichtigste Teil des Armes, nämlich die Hand, in die Lage versetzt, in einem erweiterten Greif-, Tast- und Ausdrucksraum zu agieren.

Knochen- und Bandapparat des Ellbogengelenks

Das Ellbogengelenk wird von drei unterschiedlichen Teilgelenken gebildet. Dabei artikulieren Oberarmknochen (humerus), Elle (ulna) und Speiche (radius) unter einer einheitlichen Gelenkkapsel miteinander (Abb. 74).
Man unterscheidet folgende drei Gelenke (Abb. 75):
— Die Gelenkverbindung zwischen Oberarm und Elle (art. humeroulnaris)
Die Gelenkrolle des Humerus (trochlea humeri) artikuliert dabei mit der Gelenkfläche des Hakenfortsatzes der Elle (incisura trochlearis), der die Humerusrolle wie mit einer Knochenzange umschließt. In diesem Gelenk sind nur Scharnierbewegungen möglich.
— Die Gelenkverbindung zwischen Oberarm und Speiche (art. humeroradialis)
Obwohl dieses Gelenk anatomisch ein Kugelgelenk darstellt, sind aufgrund eines kräftigen Kollateralbandapparates nur die Scharnierbewegung und die Drehbewegung möglich. Bei der Drehbewegung dreht sich dabei das Radiusköpfchen innerhalb des Ringbandes (lig. anulare) um sich selbst.

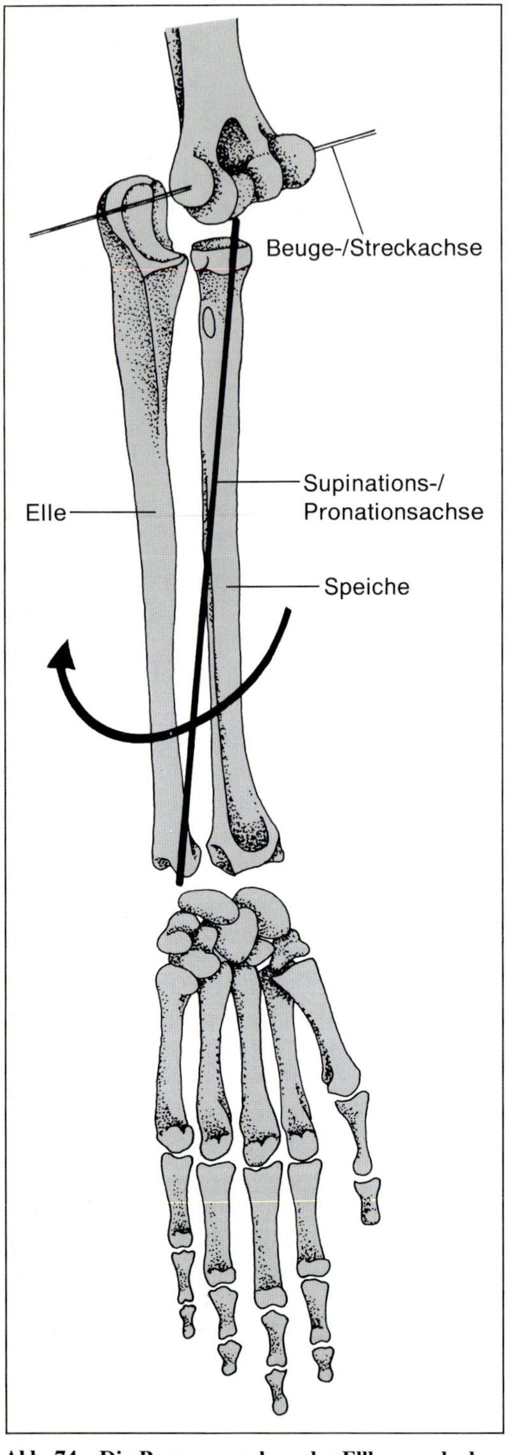

Beuge-/Streckachse

Supinations-/
Pronationsachse

Elle

Speiche

**Abb. 74   Die Bewegungsachsen des Ellbogengelenks,
dargestellt am linken Arm.**

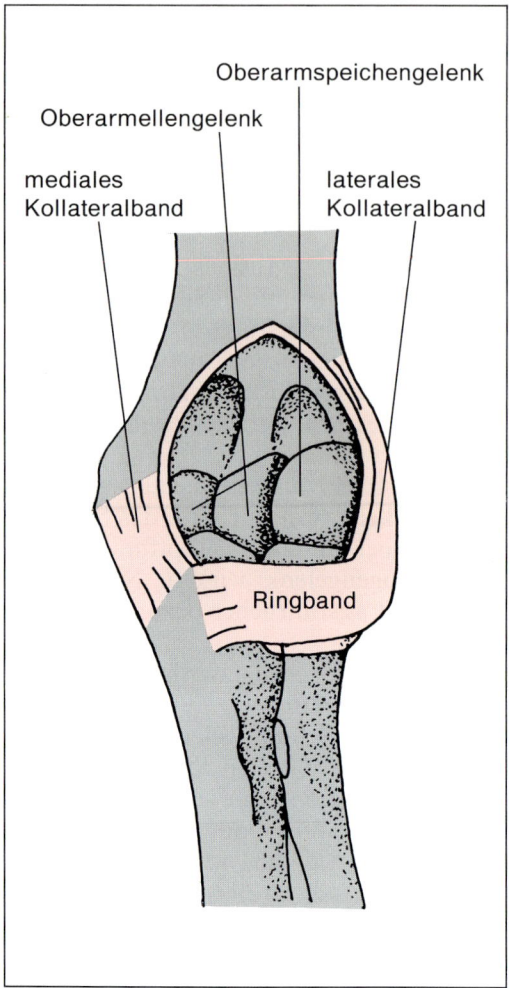

Oberarmspeichengelenk

Oberarmellengelenk

mediales
Kollateralband

laterales
Kollateralband

Ringband

**Abb. 75   Gelenke und Bandapparat des Ellbogen-
gelenks (nach *Benninghoff*).**

– Die Gelenkverbindung zwischen Speiche und Elle (art. radioulnaris)
Hier dreht sich das Radiusköpfchen wie
oben in einem korrespondierenden Einschnitt der Elle (incisura radialis ulnae).

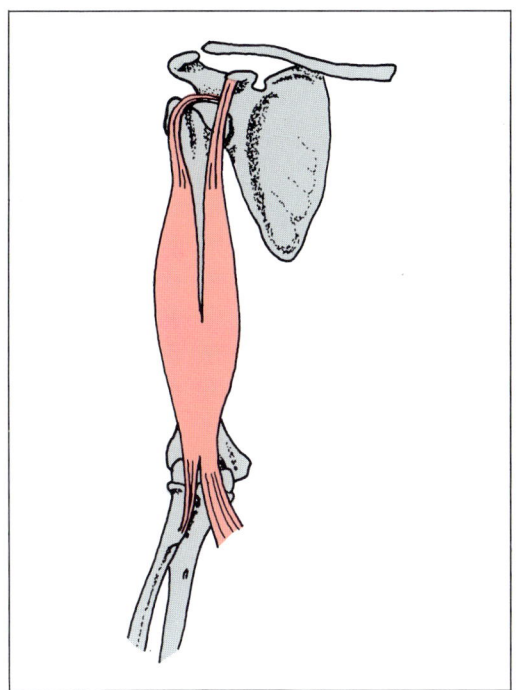

Abb. 76 M. biceps brachii.

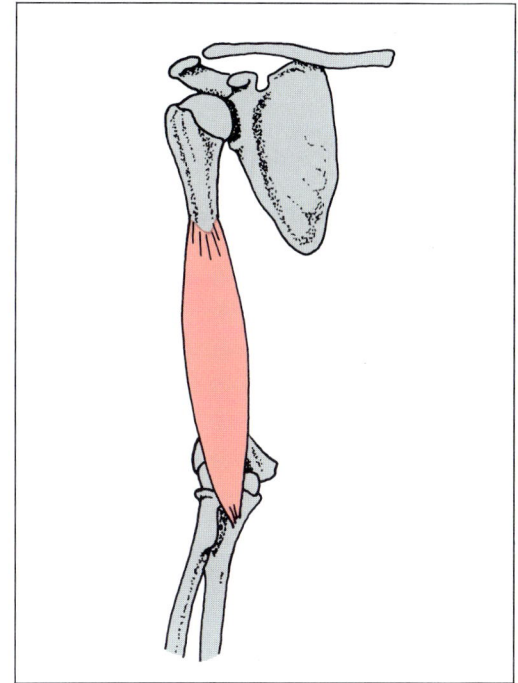

Abb. 77 M. brachialis.

Muskelapparat des Ellbogengelenks

Beuge- und Streckmuskulatur

Da in der Greif-, Tast- und Ausdrucks-
funktion der Hand vor allem differenzierte Beugestellungen bewegungsrele-
vant sind, so wird es verständlich, daß
die Beugemuskulatur eine stärkere Gliederung erfährt als die Streckmuskulatur.

Beuger

– *M. biceps brachii* (zweiköpfiger Armmuskel) (Abb. 76)

Ursprung: Sein kurzer Kopf entspringt
vom Rabenschnabelfortsatz, sein langer
vom Höckerchen oberhalb der Schulterge-
lenkspfanne (tuberculum supragleno-
idale).

Ansatz: Speichenrauhigkeit (tuberositas
radii).
Innervation: n. musculocutaneus.

Funktion: Als zweigelenkiger Muskel
wirkt der *m. biceps brachii* auf zwei Gelenke, nämlich auf das Schultergelenk (s. S.
93) und auf das Ellbogengelenk.
Im Ellbogengelenk beugt (z. B. beim
Klimmziehen) bzw. supiniert er den Unterarm (Drehung der Handfläche nach oben)
aus der Pronationsstellung (s. S. 100), wie
z. B. beim Übergang von der Zug- in die
Druckphase beim Brustschwimmen. Seine
größte Kraft kann der Muskel in recht-
winkliger Beugung und in Supinationsstellung entwickeln – Klimmzüge sind leichter im Kamm- als im Ristgriff –, da hierbei die um die Speiche herumgehende
Endsehne voll „entrollt" ist und der Muskel aus der vorher spiralig verdrehten Lage
in optimale Zugverhältnisse gelangt. Für

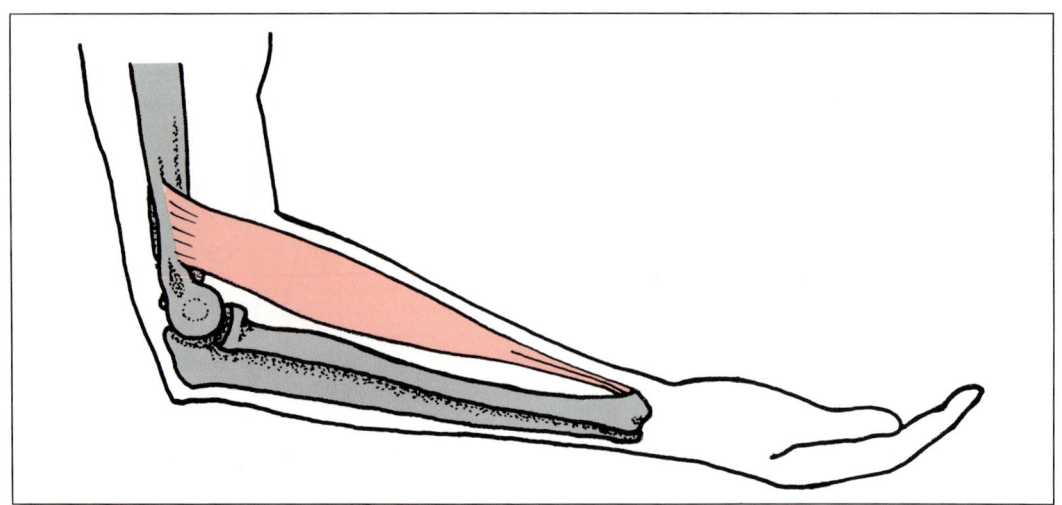

Abb. 78   M. brachioradialis.

den Turner allerdings bedeutet dies, daß er den *m. biceps brachii* sowohl im Kamm- als auch im Ristgriff trainieren muß, um richtig auf das Turnen in beiden Griffarten vorbereitet zu sein, da hierbei jeweils verschiedene Faseranteile des gleichen Muskels vermehrt beansprucht werden.
Der *m. biceps brachii* ist aufgrund seines kurzen Hebelarmes ein typischer Schnelligkeitsheber: bereits eine minimale Faserverkürzung bewirkt einen erheblichen Handausschlag (vgl. Abb. 79).

– *M. brachialis* (Armbeuger) (Abb. 77 und 79)

Ursprung: Er liegt unter dem vorhergehenden Muskel und entspringt von der distalen Vorderfläche des Oberarmknochens.

Ansatz: Ellenrauhigkeit (tuberositas ulnae).

Innervation: n. musculocutaneus.

Funktion: Der Muskel ist ein reiner Unterarmbeuger mit ähnlich großer Kraft wie der *m. biceps brachii*. Wie dieser zieht er bei fixiertem Unterarm (z. B. Langhang am

Reck) den Oberarm zu sich heran und unterstützt somit u. a. die Realisierung eines Klimmzuges.
Durch seinen Ansatz an der Elle – der *m. biceps brachii* setzt an der Speiche an – sorgt der *m. brachialis* für eine bessere Lastverteilung auf die Unterarmknochen.

– *M. brachioradialis* (Oberarmspeichenmuskel) (Abb. 78)

Ursprung: Seitlicher Rand des Oberarmbeines.

Ansatz: Griffelfortsatz der Speiche (processus styloideus).

Innervation: n. radialis.

Funktion: Aufgrund des langen Hebelarmes ist dieser im Unterarmbereich liegende Muskel der typische Lastenbeuger (Abb. 79), der seine größte Beugekraft – im Gegensatz zum *m. biceps brachii* – in Pronationsstellung entwickelt.

Wie die Abbildung 79 erkennen läßt, greifen die drei Beuger unter mehr oder weniger günstigen Hebelverhältnissen am

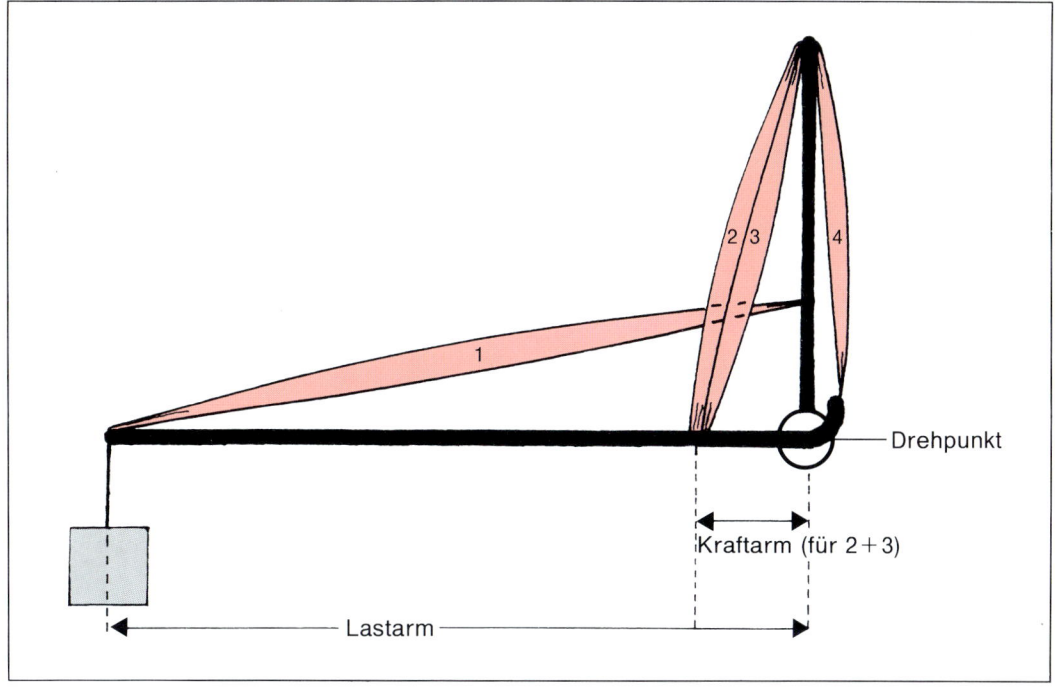

Abb. 79   Die unterschiedlichen Last- und Kraftarme der Ellbogenbeuger. 1 = m. brachioradialis, 2 = m. biceps brachii, 3 = m. brachialis, 4 = m. triceps brachii. Beim m. brachioradialis entspricht der Kraftarm in etwa dem Lastarm.

Unterarm an. Der *m. biceps brachii* und der *m. brachialis* haben sehr kurze Hebelarme — man nennt sie deshalb auch *Schnelligkeitsbeuger* — der *m. brachioradialis* hingegen besitzt einen sehr langen Hebelarm und wird aus diesem Grunde als der typische *Lastenheber* bezeichnet. Da sich beim *m. biceps brachii* und *m. brachialis* der Kraftarm zum Lastarm etwa wie 1 : 5 verhält, müssen beide bei einer Beugelast von 1 kg eine Beugekraft von 5 kg aufbringen; der *m. brachioradialis* hingegen — bei ihm entspricht der Lastarm in grober Näherung dem Kraftarm — benötigt für die gleiche Last hingegen nur ein Fünftel des Kraftaufwandes der beiden anderen Muskeln. Dieses Beispiel macht einerseits deutlich, daß dem unterschiedlichen Ansatz der Muskeln unterschiedliche Funktionen entsprechen, andererseits läßt sich erkennen, daß durch eine Staffelung der

Hebelbereiche das funktionelle Gesamtspektrum erweitert wird.

Strecker

Das Ellbogengelenk besitzt nur einen einzigen Strecker, nämlich den
— *M. triceps brachii* (dreiköpfiger Armmuskel) (Abb. 80)

Ursprung: Der lange Kopf entspringt von einem Höckerchen unterhalb der Gelenkpfanne (tuberculum infraglenoidale), der mittlere und seitliche Kopf haben ihren Ursprung an der Hinterfläche des Oberarmbeines.

Ansatz: Hakenfortsatz der Elle (olecranon)

Innervation: n. radialis

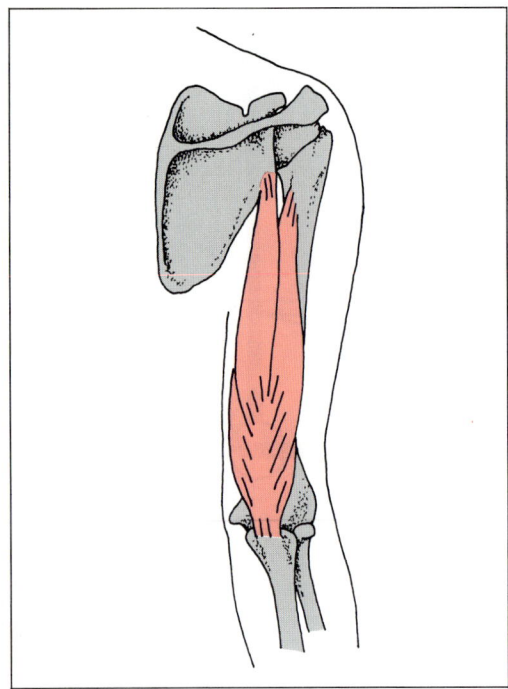

Abb. 80   M. triceps brachii.

Funktion: Streckung des Ellbogengelenkes. Dieser Muskel spielt im Spektrum der einzelnen Sportarten eine außergewöhnlich bedeutende Rolle. Überall, wo eine Streckung bzw. Feststellung des Ellbogengelenkes erforderlich ist, stellt die Kraft des *m. triceps brachii* einen leistungsbegrenzenden Faktor dar, wie z. B. beim Kugelstoßen, beim Boxen, beim Geräteturnen (bei allen Stützformen) oder beim Gewichtheben.
Auf die Funktion dieses Muskels im Schultergelenk wurde bereits hingewiesen.

Die Drehgelenke des Unterarmes

Die Handwendebewegungen *Pronation* (der Handrücken wird nach oben bzw. einwärts gedreht) und *Supination* (die Handfläche wird nach oben bzw. auswärts gedreht) werden durch zwei anatomisch

vollkommen getrennte Gelenke, das *proximale* und *distale Radioulnargelenk*, ermöglicht. Da die beiden Gelenke aber eine funktionelle Einheit bilden, sollen sie hier gemeinsam besprochen werden.
Wie die Abbildungen 81 und 82 zeigen, klappt die Speiche bei der Pronationsbewegung diagonal über die Elle: die Pronations-Supinationsachse verläuft demnach vom Radiusköpfchen schräg durch den Unterarm zum Ulna-Kopf (Abb. 74).
Die Pronations- und Supinationsbewegungen sind bei gestrecktem Ellbogen in ausgeprägterem Maße möglich (etwa 230°) als bei gebeugtem (etwa 130°), da die Drehbewegungen in der Streckstellung über die Rotationsmöglichkeiten des Schultergelenks eine zusätzliche Erweiterung erfahren.

Muskeln, die auf die Drehgelenke des Unterarmes einwirken

Pronatoren

— *M. pronator teres* (runder Einwärtsdreher) (Abb. 81)

Ursprung: Medialer Gelenkknorren des Oberarmbeines (epicondylus medialis humeri) und Kronenfortsatz der Elle (proc. coronoideus ulnae).

Ansatz: Mittleres Drittel der Speiche.

Innervation: n. medianus.

Funktion: Aufgrund seines Verlaufs — er zieht *vor* der Ellbogengelenksachse zur Speiche — ist der *m. pronator teres* nicht nur ein Einwärtsdreher, sondern auch ein kräftiger Beuger des Unterarmes. Diese Doppelfunktion ist auch mit die Ursache, daß der Muskel bei der Entstehung des sogenannten Werferellbogens (vor allem bei Speerwerfern) eine Rolle spielt (Näheres s. S. 166).

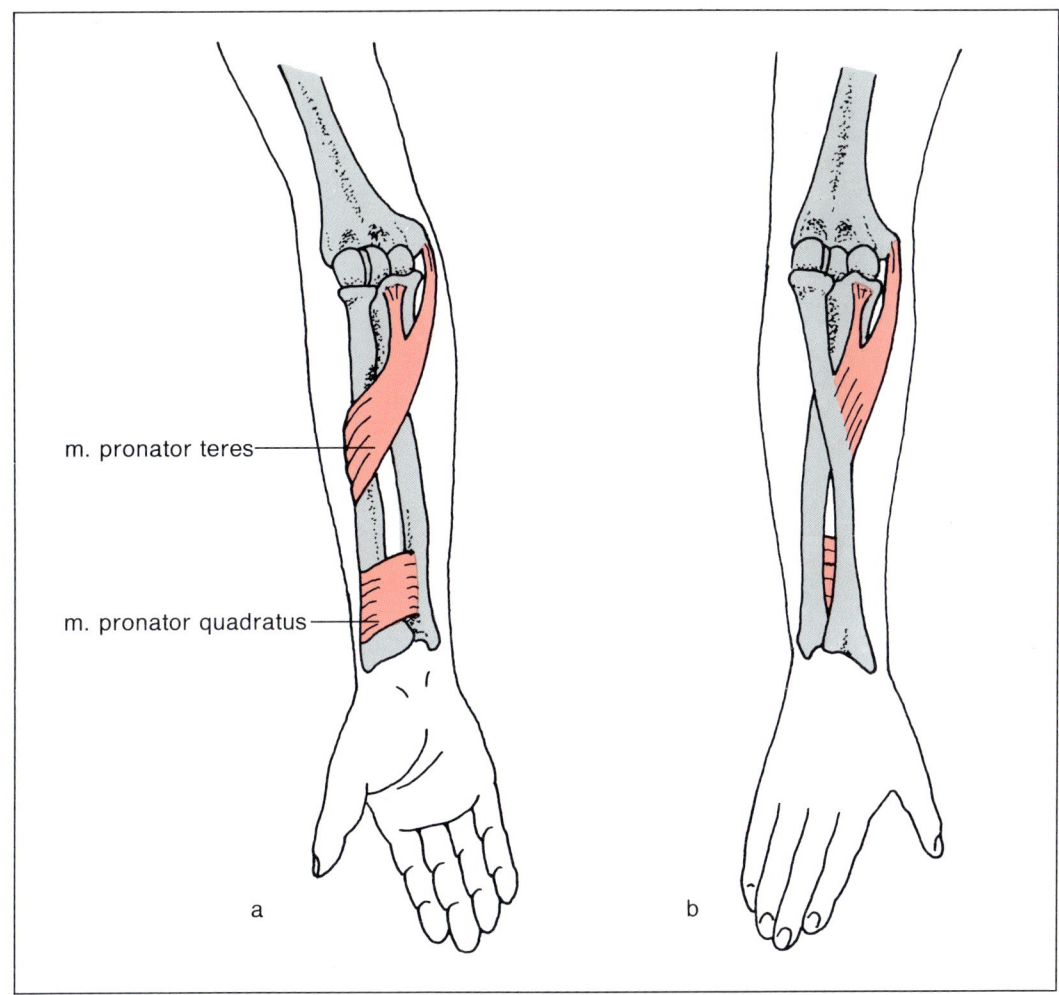

m. pronator teres

m. pronator quadratus

a

b

Abb. 81 Die Pronatoren des Unterarmes a) vor und b) nach der Pronation.

— *M. pronator quadratus* (viereckiger Einwärtsdreher)

Ursprung: Distales Viertel der Elle.

Ansatz: Vorderfläche der Speiche.

Innervation: n. medianus.

Funktion: Dieser Muskel bewirkt in Zusammenarbeit mit dem *m. pronator teres* die Einwärtsdrehung der Hand.

Beachte: Die Kraft der Pronationsbewegung ist bei gestrecktem Arm erhöht, da die Einwärtsdrehung des Armes durch die verbesserte Vordehnung des m. pronator teres an Kontraktionsstärke gewinnt.

Supinatoren

— *M. supinator* (Auswärtsdreher) (Abb. 82)

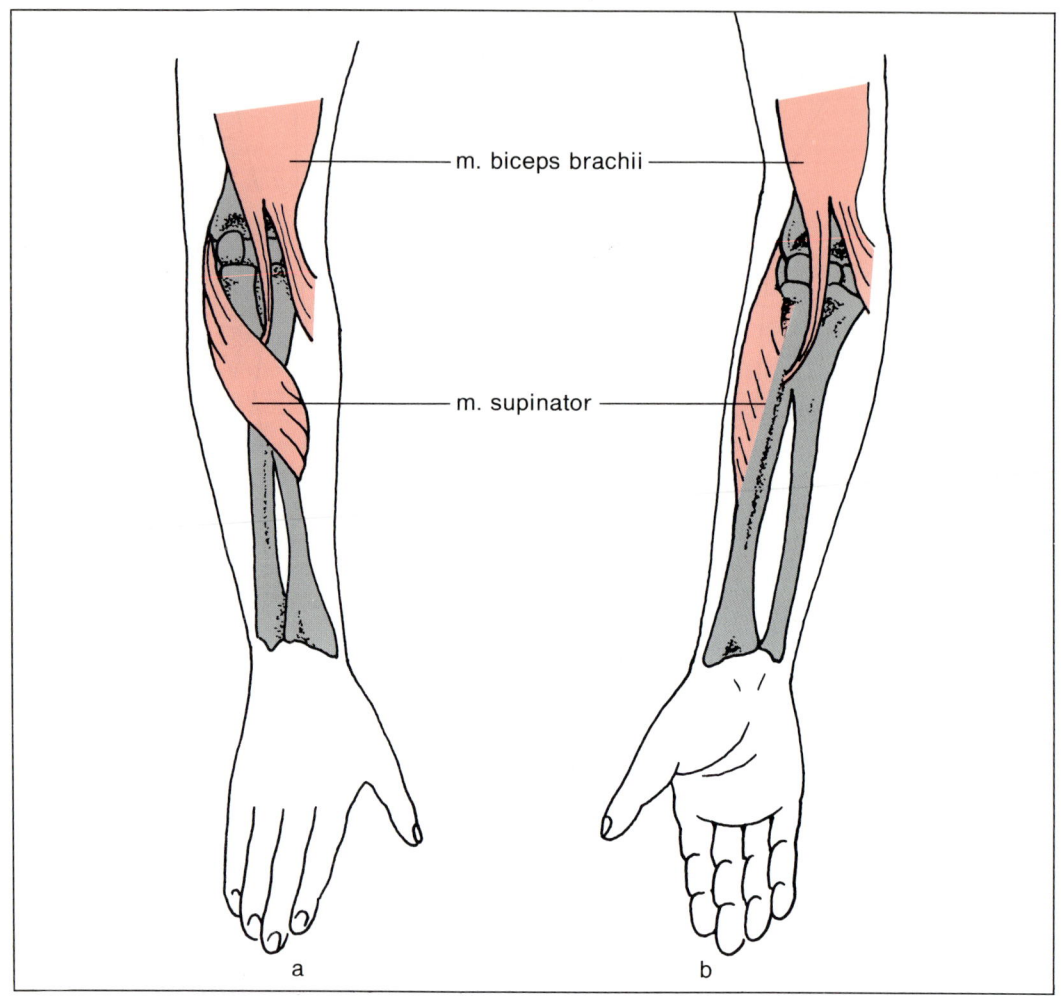

Abb. 82   M. supinator und m. biceps brachii a) vor und b) nach der Supination.

Ursprung: Lateraler Gelenkknorren des Oberarmbeines (epicondylus lateralis humeri), radiales Kollateralband, Ringband und Elle.

Ansatz: Speichenmitte.
Innervation: n. radialis.

Funktion: Der Muskel hat, seinem Namen entsprechend, supinierende Wirkung. Daneben aber ist er mit seinen hinter der Ellbogenachse verlaufenden Faseranteilen auch noch an der Ellbogenstreckung beteiligt.

— *M. biceps brachii* (zweiköpfiger Armmuskel)

Dieser bereits besprochene Muskel (s. S. 95) ist aufgrund seiner großen Kraft — seine Supinationskraft beträgt mehr als das Dreifache von der des *m. supinator* — der Hauptträger der nach außen gerichteten Handwendebewegung.

Beachte: Im Gegensatz zu den Pronatoren ist die Kraft der Supinatoren bei gebeugtem Ellbogengelenk am größten. Dies ist zum einen auf die bereits erwähnte Tatsache zurückzuführen, daß der m. biceps brachii in der rechtwinkeligen Beugestellung sein Kraftmaximum besitzt, zum anderen darauf, daß der m. supinator bei gebeugtem Arm — er ist ja auch in geringem Maße an der Ellbogenstreckung beteiligt — eine bessere Vordehnung und damit ein höheres Kontraktionsmaximum erfährt.

Die Handgelenke

Die Funktion der Handgelenke ist ebenso unter dem übergeordneten Aspekt der Erweiterung und Differenzierung des Greif-, Tast- und Ausdrucksorgans Hand zu sehen, wie das beim Ellbogen- und Schultergelenk der Fall war. Die von den Fingerbewegungen unabhängig durchführbaren Handgelenksbewegungen stellen in diesem Sinne eine weitere Maßnahme zur Verbesserung der Arbeitsfähigkeit der Hand dar.

Proximales und distales Handgelenk

Man unterscheidet ein proximales und ein distales Handgelenk (vgl. Abb. 85).
Das *proximale Handgelenk* (art. radiocarpea) ist ein zweiachsiges *Eigelenk*, das einerseits eine Palmarflexion und Dorsalextension, andererseits eine Radial- und Ulnarabduktion ermöglicht. Das Gelenk wird von der Speiche, dem ulnaren Gelenkdiskus sowie der proximalen Reihe der Handwurzelknochen gebildet.
Beim *distalen Handgelenk* (art. mediocarpea) artikulieren die proximale und die distale Reihe der Handwurzelknochen in Form einer S-förmigen Gelenkfläche.

Funktionell arbeiten das *proximale* und das *distale Handgelenk* stets zusammen, wobei die Palmarflexion mehr im proximalen, die Dorsalextension mehr im distalen Handgelenk erfolgt. Bei den Abduktionsbewegungen ermöglichen Kipp- und Schiebebewegungen der Handwurzelknochen unter- und gegeneinander Bewegungsausschläge von ulnar bis zu 40° und radial bis zu 15°.

Muskeln, die auf die Handgelenke wirken

Die Handgelenksmuskeln — ulnare und radiale Handgelenksbeuger und -strecker (mm. flexores et extensores *carpi* ulnaris et radialis) — setzen nicht, wie ihr lateinischer Name besagt, im Bereich der Handwurzel an — das labile Funktionsgefüge der Handwurzelknochen würde den Ansatz von Muskeln nicht zulassen —, sondern im Bereich der Mittelhand.

Handgelenksbeuger

— *M. flexor carpi ulnaris* (ulnarer Handgelenksbeuger) (Abb. 83)

Ursprung: Mit dem einen Kopf setzt der Muskel am medialen Gelenkknorren des Oberarmbeines, mit dem anderen am Ellenhakenfortsatz an.

Ansatz: Basis des Mittelhandknochens V (kleiner Finger). Das Erbsenbein wird dabei als Sesambein zwischengeschaltet.

Innervation: n. ulnaris.

Funktion: Zusammen mit dem *m. extensor carpi ulnaris* (ulnarer Handgelenksstrekker, s. S. 102) ermöglicht er die Ulnarabduktion, zusammen mit den anderen Flexoren (s. Folgetext) die Palmarflexion. Durch seinen Ursprung am Oberarm ist er auch noch an der Beugung des Ellbogens beteiligt.

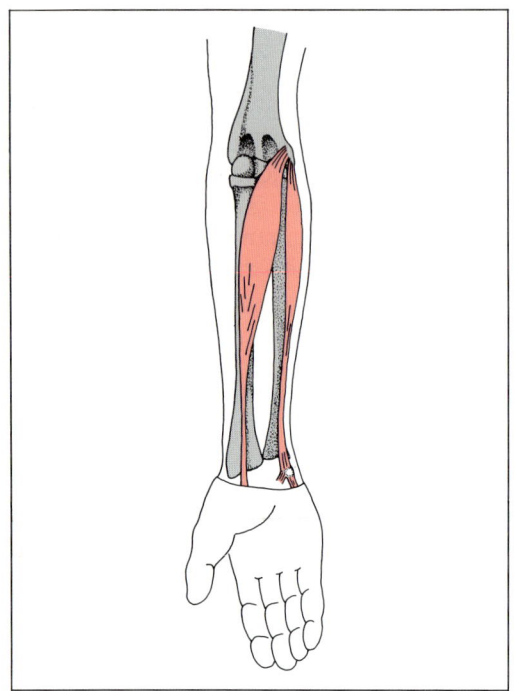

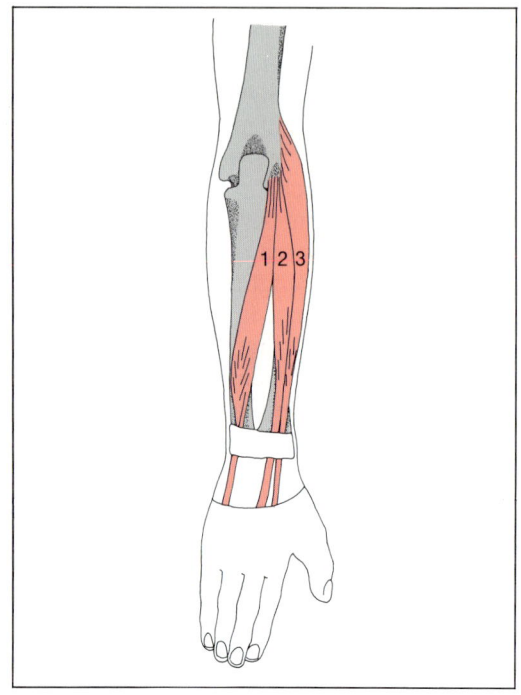

Abb. 83   Mm. flexores carpi ulnaris (Kleinfinger-seite) et radialis (Daumenseite).

Abb. 84   M. extensor carpi ulnaris (1) und mm. extensores carpi radialis brevis (2) et longus (3).

− *M. flexor carpi radialis* (radialer Hand-gelenksbeuger) (Abb. 83)

Ursprung: Medialer Oberarmknorren.

Ansatz: Basis des Mittelhandknochens II.

Innervation: n. medianus.

Funktion: Zusammen mit dem *m. extensor carpi radialis* (radialer Handgelenksstrek-ker, s. S. 103) bewirkt er die Radialabduk-tion, wie z. B. beim finalen Fingerzug im Moment des Abwurfes beim Diskuswurf. Zusammen mit dem *m. flexor carpi ulnaris* und den langen Fingerbeugern (s. S. 107) die Palmarflexion.
Des weiteren hat er pronierende und den Ellbogen beugende Nebenwirkungen.

Die Flexoren des Handgelenks spielen zusammen mit den oberflächlichen und

tiefen Fingerbeugern (s. S. 107) eine wich-tige Rolle in all den Sportarten, in denen ein kraftvoller Handgelenk- bzw. Finger-abdruck notwendig ist, wie z. B. beim Kugelstoßen, beim Turnen (z. B. Abdruck beim Handstandüberschlag bzw. bei den Pferdlangsprüngen), beim Klettern etc. Eine Übersicht über die oberflächlichen Muskeln der Palmarseite gibt Abbil-dung 88. Dabei läßt sich erkennen, daß die Unterarmbeugemuskulatur im Bereich des medialen Oberarmknorrens ansetzt.

− *M. extensor carpi ulnaris* (ulnarer Handge-lenksstrecker) (Abb. 84)

Ursprung: Lateraler Gelenkknorren des Oberarmes.

Ansatz: Basis des Mittelhandknochens V.

Innervation: n. radialis.

Funktion: Mit dem bereits erwähnten *m. flexor carpi ulnaris* bewirkt er die Ulnarabduktion, mit den nachfolgend erläuterten Handgelenk- und Fingerstreckern die Dorsalextension des Handgelenks.

— *Mm. extensores carpi radialis longus et brevis* (langer und kurzer radialer Handgelenkstrecker) (Abb. 84)

Ursprung: Lateraler Gelenkknorren des Oberarmes.

Ansatz: Basis der Mittelhandknochen II und III.

Innervation: n. radialis.
Funktion: Zusammen mit dem *m. flexor carpi radialis* ermöglicht er die Radialabduktion. Mit dem *m. extensor carpi ulnaris* und den langen Fingerextensoren (s. Folgetext) die Dorsalextension der Hand. Der vor der Drehachse im Ellbogengelenk zu der lateralen Zwischenmuskelscheidewand (septum intermusculare laterale) ansetzende Anteil des langen radialen Handgelenkstreckers hat auch noch eine den Ellbogen beugende Zusatzfunktion.
Im sportlichen Bewegungsspektrum spielen die Handgelenkstrecker als Arbeitsmuskeln im allgemeinen eine untergeordnete Rolle. Nur beim Umsetzen im Gewichtheben oder beim Fechten werden sie hochgradig beansprucht; sie sind daher meist auch wesentlich schwächer ausgebildet als die korrespondierenden Flexoren.

Die Extensoren des Handgelenks entspringen alle am *lateralen* Oberarmknorren. Es ist deshalb nicht erstaunlich, daß beim „Tennisarm" — aufgrund der Extension beim Rückhandschlag — der epicondylus lateralis im Zentrum der Beschwerden steht.

Die Vielseitigkeit der Handgelenkmuskeln erklärt sich aus ihrer randständigen Lage

zwischen den palmar im Unterarmbereich gelegenen Flexoren und den dorsal gelegenen Extensoren. Die Handgelenksmuskeln sind an allen Handgelenkbewegungen beteiligt. Eine gleichzeitige isometrische Anspannung sowohl der Beuger- als auch der Streckergruppe führt zur Fixierung des Handgelenks, wie dies z. B. für die Durchführung von Handkanten- und Faustschlägen bzw. allen Griffassungen in den Zweikampfsportarten notwendig ist.

Die Hand

Der charakteristische Aufbau der Hand hängt mit ihrer Funktion als Greifwerkzeug zusammen. Diese Greiffunktion wird durch die Oppositionsfähigkeit des Daumens erreicht: Finger und Daumen vermögen im Sinne einer Greifzange in vielfältiger Art zusammenzuarbeiten. Sie benötigen als Widerlager die Handfläche, in der der erfaßte Gegenstand ruhen kann. Diesen Funktionsnotwendigkeiten entspricht die Dreigliederung der Hand in Handwurzel (carpus), Mittelhand (metacarpus) und Finger (phalanges, digiti).

Knochen- und Bandapparat

1. Handwurzel und Mittelhand

Wie aus der Abbildung 85 ersichtlich ist, wird die Handwurzel aus zwei Reihen von Handwurzelknochen gebildet. Die proximale Reihe setzt sich zusammen aus Kahnbein (os. sacpoideum = 1), Mondbein (os lunatum = 2), Dreiecksbein (os triquetum = 3) und Erbsenbein (os pisiforme = 4); die distale Reihe aus großem Vielecksbein (os trapezium = 5), kleinem Vielecksbein (os trapezoideum = 6), Kopfbein (os capitatum = 7) und Hakenbein (os hamatum = 8).
Die Handwurzelknochen, die an den Berührungsstellen knorpelige Gelenkflächen bilden, sind ebenso wie die Mittelhandkno-

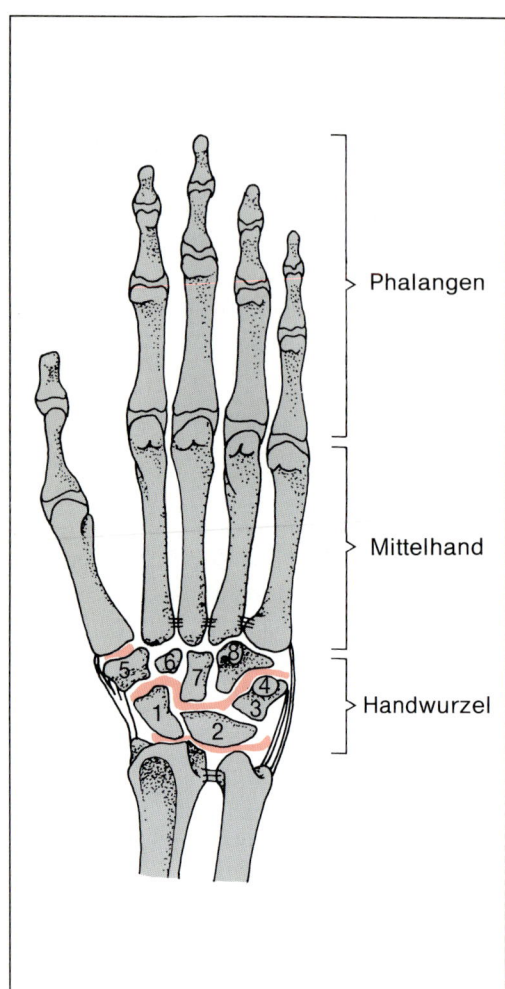

der Dorsalseite der Hand fixiert ein vergleichbares Band (retinaculum extensorum) alle Streckersehnen am Handwurzelskelett.

Die distale Handwurzelreihe ist mit den Mittelhandknochen über straffe Bänderzüge so fest verbunden, daß die jeweiligen Gelenke zu Amphiarthrosen werden. Einzige Ausnahme ist hier das Sattelgelenk des Daumens.

Phalangen

Mittelhand

Handwurzel

Abb. 85 Darstellung der Handwurzel, der Mittelhand und der Phalangen (Palmaransicht). Die durchgezogenen Linien zeigen den Verlauf des proximalen und distalen Handgelenks sowie des Sattelgelenks des Daumens (Namen der Handwurzelknochen siehe Text).

2. Daumen- und Fingergelenke

— Daumengelenke

Die vielfältigen Daumenbewegungen werden vor allem durch das Sattelgelenk des Daumens (s. S. 46) ermöglicht. Bei diesem Gelenk artikulieren das große Vielecksbein und die Basis des Mittelhandknochens I. Das Gelenk hat zwei Freiheitsgrade und ermöglicht die Opposition und Reposition bzw. Ab- und Adduktion des Daumens.

Die *Oppositionsfähigkeit* des Daumens ist *die* Voraussetzung für die Greiffähigkeit der Hand. Über einen komplizierten Muskelapparat — die acht Eigenmuskeln des Daumens sollen im Rahmen dieses Buches nicht näher ausgeführt werden — kann der Daumen mit allen Fingern bzw. einem Teil der Handfläche in Verbindung gebracht werden und damit ein differenziertes Greifen ermöglichen.

Neben dem Sattelgelenk besitzt der Daumen noch ein Grund- und ein Endgelenk. Es handelt sich um Scharniergelenke. Ein Mittelgelenk wie bei den Phalangen der anderen Finger fehlt beim Daumen.

— Fingergelenke

Die Finger verfügen über ein Grund-, Mittel- und Endgelenk.

Mittel- und *Endgelenk* sind Scharniergelenke. Das *Grundgelenk* ist anatomisch zwar ein Kugelgelenk, wird aber durch die straffen Kollateralbänder funktionell zu

chen so ineinander gefügt, daß sie ein Gewölbe bilden. Diese Gewölbekonstruktion — sie bildet die Hohlhand — ist von einem vielfältigen Bandapparat zusammengehalten und von einem querverlaufenden Band überspannt (lig. carpi transversum), unter dem die Sehnen der Fingerbeugemuskeln in einem gemeinsamen Sehnenscheidenbeutel hindurch ziehen. Auf

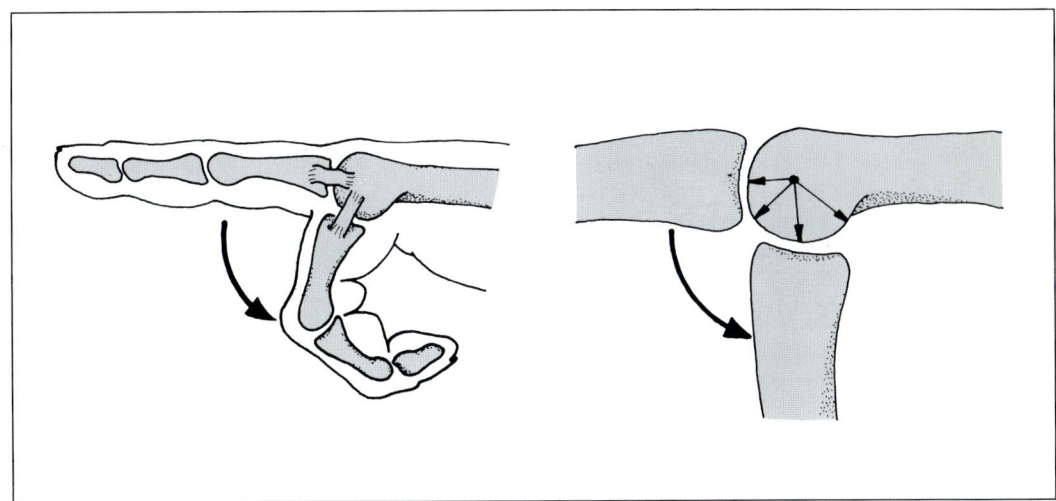

Abb. 86 Der Bau der Fingergrundgelenke und die Funktion der Kollateralbänder. Bei der Beugung spannen sich die Kollateralbänder an, weil sich der Abstand des distalen Gelenkkörpers von der Drehachse vergrößert. (Nach *Rohen*).

einem Gelenk mit nur zwei Freiheitsgraden: es ermöglicht Beuge- und Streck- sowie Ab- und Adduktionsbewegungen.

Der spezielle Bau der Fingergrundgelenke stellt für die Greiffunktion der Hand eine wichtige Besonderheit dar: sie sind so gebaut, daß sie bei der Beugung eine erhöhte Stabilität, bei der Streckung eine Lockerung erfahren. Ein derartiger Mechanismus ist die Voraussetzung für einen festen Zugriff der Hand. Erreicht wird dies durch straffe Kollateralbänder, die sich durch Veränderungen des Drehachsenradius bei der Beugung anspannen und bei der Streckung lockern (Abb. 86)

Fingermuskeln

Ebenso wie der Daumen haben auch die Finger ihre eigenen Muskeln. Während die

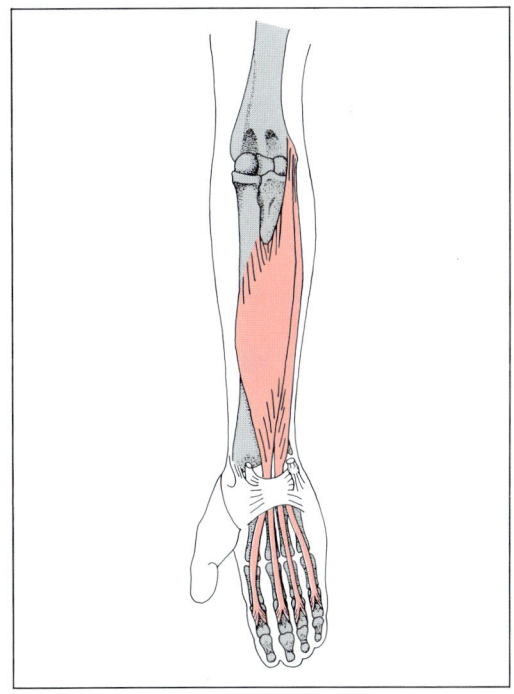

Abb. 87 M. flexor digitorum superficialis.

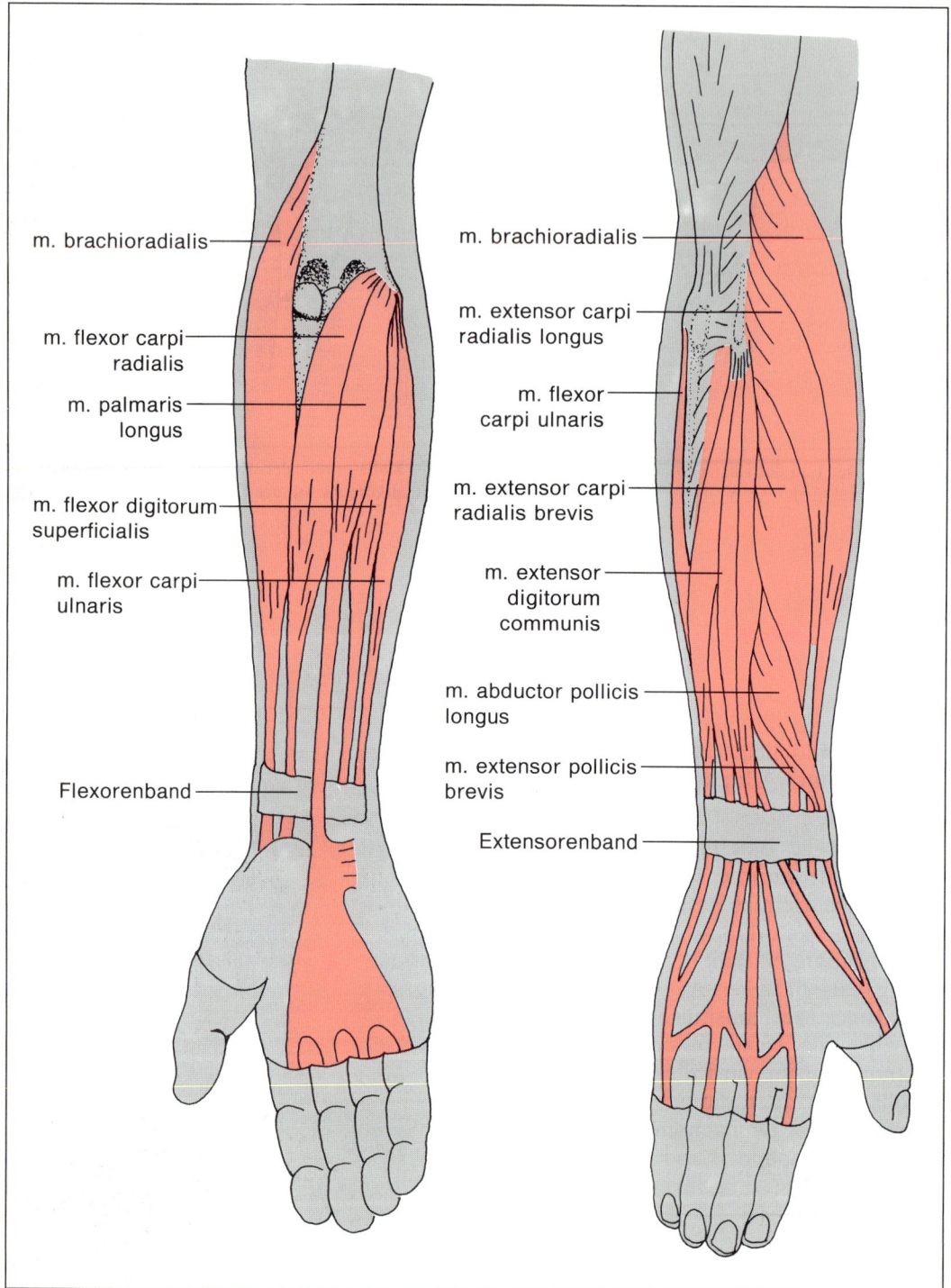

m. brachioradialis

m. flexor carpi radialis

m. palmaris longus

m. flexor digitorum superficialis

m. flexor carpi ulnaris

Flexorenband

m. brachioradialis

m. extensor carpi radialis longus

m. flexor carpi ulnaris

m. extensor carpi radialis brevis

m. extensor digitorum communis

m. abductor pollicis longus

m. extensor pollicis brevis

Extensorenband

Abb. 88 Übersicht der oberflächlichen Muskeln der Palmar- (links) und der Dorsalseite (rechts) des Unterarmes.

Mössinger bei einem Super-
kraftteil an den Ringen.

Beugung der Grund-, Mittel- und Endgelenke jeweils über einen eigenen Flexor erfolgt — dies ermöglicht eine differenzierte Arbeitseinstellung der Finger —, wird die Streckung über eine gemeinsame Dorsalaponeurose in die die Extensoren einstrahlen, vollzogen.

Um eine Verplumpung der Hand und damit eine Einschränkung der Greiffunktion zu vermeiden, werden die Muskelbäuche der Fingermuskeln aus dem Hand- in den Unterarmbereich verlagert.

Für die Beugung der Fingerendgelenke sorgt der *m. flexor digitorum profundus* (tiefer Fingerbeuger), für die der Fingermittelgelenke der *m. flexor digitorum superficialis* (oberflächlicher Fingerbeuger) (Abb. 87). Um die Sehnen des tiefen Fingerbeugers zum Endgelenk durchziehen zu lassen, spalten sich die Sehnen des oberflächlichen Fingerbeugers an ihrer Ansatzstelle.

Die Streckung der Finger wird durch den *m. extensor digitorum communis* (gemeinsamer Fingerstrecker) bewirkt.

Auf die detaillierte Darstellung dieser sowie der nachfolgenden kleinen Fingermuskeln wird aus Übersichtsgründen verzichtet. Es soll nur die Funktion dieser Muskeln beschrieben werden.

Für ein Höchstmaß an Bewegungsgenauigkeit im Bewegungsspektrum der Finger sorgen die Zwischenknochenmuskeln *(mm. interossei dorsales et palmares)* und die Wurmmuskeln *(mm. lumbricales)*. Dadurch, daß sie von der Beugeseite im Grundgelenk auf die Streckseite der Mittel- und Endglieder ziehen, machen sie eine gut gestaffelte Beugebewegung der Finger

möglich. Würden die Finger nur die langen Flexoren besitzen, so käme es bei jeder Beugebewegung im Grundgelenk auch zu einer Flexion im Mittel- und Endgelenk, was für die Greiffähigkeit der Hand eine außergewöhnliche Bewegungsvergrößerung mit sich bringen würde.

Über die Ab- und Adduktionsfähigkeit (Spreizbewegungen) dieser Muskeln erfährt das Bewegungsspiel der Finger schließlich noch eine weitere Verfeinerung.

Die Untere Extremität

Der Aufbau der unteren Extremität korrespondiert im Prinzip mit dem der oberen. Durch den aufrechten Gang und die damit verbundene statische Belastung des Beines treten im unteren Extremitätenbereich jedoch einige strukturelle Besonderheiten auf, die diesen funktionellen Anforderungen entsprechen.
Der Beckengürtel stellt im Gegensatz zum äußerst beweglichen Schultergürtel einen geschlossenen starren Ring dar (vgl. S. 64), der zum einen den Rumpf trägt, zum andern den unteren Extremitäten als Widerlager für die Bewegungen des Beines dient.
Im Vergleich zur oberen Extremität haben die Gelenke der unteren Extremität aus statischen Sicherheitsgründen eine mehr oder weniger starke Einschränkung erfahren, die von oben nach unten zunimmt.
Die Pro- und Supinationsbewegung des Armes tritt im Beinbereich nur noch in stark veränderter Form auf und wird völlig in den Fuß verlagert; die beiden Unterschenkelknochen sind somit nicht umeinander drehbar.
Im oberen Sprunggelenk schließlich — es entspricht dem proximalen Handgelenk — sind nur noch Beuge- und Streckbewegungen im Sinne der Fortbewegung möglich.

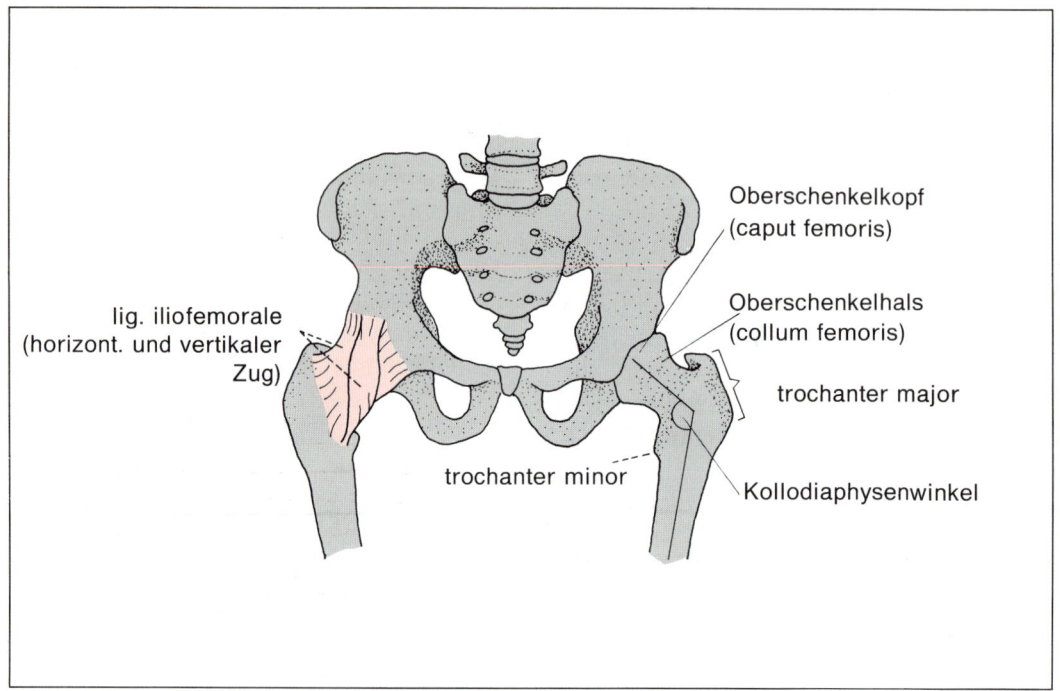

Abb. 89   Der Knochen- und Bänderapparat des Hüftgelenks.

Das Hüftgelenk (art. coxae)

Knochen- und Bänderapparat

Das Hüftgelenk wird gebildet vom Kopf des Oberschenkelknochens (caput femoris) und von der Pfanne des Hüftbeines (acetabulum). Im Gegensatz zum Schultergelenk, einem Gelenk mit Muskelführung, stellt das Hüftgelenk ein modifiziertes Kugelgelenk (Nußgelenk) mit Knochen-, Band- und Muskelführung dar.

Die *Knochenführung* wird durch eine tiefe Einlagerung des Oberschenkelkopfes in die Pfanne erreicht. Zusätzlich wird der knöcherne Rand der Pfanne noch mit einer faserknorpeligen Gelenklippe (labrum glenoidale) versehen, die zu einer weiteren Vergrößerung der Kontaktfläche der Gelenkkörper und damit zu einer verstärkten Gelenkbindung führt.

Die *Bänderführung* erfolgt durch einen außergewöhnlich straffen Bandapparat, der in seinem Gesamtaufbau einer Schraubenstruktur gleicht: bei der Hüftgelenkstreckung wird diese Bänderschraube zu-, bei ihrer Beugung aufgedreht. Der Seitspagat ist deshalb bei gebeugter Hüfte leichter realisierbar als bei gestreckter!

Von den vier am Aufbau der Bänderschraube beteiligten Bändern (Abb. 89) — Darmbeinschenkelband (lig. iliofemorale), Schambeinschenkelband (lig. pubofemorale), Sitzbeinschenkelband (lig. ischiofemorale) und Schenkelhalsband (zona orbicularis) — ist vor allem das Darmbeinschenkelband von Bedeutung. Dieses *stärkste Band des Körpers* mit einer Zugkraft von über 300 kp setzt sich aus zwei V-förmig angeordneten Anteilen zusammen, von denen der vertikale die Retroversion, der horizontale die Adduktion des Beines

hemmt (Abb. 89). Sinn dieser Hüftgelenks-
bänder — sie erfahren von der Hüftge-
lenksmuskulatur eine aktive Unterstützung — ist aber nicht so sehr die Hemmung
der Beinbewegungen als die Sicherung der
Becken- und damit der Rumpfstellung. So
verhindert der vertikale Zug des Darm-
beinschenkelbandes beim Stehen das Abkippen des Rumpfes nach hinten, der
horizontale unterbindet beim Gehen das
Absinken des Oberkörpers zur Spielbeinseite im Moment, wo das Becken beim
Übergang vom Standbein zum Spielbein
auf dem Hüftgelenkskopf der Standbeinseite ausbalanciert werden muß.

Der Oberschenkelschaft ist gegen die
Traglinie etwas nach außen abgewinkelt
und bildet mit dem Oberschenkelhals den
sogenannten *Kollodiaphysenwinkel,* (Abb.
89), der beim Säugling etwa 150°, beim
Erwachsenen aber nur noch 120° beträgt.
Durch diesen Winkelhebel werden günsti-
gere Hebelverhältnisse für die dort ansetz-
zende Hüftmuskulatur erzielt.

Wie bereits erwähnt (s. S. 64 und Abb. 36),
fängt das Becken den Druck des Rumpfge-
wichtes durch eine Gewölbekonstruktion
auf. Eine vergleichbare Konstruktion liegt
auch zwischen Becken und Oberschenkel
vor, wobei die Verspannungslinie durch
die Schambeinfuge (Symphyse) geht. Reißt
die Schambeinfuge auf (zu starke mechanische Belastung, Unfall), dann kommt es zu
einer Störung der Beckenstatik und somit
zu einer beträchtlichen Gehbehinderung.

Muskeln, die auf das Hüftgelenk einwirken

Der Bewegungsraum des Beines liegt vor-
wiegend im Bereich des Gesichtsfeldes.
Demzufolge erfahren alle Bewegungen des
Beines, die sich aus dem Blickfeld entfer-
nen, eine Einschränkung, damit die Trag-
säule des Rumpfes mit ihrer Aufsatzfläche
Fuß nicht zu weit aus dem Kontrollfeld der
Augen rückt.

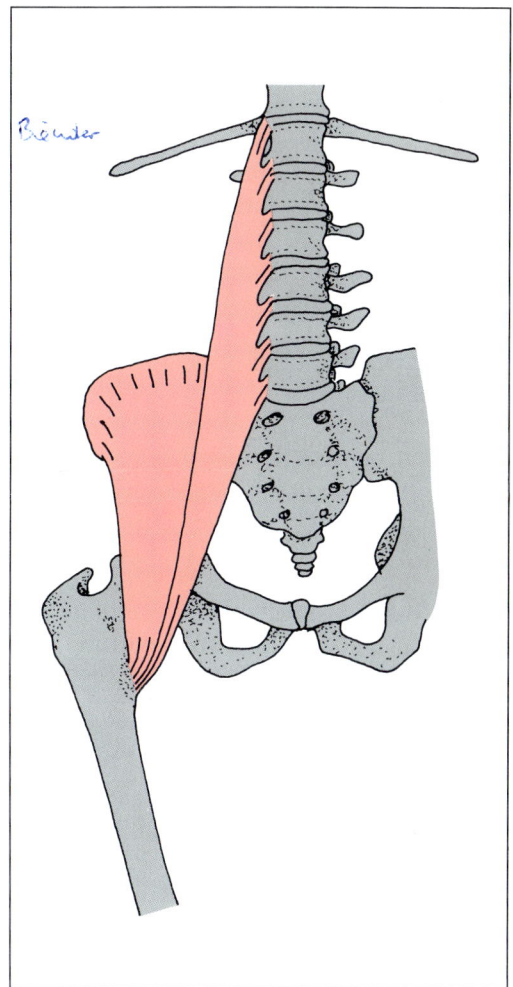

Abb. 90   M. iliopsoas.

Die ventralen Hüftmuskeln

— *M. iliopsoas* (Hüftlendenmuskel) (Abb.
90)

Der Muskel setzt sich aus zwei verschiedenen Teilen mit unterschiedlichem Ursprungsgebiet zusammen, nämlich aus
dem *m. psoas* und dem *m. iliacus.*

Ursprung: Der *m. psoas* setzt am letzten
Brust- und 1. — 4. Lendenwirbel sowie an
den Rippenfortsätzen (processus costarii)

an; der *m. iliacus* an der Innenseite der Darmbeinschaufel und am vorderen unteren Darmbeinstachel (spina iliaca anterior inferior).

Ansatz: Kleiner Rollhügel des Oberschenkelknochens (trochanter minor femoris).

Innervation: plexus lumbalis.

Funktion: Der *m. iliopsoas* hat am Spielbein antevertierende, außenrotierende und adduzierende Wirkung. Beim Standbein vermag er den Rumpf seitwärts bzw. vorwärts zu neigen.

Der *m. iliopsoas* hat außerdem wichtige Aufgaben bei der Stabilisierung der Beckenstellung: er dreht das Becken nach vorne und arbeitet zusammen mit anderen Hüftbeugern antagonistisch gegen die Bauch- und Glutealmuskulatur (s. dort).

Dieser Muskel ist der *typische Laufmuskel*, da er den Oberschenkel nach vorne oben führt: seine Kraft bzw. Kraftausdauer bestimmt entscheidend die Schrittlänge bzw. die Konstanz dieser Schrittlänge z. B. beim 400-m-Lauf. Gleichzeitig ist er in der gleichen Funktion einer der wichtigsten Muskeln beim Vollspanntorschuß im Fußball. Beim Turnen spielt er bei all den Übungen eine ausgeprägte Rolle, bei denen die Beine aus der Hüftstreckung in eine Winkelstellung vor dem Körper gebracht werden sollen (z. B. beim Schwebestütz am Barren).

− *M. tensor fasciae latae* (Spanner der Oberschenkelbinde) (Abb. 91)

Ursprung: Vorderer oberer Darmbeinstachel (spina iliaca anterior superior).

Ansatz: Rauhigkeit des Schenkelbindenspanners (tuberositas tractus iliotibialis) am seitlichen Schienbeinknorren (condylus lateralis tibiae).

Innervation: n. glutaeus superior.

Funktion: Er führt den Oberschenkel der Spielbeinseite nach vorne bzw. abduziert

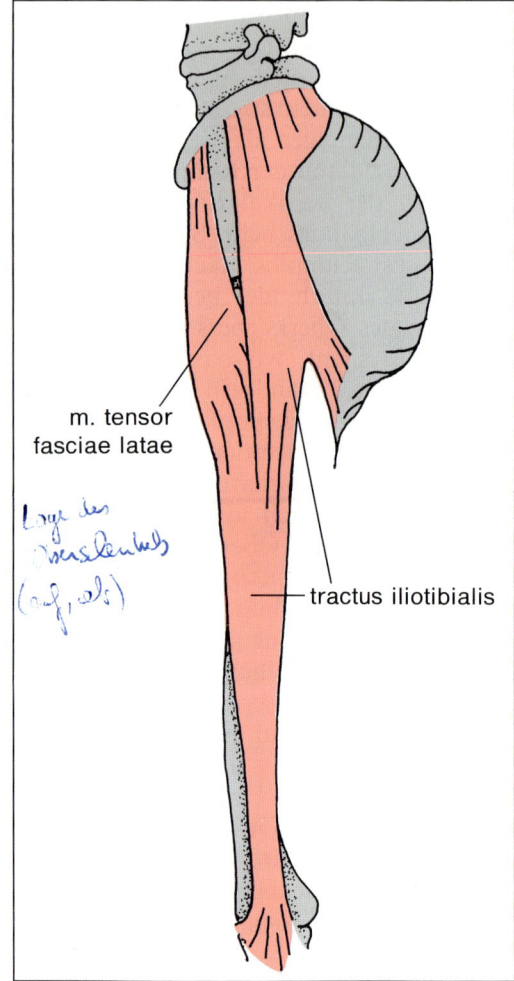

m. tensor fasciae latae

tractus iliotibialis

Abb. 91 M. tensor fasciae latae und tractus iliotibialis.

ihn. Beim Standbein unterstützt er die Rumpfbeugung bzw. die Beckendrehung nach vorne.

Darüber hinaus hat der *m. tensor fasciae latae* über die aktive Spannung der Oberschenkelbinde, in die auch der *m. glutaeus maximus* (s. S. 114) einstrahlt, eine wichtige Funktion im Zuggurtungssystem am Oberschenkel. Wie bereits erwähnt, ist der Femur aufgrund der Winkelstellung zur Traglinie des Beines (vgl. S. 108) vermehrten Biegungskräften ausgesetzt. Dieser

Spannung kann durch den Zug der Oberschenkelbinde, die in den tractus iliotibialis übergeht, entgegengewirkt werden. Welche Bedeutung die *aktive* Spannung dieser Zuggurtung für die Abschirmung statischer Biegungsbelastungen auf den Oberschenkel hat, mag hier kurz an einem Beispiel verdeutlicht werden: Bei allen Niedersprüngen aus unterschiedlichen Höhen treten variierende Biegekräfte im Bereich des Oberschenkels auf. Es ist deshalb notwendig, daß die für jede Niedersprunghöhe zu erwartende Biegekraft über eine entsprechend vorprogrammierte Gegenkraft ausgeglichen wird. Dies ist aber nur im Zusammenhang mit einem anpassungsfähigen Muskelapparat möglich: ein straffes, unveränderliches Zuggurtungssystem allein wäre den wechselnden Anforderungen nicht gewachsen und es käme zu einer erhöhten Bruchgefährdung, wie dies ja auch bei einer Fehleinschätzung von Fallhöhen — man denke an das Übersehen einer Treppenstufe — der Fall ist.

— *M. rectus femoris* (gerader Schenkelmuskel) (Abb. 102 und 105)
Der m. rectus femoris stellt einen Teil des *m. quadriceps femoris* (nähere Ausführungen s. S. 119) dar, der aufgrund seiner Zweigelenkigkeit auch beugend auf das Hüftgelenk einwirkt; er ist damit ebenfalls an der Drehung des Beckens nach vorne beteiligt und trägt zur Stabilisierung der Beckenstellung bei.

— *M. sartorius* (Schneidermuskel) (Abb. 104 und 105)
Dieser ebenfalls zweigelenkige Muskel (er soll bei den Kniegelenksmuskeln weiter ausgeführt werden, s. S. 120) hat im Hüftgelenk eine beugende, außenrotierende und abduzierende Wirkung.

Die Gruppe der Adduktoren

Die Gruppe der Adduktoren (Schenkelanzieher) liegt an der Innenseite des Ober-

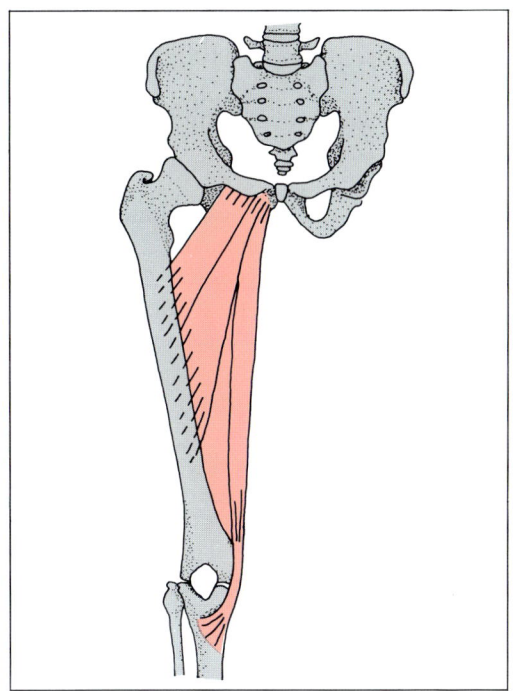

Abb. 92 Die oberflächliche Schicht der Adduktoren des Oberschenkels: m. pectineus (oben), m. adductor longus (Mitte) und m. gracilis (unten).

schenkels und ist keilförmig zwischen die Beuger- und Streckergruppe des Oberschenkels eingelagert. Die Adduktoren sind in drei Schichten gestaffelt.
Die *oberflächliche Schicht* (Abb. 92) wird gebildet vom *m. pectineus, m. adductor longus* und vom *m. gracilis*, dem einzigen zweigelenkigen Schenkelanzieher.

— *M. pectineus (Kammuskel)* (Abb. 92)

Ursprung: Schambeinkamm (pecten ossis pubis).

Ansatz: Kammuskellinie des Oberschenkels (linea pectinea femoris).

Innervation: n. femoralis und n. obturatorius.

Funktion: Der Muskel adduziert den

Oberschenkel und hilft bei der Beugung und Außenrotation im Hüftgelenk mit .

— M. *adductor longus* (langer Schenkelanzieher) (Abb. 92)

Ursprung: Unterhalb des Schambeinhökkers (tuberculum pubicum).

Ansatz: Mittleres Drittel der medialen „rauhen Linie" (linea aspera mediale).

Innervation: n. obturatorius.

Funktion: Der Muskel adduziert den Oberschenkel und hilft bei der Beugung im Hüftgelenk.

— M. *gracilis* (schlanker Muskel) (Abb. 92)

Ursprung: Rand des unteren Schambeinastes (ramus inferior ossis pubis).

Ansatz: Medialer Rand der Schienbeinrauhigkeit (tuberositas tibiae) am „Gänsefuß" (pes anserinus).
Innervation: n. obturatorius.

Funktion: Dieser zweigelenkige Muskel wirkt auf das Hüftgelenk adduzierend, auf das Kniegelenk beugend und innenrotierend. *kommt dem beim aufgegn Knierollens*

Die *mittlere Schicht*
— M. *adductor brevis* (kurzer Schenkelanzieher) (Abb. 93)

Ursprung: Unterer Schambeinast (ramus inferior ossis pubis).

Ansatz: Proximales Drittel der „rauhen Linie".

Innervation: n. obturatorius.

Funktion: Der Muskel adduziert und außenrotiert den Oberschenkel.

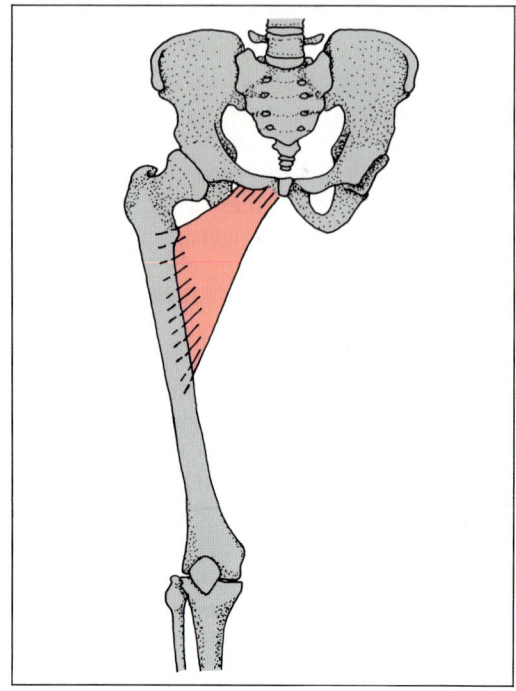

Abb. 93   M. adductor brevis.
• *Oberschenkel außen rotierende Muskels gedehnt*
• *innen rotierende zusammen weln*

Die *tiefe Schicht*

— M. *adductor magnus* (großer Schenkelanzieher) (Abb. 94)

Ursprung: Sitzbeinast (ramus ossis ischii) und unterer Rand des Sitzbeinhöckers (tuber ischiadicum).

Ansatz: Der eine Anteil setzt an der medialen Lippe der „rauhen Linie" an, der andere am medialen Schenkelbeinknorren (epicondylus medialis femoris).

Innervation: n. obturatorius und n. tibialis.

Funktion: Der *m. adductor magnus* ist der kräftigste Schenkelanzieher, der mit seinem unteren Sehnenansatz auch noch innenrotierende Wirkung hat; diese innenrotatorische Komponente kommt dadurch zustande, daß sich sein Ursprungsfeld bis

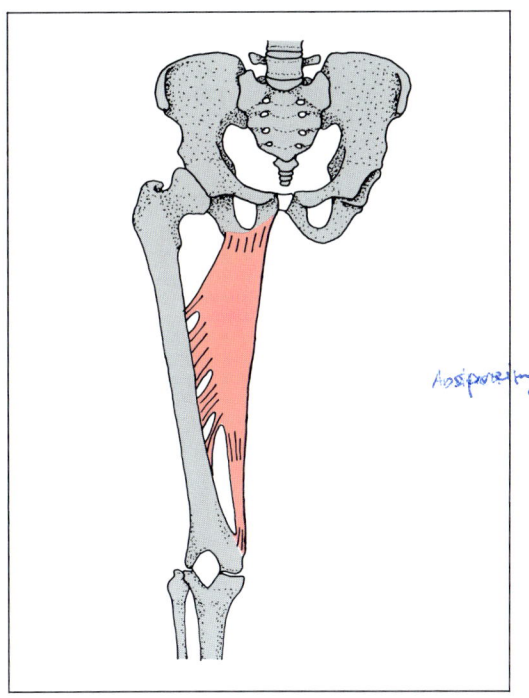

Abb. 94   M. adductor magnus.

zum Sitzbeinhöcker und damit hinter die Rotationsachse ausdehnt.

Bei einer zusammenfassenden Betrachtung aller soeben besprochenen fünf Adduktoren muß die *dynamische* und *statische* Wirkung hervorgehoben werden. Die *dynamische* Hauptfunktion der Adduktoren ist das Heranführen (Name!) der abgespreizten Beine. Von zusätzlicher Bedeutung ist jedoch, daß die Adduktoren auch noch kräftige Hüftstrecker bzw. -beuger sein können, je nachdem ob sie sich bei Beuge- und Streckbewegungen im Hüftgelenk vor oder hinter der Drehachse befinden. Beim Gehen und Laufen trägt daher die Kontraktion der Adduktoren zum Vor- bzw. Rückschwingen des Spielbeines bei.

Die *statische* Hauptwirkung der Adduktoren besteht im Ausbalancieren der sich

im labilen Gleichgewicht befindenden Rumpflast durch die ständige Regulierung der Beckenstellung: über ihre adduzierende, innen- und außenrotierende Komponente verhindern sie das Abscheren des Beckens.

Die lateralen Hüftmuskeln

Die Antagonisten der Adduktoren sind die *Abduktoren,* die sich an der Außenseite des Beckens befinden. Diese Muskelgruppe — sie ist z. T. vom großen Gesäßmuskel (s. S. 114) bedeckt — ist von außergewöhnlicher Wichtigkeit für die normale Fortbewegung.

— *M. glutaeus medius* (mittlerer Gesäßmuskel) (Abb. 95)
Ursprung: Außenfläche der Darmbeinschaufel (os ilium).

Ansatz: Großer Rollhügel (trochanter major).

Innervation: n. glutaeus superior.

Funktion: Seine wichtigste Funktion ist die Abduktion des Oberschenkels (z. B. bei der Grätsche übers Reck). Ist der Oberschenkel fixiert (Standbein), so beugt er bei einseitiger Innervation den Rumpf zur Seite. Beim Gehen und Laufen verhindert er auf der Stützbeinseite das Abkippen des Oberkörpers zur Spielbeinseite und sorgt damit für die Geradehaltung des Rumpfes. Die Lähmung dieses Muskels behindert das Gehen in außerordentlichem Maße: es kommt zur Ausbildung eines „Watschelganges".

Neben dieser Hauptwirkung hat der *m. glutaeus medius* mit seinem ventralen Anteil eine innen-, mit seinem dorsalen Anteil eine außenrotatorische Komponente. Des weiteren ist er mit seiner vorderen Portion

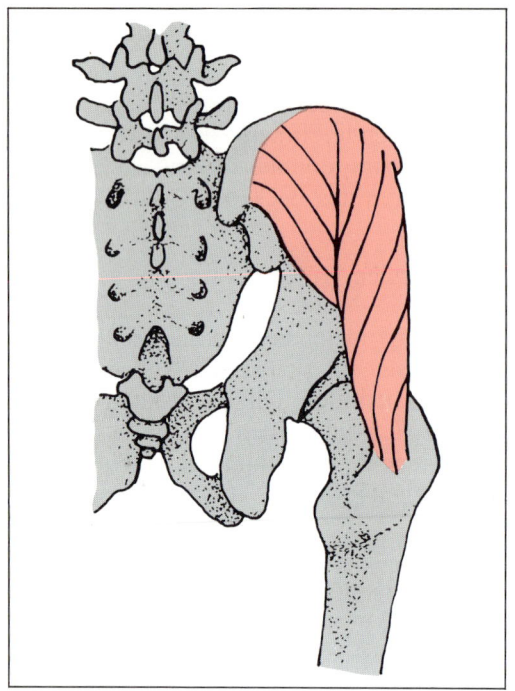

Abb. 95   M. glutaeus medius.

kleiner Gesäßmuskel

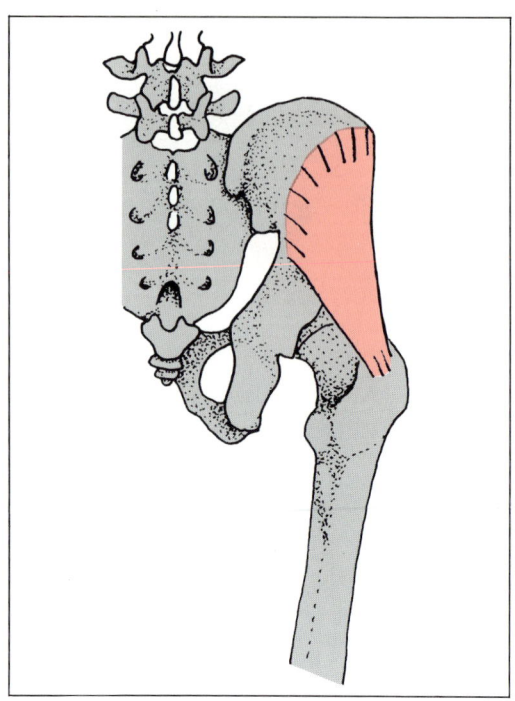

Abb. 96   M. glutaeus minimus.

an der Anteversion, mit seiner hinteren an der Retroversion beteiligt. Sind alle Fasern gleichzeitig kontrahiert, so kommt es zu der eingangs erwähnten Abduktion.

— *M. glutaeus minimus* (kleiner Gesäßmuskel) (Abb. 96)

Ursprung: Dieser unter dem mittleren Gesäßmuskel liegende Muskel entspringt von der Außenfläche der Darmbeinschaufel.

Ansatz: Großer Rollhügel.

Innervation: n. glutaeus superior.

Funktion: Er hat vergleichbare Aufgaben wie der *m. glutaeus medius.* Er abduziert den Oberschenkel, rollt ihn mit seinem vor der Drehachse liegenden Anteil nach innen und zieht ihn ein wenig nach vorne.

Die dorsalen Hüftmuskeln

— *M. glutaeus maximus* (großer Gesäßmuskel) (Abb. 97)

Ursprung: Darm-, Kreuz- und Steißbein, Kreuzbeinsitzbeinhöckerband (lig. sacrotuberale).

Ansatz: Oberschenkelfaszie, Gesäßmuskelrauhigkeit des Schenkelbeines (tuberositas glutaea femoris).

Innervation: n. glutaeus inferior.

Funktion: Die Hauptfunktion des Muskels — er gehört zu den kräftigsten Muskeln des Menschen — ist die Streckung im Hüftgelenk, wie z. B. beim Hochgehen aus der Hocke, beim Laufen und Springen. Daneben wirkt sein oberer Anteil abduzierend, sein unterer adduzierend. Schließlich

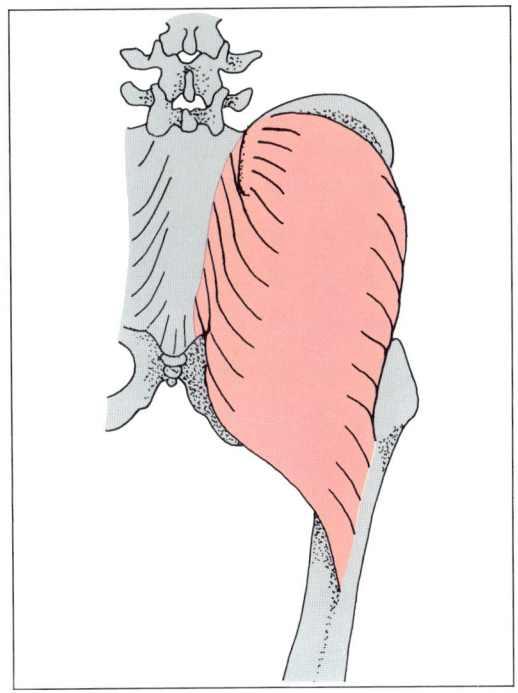

Abb. 97   M. glutaeus maximus.

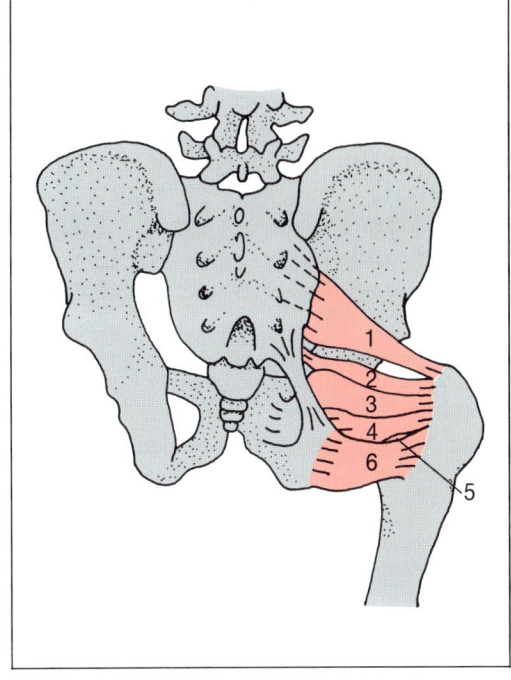

Abb. 98   Die Gruppe der Außenrotatoren des Oberschenkels: m. piriformis (1), m. gemellus superior (2), m. obturatorius internus (3), m. gemellus inferior (4), m. obturatorius externus (5) und m. quadratus femoris (6).

besitzt der Muskel auch noch eine kräftige außenrotierende Wirkung.

Außer diesen dynamischen Aufgaben hat der *m. glutaeus maximus* auch noch wichtige *statische Funktionen*: zum einen ist er durch seine Sehneneinstrahlung in die Schenkelbinde an der Zuggurtung des Oberschenkels beteiligt (vgl. S. 110), zum anderen verhindert er das Nach-vorne-Kippen des Oberkörpers, z.B. bei der Abfahrtshaltung im Skilauf oder beim Eisschnellauf etc. Weiterhin hat der große Gesäßmuskel eine große Bedeutung bei der Stabilisierung der Beckenstellung: er arbeitet mit dem geraden Bauchmuskel zusammen und kippt das Becken nach hinten; bei einer Schwächung der Glutealmuskulatur kann es zu einer Verstärkung der Lendenlordose und zur Ausbildung eines Hohlrückens kommen.

– Mm. ischiocrurales (Sitzbeinunterschenkelmuskeln)

Diese zweigelenkige Muskelgruppe (sie soll bei den Kniegelenksmuskeln im Detail behandelt werden, s. S. 121) wirkt im Hüftgelenk bei der Streckbewegung mit. Sie unterstützt damit den *m. glutaeus maximus*.

Unter dem großen Gesäßmuskel liegend befindet sich die Gruppe der *Außenrotatoren*, die vom Becken kommend in den Bereich der Rollhügelgrube (fossa trochanterica) bzw. -zwischenleiste (crista intertrochanterica) ziehen; sie sollen im Rahmen dieses Buches nicht weiter im Detail besprochen werden.

Es handelt sich um die nachfolgenden Muskeln (Abb. 98):

– M. piriformis (birnförmiger Muskel)
– M. gemellus superior (oberer Zwillings-
muskel)
– M. obturatorius internus (innerer Hüft-
lochmuskel)
– M. gemellus inferior (unterer Zwillings-
muskel)
– M. obturatorius externus (äußerer
Hüftlochmuskel)
– M. quadratus femoris (viereckiger
Schenkelmuskel) .

Gemeinsame Funktion: In ihrer Hauptaufgabe handelt es sich – wie der Pauschal-
name bereits sagt – um Außenrotatoren.
Daneben wirken sie aber auch abduzierend
(*m. piriformis*) bzw. adduzierend (alle
übrigen). Wird die untere Extremität fixiert (Standbein), dann neigen sie das
Becken zur Seite und beugen es nach hinten.

Das Kniegelenk (art. genu)

Knochen- und Bänderapparat

Im Kniegelenk artikulieren die Gelenkknorren des Oberschenkels (condyli femoris) mit den beiden Gelenkflächen des
Schienbeines (condylus medialis et lateralis
tibiae). Im Gegensatz zum Ellbogengelenk
stehen hier also zur besseren Sicherung der
„Tragsäule Bein" nicht drei, sondern nur
zwei Knochen in gelenkiger Verbindung.

Das Kniegelenk ist ein *Drehwinkelgelenk*
(Trochoginglymus) mit zwei Freiheitsgra-
den: Es erlaubt Beuge- und Streck- sowie
Drehbewegungen – letztere allerdings nur
in gebeugtem Zustand.
Das Kniegelenk vermittelt zwischen dem
Winkelhebel Unterschenkel-Fuß und dem
Oberschenkel, dessen Bewegungsradius
das Bewegungsfeld des Fußes, das aus
Gründen der statischen Sicherheit wesent-
lich kleiner ist als das der Hand, bestimmt.
Über das Kniegelenk wird einerseits der

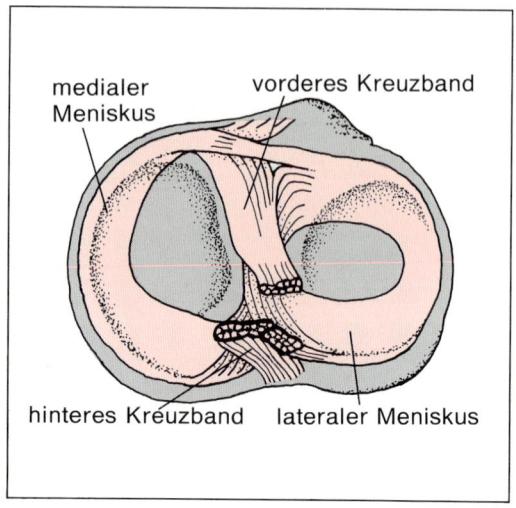

medialer Meniskus   vorderes Kreuzband

hinteres Kreuzband   lateraler Meniskus

**Abb. 99   Aufsicht auf den medialen und lateralen
Meniskus.**

Funktionseinheit Oberschenkel-Unter-
schenkel in der Streckstellung eine feste
Sicherung der Tragsäule Bein verliehen,
andererseits dem Fuß in der Beugestellung
über die Drehbewegungen eine Erweiterung seines Bewegungsraumes ermöglicht.

Um die Inkongruenz bzw. den punkthaf-
ten Kontakt der Gelenkkörper von Schen-
kel- und Schienbein auszugleichen, sind
zwischen ihre artikulierenden Gelenkknorren zwei Gelenkscheiben – der mediale
und laterale *Meniskus* – eingeschoben, die
zusammen mit dem Bandapparat und der
Kniescheibe das Kniegelenk zu einem recht
stabilen, aber komplizierten Gelenk machen (Abb. 99). Die *Menisken* haben jedoch nicht nur ausgleichende Funktion; sie
schützen die Gelenkflächen bei Druck-
stößen auch vor mechanischer Schädi-
gung.
Die Menisken sind auf den Kondylen des
Schienbeines fest aufgelagert, aber nicht
auf ihrem Knorpelüberzug angewachsen.
Sie stehen mit dem Zwischenknorrenvorsprung (eminentia intercondylaris) in Verbindung. Am äußeren Rand sind die *Menisken* dick, gegen die zentrale Aushöhlung

hin laufen sie scharf aus (Keilform). Der *mediale Meniskus* ist schwächer als der laterale und kaum halbkreisförmig. Der *laterale Meniskus* ist nahezu dreiviertelkreisförmig und nur an seiner Anwachsstelle am Zwischenknorrenvorsprung ist der Ring offen.

Bei Bewegung verschieben sich die *Menisken* so, daß sie den Gelenkknorren eine größtmögliche Unterstützungsfläche sichern.

Exkurs: Meniskusverletzungen

Der Innenmeniskus ist zwanzigmal häufiger verletzt als der Außenmeniskus, da er wegen seiner Verwachsung mit der Gelenkkapsel und dem inneren Seitenband traumatischen Einwirkungen weniger gut ausweichen kann.

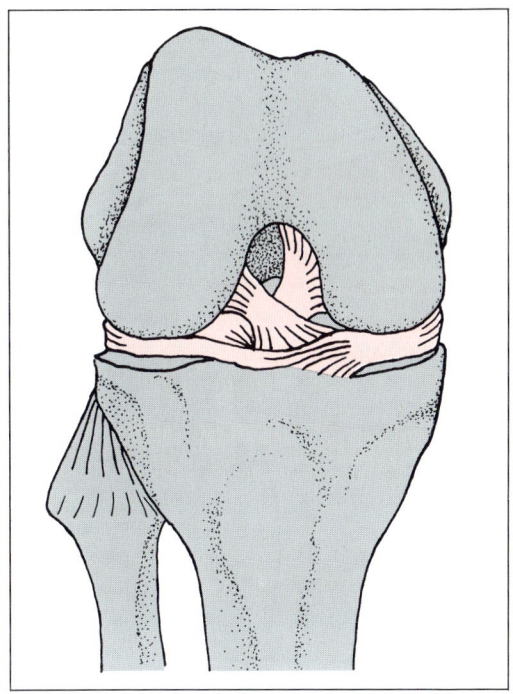

Abb. 100   Vorderes und hinteres Kreuzband (bei entfernter Kniescheibe).

Eine Meniskusverletzung entsteht am häufigsten dadurch, daß das gebeugte und abduzierte Gelenk bei außenrotiertem Unterschenkel und fixiertem Fuß unter Belastung plötzlich gestreckt wird.

Klinischer Hinweis: Eine operative Entfernung der Menisken führt nach etwa 15 Jahren zu einer Kniegelenksarthrose!

Die beiden *Kreuzbänder* (ligamenta cruciata) (Abb. 100) sind die Haftbänder der beiden artikulierenden Kondylen; sie verhindern vor allem in der labilen Beugestellung, in der die Seitenbänder erschlaffen, ein Nachvorne- (vorderes Kreuzband) bzw. ein Nachhintengleiten (hinteres Kreuzband) des Schienbeinkopfes. In jeder Kniegelenksstellung sind einzelne Anteile der Kreuzbänder gespannt. Bei der Innenrotation des Unterschenkels wickeln sich die beiden Bänder umeinander; es kommt zur frühzeitigen Hemmung dieser Drehbewe-

gung. Da sich bei der Außenrotation die Bänder voneinander abwickeln, ist hier eine ausgiebigere Rotationsbewegung möglich. Rupturen des vorderen Kreuzbandes sind aufgrund der bereits beschriebenen Verwachsungsmechanismen meist mit Verletzungen des Innenmeniskus, des medialen Seitenbandes und der Kapsel verbunden.

Die beiden *Seitenbänder* (ligamenta collateralia) (Abb. 101) dienen der Sicherung der Kniegelenksstreckung; sie sind bei der Kniebeugung entspannt, bei der Kniestreckung maximal gespannt.

Typischer Verletzungsmechanismus bei einer Seitenbandruptur ist die seitliche Gewalteinwirkung bei gestrecktem Bein, wie dies z. B. beim Sturz eines Angriffsspielers auf das beim „sliding tackling" gestreckte Bein des Abwehrspielers beim Fußball der Fall sein kann.

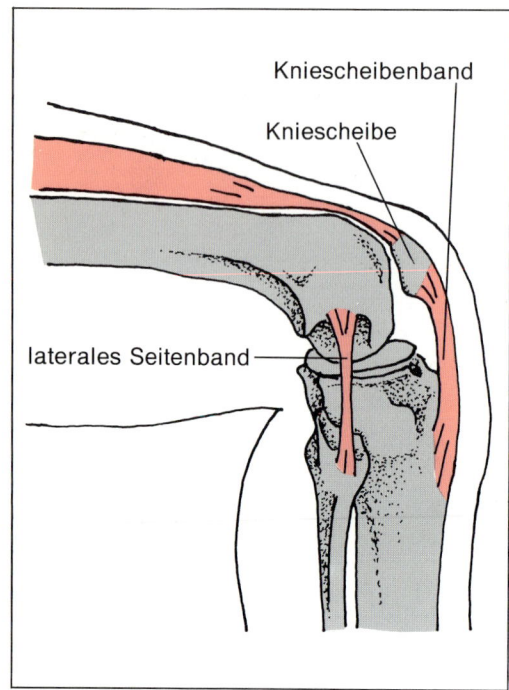

Kniescheibenband

Kniescheibe

laterales Seitenband

Abb. 101   **Darstellung des lateralen Seitenbandes, der Kniescheibe und des Kniescheibenbandes.**

An allen mechanisch besonders beanspruchten Stellen des Kniegelenks sind Schleimbeutel (bursae synoviales) angebracht. Eine weitere die Kniegelenksmechanik verbessernde Einrichtung ist schließlich die Kniescheibe (patella) (Abb. 101). Es handelt sich dabei um ein Sesambein — das größte des menschlichen Körpers —, das in die Endsehne des *m. quadriceps femoris* eingefügt ist und neben ihrer Führungsfunktion auch noch eine hebelverbessernde Wirkung für den Zug dieses wichtigen Kniestreckers hat. Die distal von der Kniescheibe gelegene Fortsetzung der Quadrizepssehne wird Kniescheibenband (lig. patellae) (Abb. 101) genannt; über dieses Band erfolgt der Ansatz des Muskels an der Schienbeinrauhigkeit.
Die Innenseite der Kniescheibe ist mit Gelenkknorpel überzogen: dadurch wird die Reibung der im Kniegelenk miteinander artikulierenden Knochen auf ein Minimum

herabgesetzt. Wird dieser Knorpelüberzug durch unphysiologische Kniegelenksbeanspruchungen übermäßig belastet, wie z. B. durch ein jahrelanges forciertes Training der Kniestreckmuskulatur über tiefe Kniebeugen mit zusätzlicher Hantelbelastung, dann kann es zum Erscheinungsbild der *Chondropathia patellae*, einer degenerativen Erkrankung des Kniescheibenknorpels, und damit zu chronischen Kniegelenksbeschwerden kommen.

> Beachte: Bei halber Kniebeuge erhöhen sich die Zugkräfte im Kniegelenksbereich um das 5 – 6fache, bei tiefer um das 12fache, das heißt, sie bewegen sich im Bereich von etwa 1000 kp!

Die *Schlußrotation* im Kniegelenk
Die Schlußrotation im Kniegelenk stellt eine durch den Bandapparat bewirkte zusätzliche Sicherung des Standbeines dar: Im Anschluß an die vollständige Kniestreckung erfolgt eine zusätzliche Streckung (um etwa zehn Grad), die durch eine vorhergehende Außenrotation (etwa 5 Grad) des Unterschenkels ermöglicht wird. Dieses finale „Einrasten" des Standbeines — es macht jede Drehbewegung unmöglich — wird durch das vordere Kreuzband bewirkt, das bei völliger Kniegelenksstreckung so stark gespannt wird, daß es das Schienbein nach außen bzw. den Oberschenkel nach innen dreht. Eine Beugung im Knie kann erst nach Aufhebung dieser Schlußrotation erfolgen.

> Zusammenfassend kann man feststellen, daß der Knochen- und Bandapparat des Kniegelenks auf eine betonte Sicherung der „Tragsäule Bein" ausgerichtet ist und ein größeres Bewegungsspiel nur dann ermöglicht, wenn der aufrechte Gang nicht gefährdet ist; dies ist nur bei einer Kniegelenksbeugung, also im entlasteten Zustand, der Fall.

Muskulatur des Kniegelenks

Da die Streckmuskulatur des Kniegelenks das gesamte Körpergewicht, die Beugemuskulatur jedoch nur das Gewicht des Beines zu tragen hat, läßt sich im Bereich der unteren Extremität ein Überwiegen der Streckmuskulatur erkennen. Ein derartiges Überwiegen der Strecker ist für die aufrechte Körperhaltung bzw. den normalen Gang unabdingbar.

Muskulatur der Oberschenkelvorderseite

— *M. quadriceps femoris* (vierköpfiger Schenkelstrecker) (Abb. 102)

Hauptstrecker des Kniegelenks ist der *m. quadriceps femoris*.

Er ist der größte und kräftigste Muskel des Menschen!

Er setzt sich zusammen aus dem zweigelenkigen *m. rectus femoris* (gerader Schenkelmuskel, s. S. 111) und den drei *mm. vastus medialis, lateralis* und *intermedius* (innerer, äußerer und mittlerer Schenkelmuskel).

Ursprung: Der zweigelenkige Anteil des Muskels, der *m. rectus femoris*, entspringt vom vorderen unteren Darmbeinstachel (spina iliaca anterior inferior) und vom oberen Rand der Hüftgelenkspfanne; die drei anderen Portionen entspringen von der medialen bzw. lateralen Lippe der „rauhen Linie" sowie von der vorderen und lateralen Fläche des Schenkelbeines.

Ansatz: Mittels des Kniescheibenbandes an der Schienbeinrauhigkeit (tuberositas tibiae).

Innervation: n. femoralis.

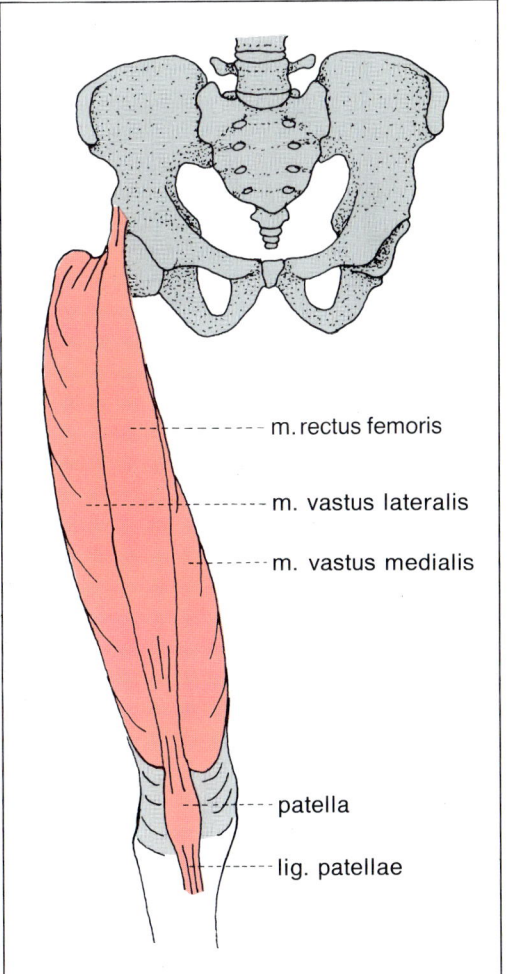

m. rectus femoris

m. vastus lateralis

m. vastus medialis

patella

lig. patellae

Abb. 102   M. quadriceps femoris.

Funktion: Der *m. quadriceps femoris* spielt sowohl in *dynamischer* als auch *statischer* Hinsicht eine überragende Rolle. Die *statische* Funktion besteht darin, beim Stehen das Einknicken im Kniegelenk zu verhindern, die *dynamische* in einer kraftvollen Kniestreckung, wie dies z. B. bei allen Läufen und Sprüngen der Fall ist. Der *m. rectus femoris* hat zusätzlich noch eine hüftbeugende Funktion.

Eine Besonderheit des *m. quadriceps femoris* stellt die nach den funktionellen Notwen-

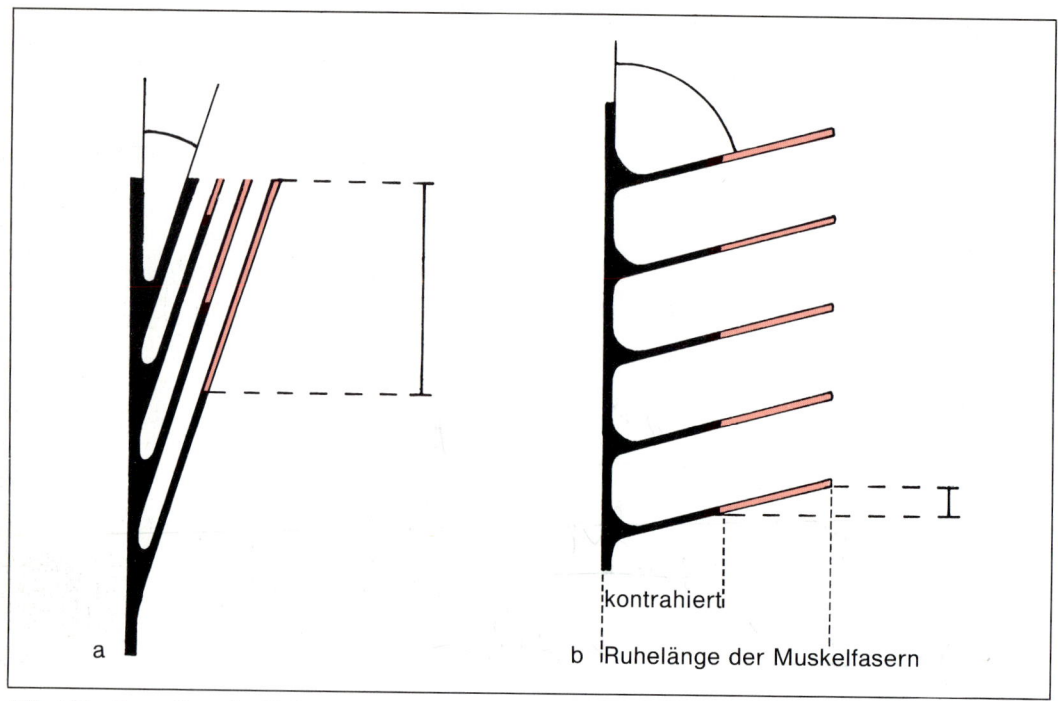

Abb. 103   Darstellung der Fiederungswinkel und der zugehörigen Hubhöhe beim m. rectus femoris (a) und den mm. vasti (b). (Schwarz = kontrahierter Zustand; rot = Ruhezustand).

digkeiten erforderliche unterschiedliche Zusammensetzung aus zwei verschiedenen Muskeltypen dar: Beim *m. rectus femoris*, einem Muskel mit Schnellkraftfunktion — bei ihm spielt die Hubhöhe, das heißt das Ausmaß der Verkürzungsgröße, eine wichtige Rolle — findet man das Überwiegen von FT-Fasern (vgl. S. 194) und einen spitzen Fiederungswinkel. Bei den drei anderen Anteilen — ihre Funktion besteht überwiegend in isometrischer Haltearbeit zur Sicherung der Tragsäule Bein — hingegen liegen eine Dominanz an ST-Fasern (s. S. 194) und ein stumpfer Fiederungswinkel vor (Abb. 103).

— *M. tensor fasciae latae* (Abb. 91)

Dieser bereits besprochene Muskel (s. S. 110) leistet einen — allerdings sehr begrenzten — Beitrag an der Kniegelenksstreckung.

— *M. sartorius* (Schneidermuskel) (Abb. 104)

Der *m. sartorius* ist der längste Muskel des Menschen (je nach Körpergröße erreicht er etwa eine Länge von 50—60 cm).

Ursprung: Vorderer oberer Darmbeinstachel (spina iliaca anterior superior).

Ansatz: Medialer Rand der Schienbeinrauhigkeit am Gänsefuß (pes anserinus = gemeinsame Ansatzstelle mit dem *m. gracilis* und dem *m. semitendinosus*, s. S. 123)

Innervation: n. femoralis.

Funktion: Als zweigelenkiger Muskel hilft er einerseits bei der Beugung, Abduktion und Außenrotation des Oberschenkels, andererseits unterstützt er die Beugung des

Wolfshohl auf dem Weg zum
Sieg bei den Querfeldein-Welt-
meisterschaften.

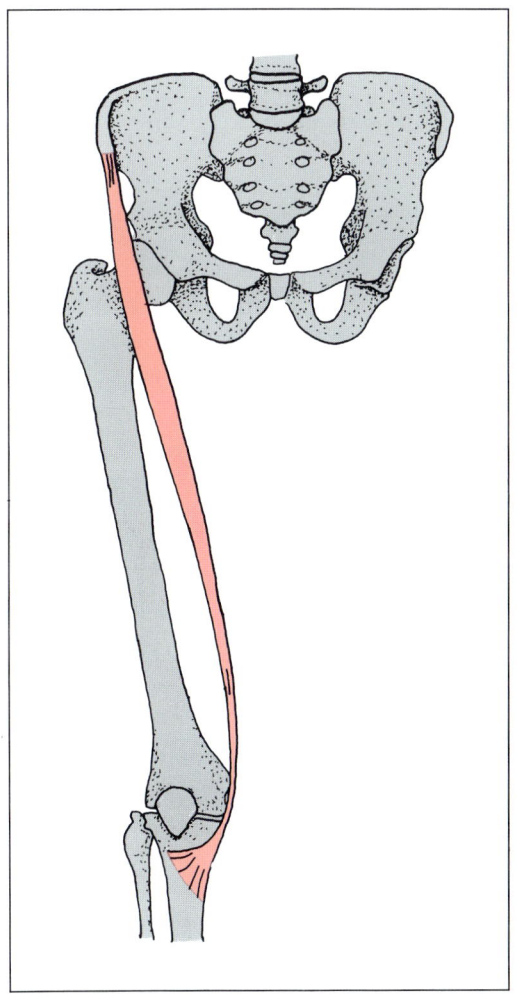

Abb. 104   M. sartorius

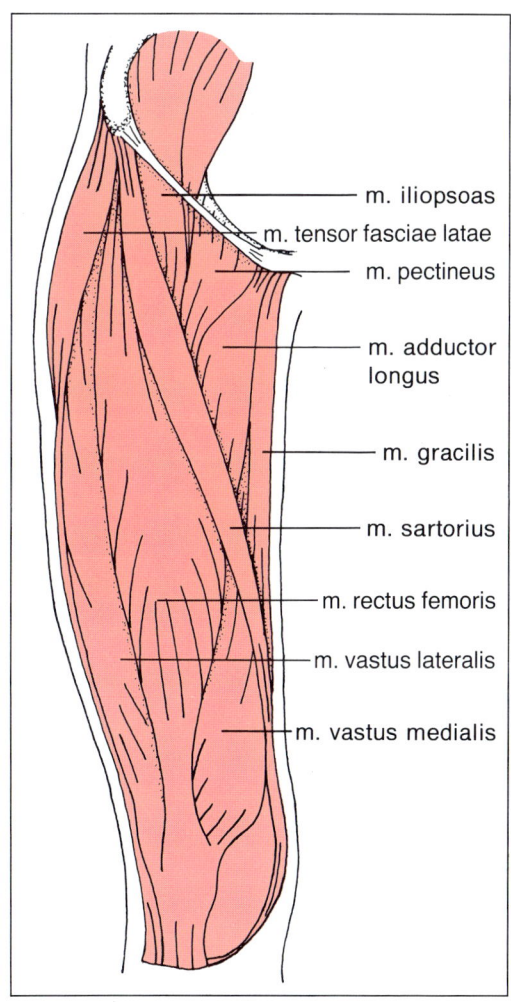

m. iliopsoas

m. tensor fasciae latae

m. pectineus

m. adductor longus

m. gracilis

m. sartorius

m. rectus femoris

m. vastus lateralis

m. vastus medialis

Abb. 105   Übersicht über die Muskeln der Oberschenkel- und Hüftvorderseite.

Unterschenkels (Spielbein) und rollt ihn in gebeugtem Zustand nach innen.

[handschriftliche Notiz]

Er ist der einzige Muskel, der sowohl im Hüft- als auch im Kniegelenk beugend wirkt!

Muskulatur der Oberschenkelrückseite

Die Muskulatur der Oberschenkelrück-seite — auch *mm. ischiocrurales* (Sitz-beinunterschenkelmuskeln) genannt — hat vor allem dynamische Bewegungs-aufgaben und ist daher differenzierter gegliedert als die Kniegelenksstreckmus-kulatur mit vorwiegend statischen, auf Stabilität ausgerichteten Funktionen.

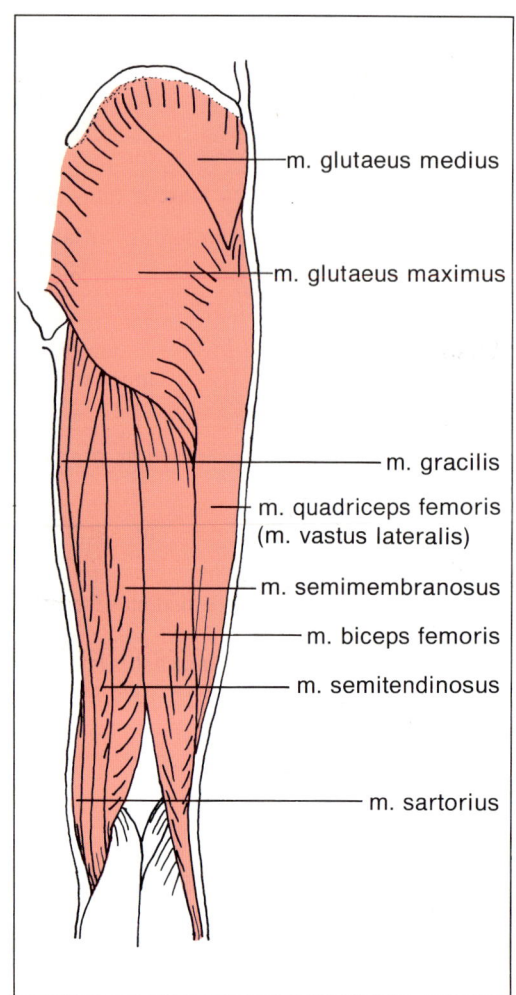

Abb. 106   Übersicht über die Muskeln der Oberschenkel- und Hüfthinterseite.

Die Beschriftungen im Bild:
- m. glutaeus medius
- m. glutaeus maximus
- m. gracilis
- m. quadriceps femoris (m. vastus lateralis)
- m. semimembranosus
- m. biceps femoris
- m. semitendinosus
- m. sartorius

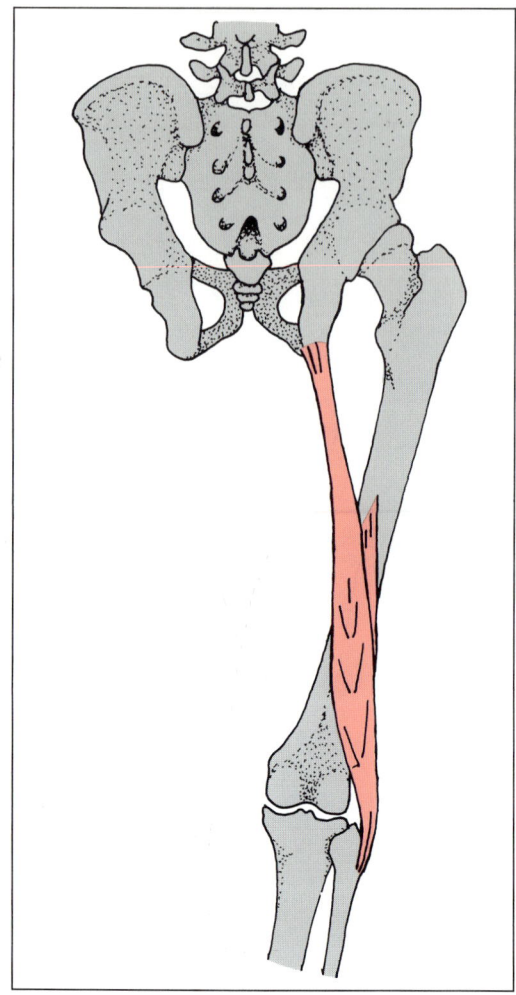

Abb. 107   M. biceps femoris.

Eine Übersicht über diese Muskelgruppe gibt Abbildung 106.

— *M. biceps femoris* (zweiköpfiger Schenkelmuskel) (Abb. 107)

Ursprung: Der *lange Kopf* setzt am Sitzbeinhöcker (tuber ischiadicum) an, der *kurze* an der lateralen Lippe der „rauhen Linie".

Ansatz: Wadenbeinkopf (caput fibulae).

Innervation: Der lange Kopf wird vom n. tibialis, der kurze vom n. peronaeus versorgt.

Funktion: Der zweigelenkige Muskel hilft einerseits bei der Hüftstreckung (Standbein), andererseits beugt er den Unterschenkel (Spielbein) und rollt ihn bei gebeugtem Kniegelenk nach außen. Beim alpinen Skiläufer z. B. spielt diese Unterschenkeldrehung — sie wird nur durch die nachfolgenden Muskeln ergänzt — eine wichtige

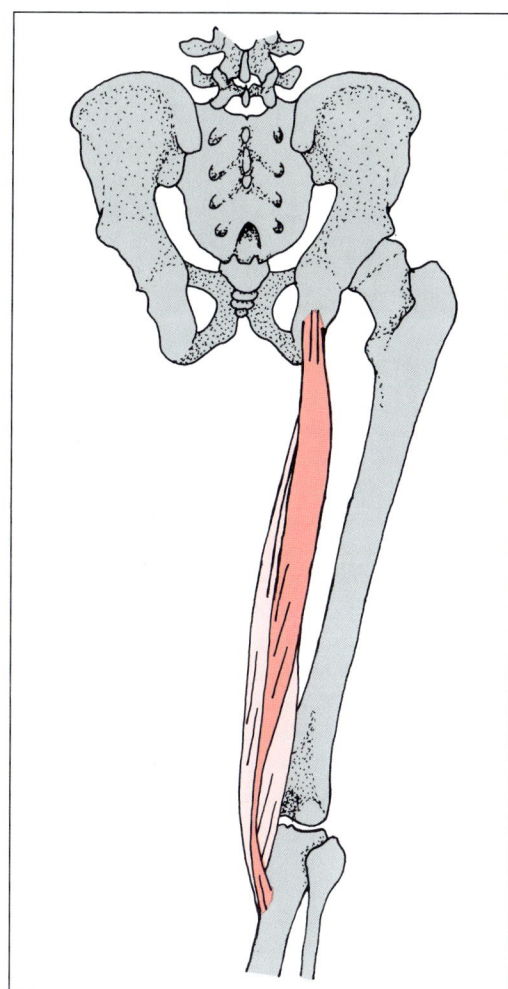

Abb. 108 M. semitendinosus (dunkelrot) und m. semimembranosus (hellrot).

Rolle für die Ausrichtung und Führung der Ski.

– *M. semitendinosus* (Halbsehnenmuskel) (Abb. 108)

Ursprung: Sitzbeinhöcker.

Ansatz: Seitlich von der Schienbeinrauhigkeit am Gänsefuß.

Innervation: n. tibialis.

Funktion: Als ebenfalls zweigelenkiger Muskel unterstützt er zum einen die Hüftstreckung auf der Standbeinseite, zum anderen beugt er das Kniegelenk (Spielbeinseite) und dreht den gebeugten Unterschenkel nach innen. *Kontraktion*

– *M. semimembranosus* (Plattensehnenmuskel) (Abb. 108)

Ursprung: Sitzbeinhöcker.

Ansatz: Medialer Schienbeingelenkknorren.

Innervation: n. tibialis.

Funktion: Der unter dem *m. semitendinosus* liegende Muskel hat die gleichen Funktionen wie dieser, nur ist er etwas kräftiger.

Die *mm. ischiocrurales* spielen beim Gehen eine wichtige Rolle für das senkrechte Aufsetzen des Fußes auf dem Boden (vgl. S. 158)!

Fuß und Fußgelenke

Bei der Beschreibung des Fußes bzw. der Funktionseinheit Unterschenkel-Fuß drängt sich ein Vergleich mit der oberen Extremität auf. Im Gegensatz zur oberen Extremität stehen bei den unteren Gliedmaßen vor allem statische Funktionen im Vordergrund. Die Bewegungsfreiheit der einzelnen Gelenke der unteren Extremität nimmt aus diesem Grunde von oben nach unten ab. Das *obere Sprunggelenk* ist ein reines Scharniergelenk mit einem Freiheitsgrad, das nur Beuge- und Streckbewegungen zuläßt: das damit vergleichbare proximale Handgelenk besitzt dagegen zwei Freiheitsgrade. Drehmöglichkeiten eröffnen sich dem Fuß in begrenztem Umfang nur im *unteren Sprunggelenk*: Die Pronations- und Supinationsbewegung ist also im Vergleich zur oberen Extremität aus statischen Sicherheitsgründen mehr nach distal in den Fußbereich verlegt und dementsprechend modifiziert worden.

Die Zehen, die ebenfalls überwiegend Statikaufgaben zu erfüllen haben, sind gegenüber den Fingern verkürzt und robuster gebaut. Die Fußwurzelknochen zeigen im Gegensatz zu den Handwurzelknochen — bei ihnen spielt die Beweglichkeit eine dominierende Rolle — eine überaus kräftige und für den Winkelhebel Fuß charakteristische Ausbildung.

Im Gegensatz zum Greiforgan Hand, welches in der Verlängerung der Unterarmknochen liegt, bildet der Fuß mit dem Unterschenkel einen Winkelhebel, der der Fortbewegung dient. Je stärker dabei die Ferse verlängert ist, desto günstiger ist der Winkelhebel: dies scheint einer der Gründe für die erhöhte Sprint- und Sprungeignung der schwarzen Rasse zu sein.

Der Fuß bildet — ebenso wie z. B. der Beckengürtel — eine Gewölbekonstruktion, die die Körperlast elastisch amortisieren kann. Ganz im Sinne der statischen Funktion ist auch die Muskulatur des Fußes aufgebaut. Während bei der oberen Extremität die beiden Fingerbeuger noch im Unterarmbereich liegen — dadurch wird das Bewegungsspiel der Hand so wenig wie möglich behindert —, so befindet sich bei der unteren Extremität nur noch der lange Zehenbeuger im Unterschenkelgebiet; der kurze liegt im Fußsohlenbereich und unterstützt mit die Verspannung des Fußgewölbes.

Aufbau des Fußes

Die Gliederung des Fußes in Fußwurzel (tarsus), Mittelfuß (metatarsus) und Zehen (phalanges) gleicht der der Hand. Im Gegensatz zum Daumen — bei ihm macht die differenzierte Oppositionsfähigkeit eine Verkürzung notwendig — ist die Großzehe verlängert und bildet den Hauptpfeiler für das Stützgewölbe des Fußes (Abb. 109).

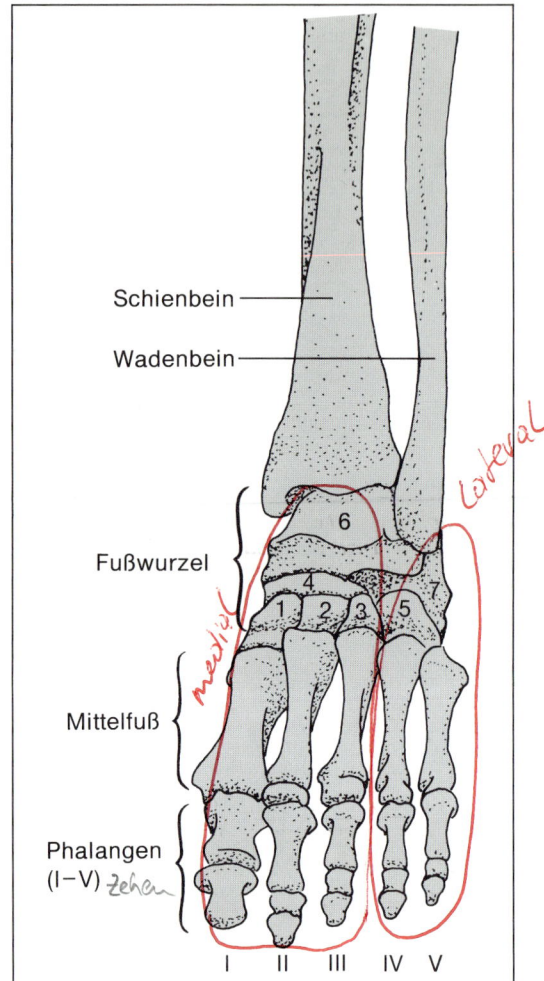

Abb. 109   Aufbau des Fußskeletts (Aufsicht). Die Fußwurzel wird aus 7 Knochen gebildet: 1 = mediales Keilbein (os cuneiforme mediale), 2 = mittleres Keilbein (os cuneiforme intermedium), 3 = laterales Keilbein (os cuneiforme laterale), 4 = Kahnbein (os naviculare), 5 = Würfelbein (os cuboideum), 6 = Sprungbein (talus) und 7 = Fersenbein (calcaneus).

Der größte Fußwurzelknochen ist das Fersenbein, das medial einen balkonartigen Knochenvorsprung (sustentaculum tali) aufweist, der zur Abstützung des auf ihm ruhenden Sprungbeines dient.

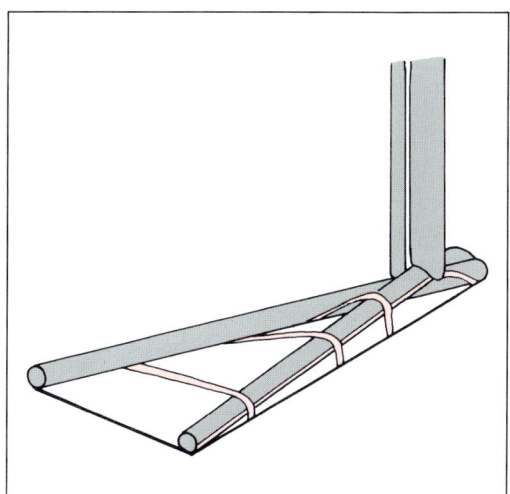

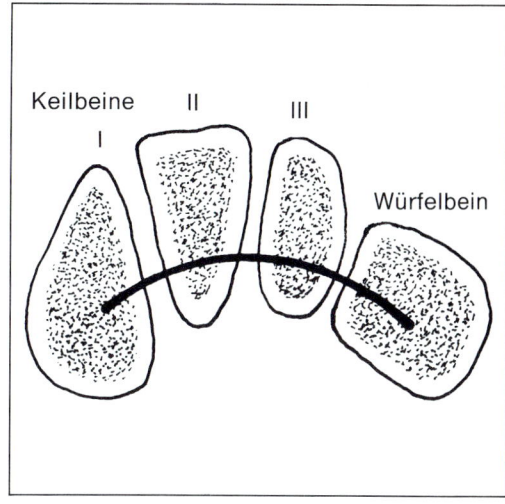

Abb. 110 Stark schematisierte Darstellung des medialen und lateralen Fußstrahls, welche zur Druckamortisierung ein Längs- und Quergewölbe ausbilden.

Abb. 111 Anordnung des queren Fußgewölbes, dargestellt an einem Querschnitt durch das Fußskelett im Bereich der distalen Fußwurzelknochen.

Die distalen Fußwurzelknochen sind mit den Mittelfußknochen über Amphiarthrosen verbunden; dadurch sind in diesen Gelenken nur federnde Bewegungen möglich. Die Fußknochen sind so angeordnet, daß sie einen *medialen* und einen *lateralen Fußstrahl* bilden.

Der *mediale Fußstrahl* besteht aus den ersten drei Zehen, den drei Keilbeinen sowie dem Kahnbein und endet im Sprungbein; der *laterale* setzt sich zusammen aus den beiden seitlichen Zehen, dem Würfelbein und dem Fersenbein. Dadurch, daß der mediale Fußstrahl schräg auf den lateralen aufgelagert ist, kommt es zur Ausbildung des *Fußlängsgewölbes,* wobei der *mediale Fußstrahl* vom Boden abgehoben ist — erst das Großzehengrundgelenk hat wieder Bodenkontakt — und nur der *laterale* in seinem gesamten Verlauf auf dem Boden aufliegt. Die Anordnung der beiden Fußstrahlen bzw. die Anlage ihrer Gewölbekonstruktionen kann in grober Annäherung durch zwei schräg übereinandergelegte Holzstäbe verdeutlicht werden (Abb. 110).

Wie aus der vorhergehenden Abbildung zu entnehmen ist, kommt es durch die Überlagerung der beiden Fußstrahlen nicht nur zur Ausbildung eines Längs-, sondern auch eines Quergewölbes. Das quere Fußgewölbe wird durch eine besondere Anordnung der drei Keilbeine bzw. des Würfelbeines erreicht (Abb. 111).

Wie die nachfolgende Abbildung zeigt, wird die Gewölbekonstruktion des Fußes einerseits knöchern vorgegeben, andererseits aber *passiv* und *aktiv* verspannt und stabilisiert. Am Beispiel des Längsgewölbes soll dies verdeutlicht werden (Abb. 112).

Die *passive* Verspannung des Fußlängsgewölbes erfolgt durch drei kräftige Bänder: die Plantaraponeurose (oberflächlich), das lange Sohlenband (lig. plantare longum, mittlere Schicht) und das in der Tiefe gelegene Pfannenband (lig. calcaneonaviculare), das auch am Aufbau des unteren Sprunggelenks beteiligt ist.

Die *aktive* Verspannung des Längsgewölbes über die Fußsohlenmuskulatur (s. S. 129) bzw. die langen Fußmuskeln aus

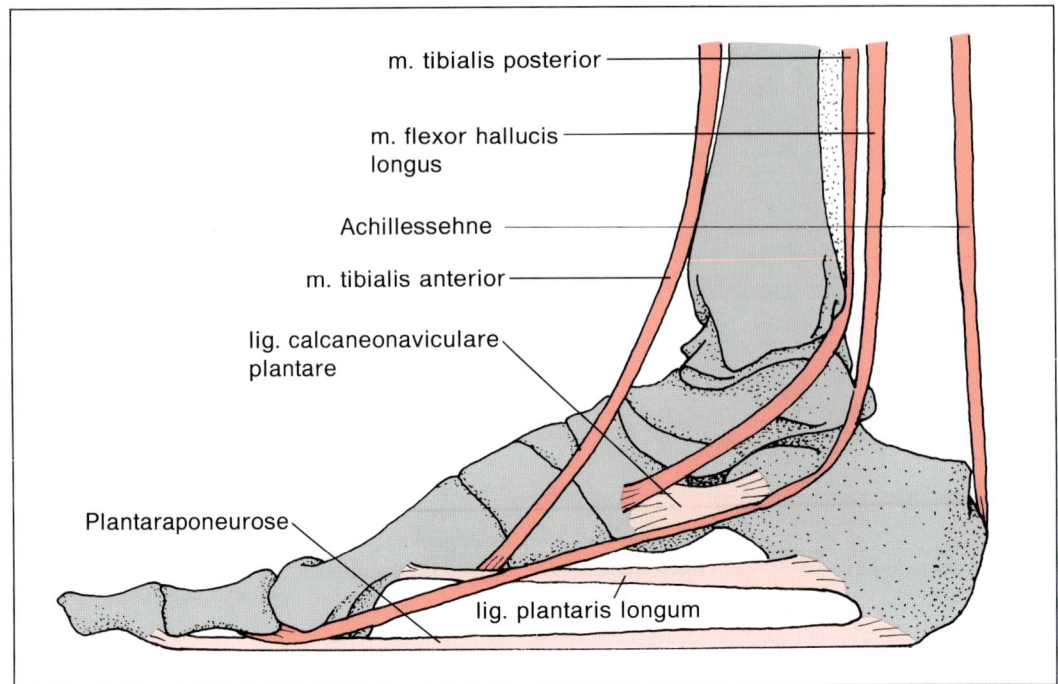

m. tibialis posterior

m. flexor hallucis longus

Achillessehne

m. tibialis anterior

lig. calcaneonaviculare plantare

Plantaraponeurose

lig. plantaris longum

Abb. 112   Schematische Darstellung des Fußlängsgewölbes.

dem Unterschenkelbereich (s. dort) wird reflektorisch über das Auftreten der Fußsohle reguliert: je nach vorhandenem Spannungsdruck erfolgt eine entsprechende Veränderung der Zug- bzw. Kontraktionsstärke der an der Längsverspannung beteiligten Muskeln. Diese Tatsache macht es auch verständlich, warum langes Stehen ermüdender ist als Gehen oder Laufen: Durch das Stehen kommt es zu einer Dauerkontraktion des Muskelapparates und damit zu einer rascheren Ermüdung. Bei Berufen mit überwiegender Steharbeit kann es zur Abflachung der Gewölbekonstruktion des Fußes kommen, ein Vorgang, der durch eine unter Umständen vorliegende Bänderschwäche noch beschleunigt wird.

Beim Einsinken des Längsgewölbes — dies ist meist mit einer Verschiebung des Sprungbeines gegen das Fersenbein

nach medial verbunden — kommt es zur Ausbildung eines *Plattknickfußes*, dem häufigsten orthopädischen Leiden überhaupt. Beim Einsinken des Quergewölbes spricht man von einem *Spreizfuß*.

Fußgelenke

Im Bereich des Fußes unterscheidet man, wie schon erwähnt, ein oberes und ein unteres Sprunggelenk.

Das obere Sprunggelenk

Das *obere* Sprunggelenk wird von Schienbein (tibia) und Wadenbein (fibula) sowie der Gelenkrolle des Sprungbeines (trochlea tali) gebildet. Dabei umfassen das Schien- und Wadenbein die Gelenkrolle zangenförmig mit ihren Außenknöcheln

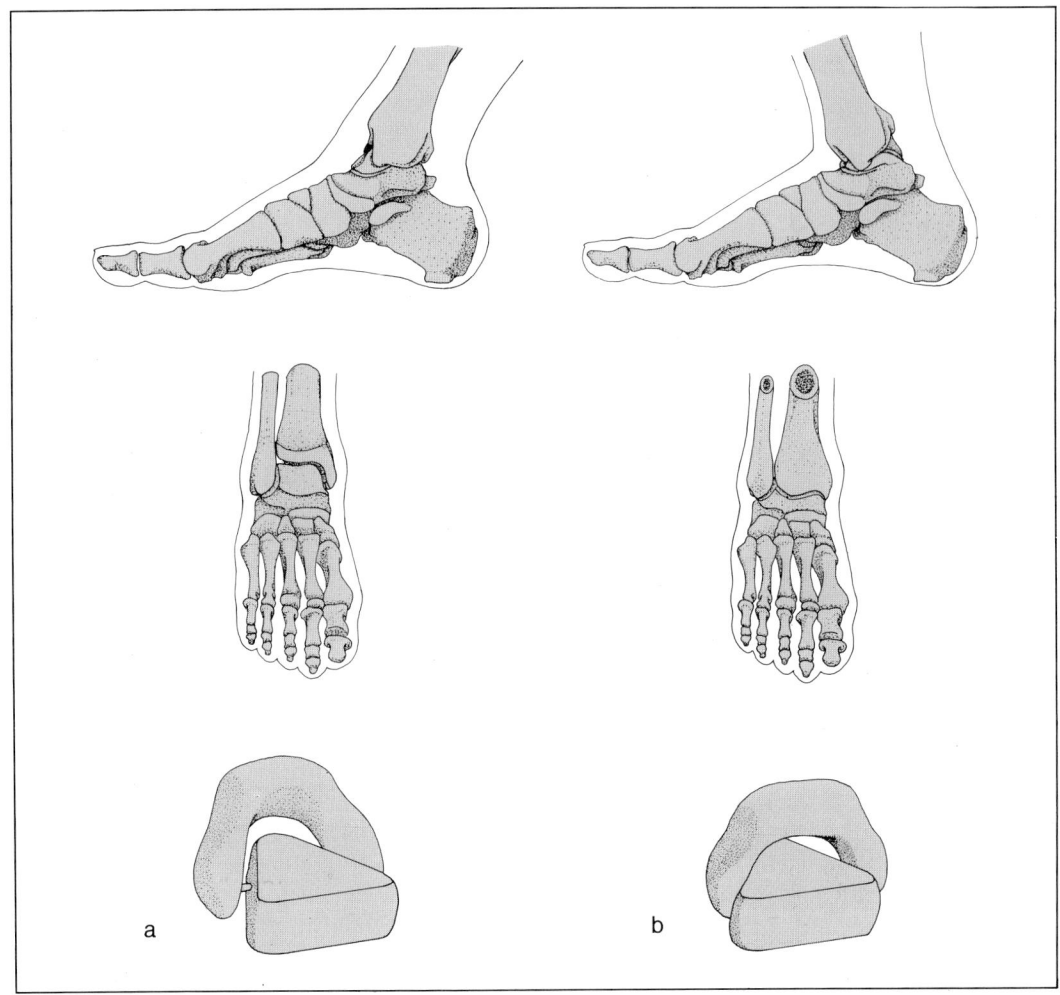

Abb. 113 Der Fixierungsmechanismus des oberen Sprunggelenkes bei fortschreitender Annäherung des Unterschenkels zum Fußrücken. In Stellung (a) liegt noch ein gewisser Spielraum im oberen Sprunggelenk vor; in Stellung (b) ist der Winkelhebel des Fußes voll belastet, d. h. er wird fixiert.

(malleolus medialis et lateralis) und bilden die sogenannte „Malleolengabel". Dieses Scharniergelenk, das nur Beuge- und Streckbewegungen zuläßt, weist dabei im Bau der Gelenkrolle des Sprungbeines eine Besonderheit auf: Um den Fuß als Winkelhebel im Moment des Abrollens über das Standbein ausreichend zu stabilisieren, wird die Malleolengabel durch die sich nach vorne verbreiternde Gelenkrolle des Sprungbeines (vgl. Abb. 113) beim Abrollen zunehmend eingeklemmt und damit fixiert. Je mehr sich der Unterschenkel dem Fußrücken nähert, desto fester wird die Gelenkbindung, je weiter er sich von ihm entfernt, desto lockerer wird sie.

Daß es jedoch überhaupt zu einer derartig stabilen Bindung zwischen Malleolengabel und Gelenkrolle kommen kann, ist nur möglich, weil eine außergewöhnlich feste

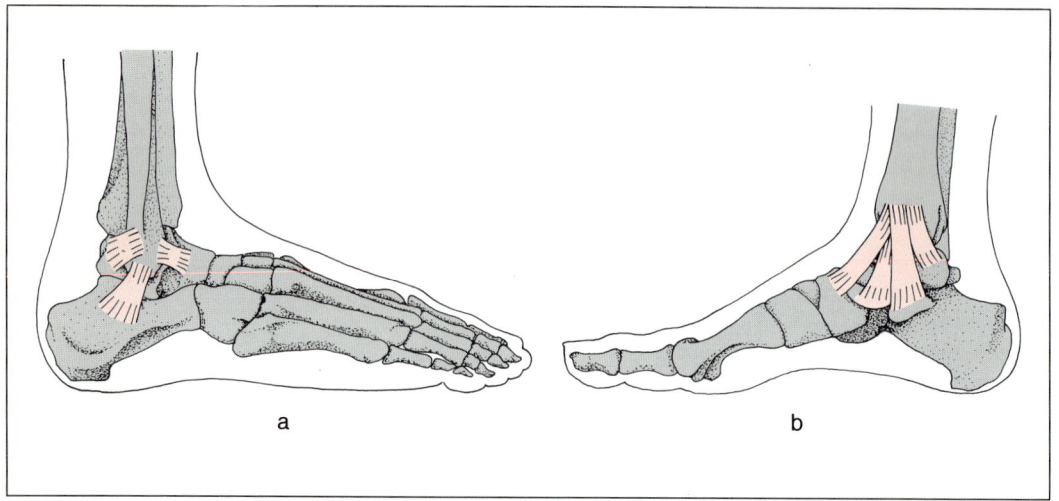

Abb. 114   a) Die äußeren (fibularen) und b) die inneren (tibialen) Seitenbänder des oberen Sprunggelenks.

Zwischenknochenmembran (membrana interossea) zwischen Schien- und Wadenbein ausgespannt ist, die den nötigen Zusammenhalt für die Malleolengabel garantiert.

Für die weitere Sicherung des oberen Sprunggelenks, das vorne und hinten nur mit einer schlaffen Gelenkkapsel versehen ist, sorgt ein kräftiger Bandapparat, der durch das innere und äußere Kollateralband gebildet wird. Der Verlauf der Bänder ist gefächert, so daß in jeder Gelenkstellung ein Teil des Bandes angespannt ist und damit gelenkstabilisierend wirken kann (Abb. 114).

Das untere Sprunggelenk

Das *untere Sprunggelenk* wird von zwei anatomisch völlig getrennten Gelenken gebildet, die aber funktionell eine Einheit darstellen. Dadurch, daß das Sprungbein zum einen vorne mit dem Kahnbein artikuliert bzw. auf dem Fersenbein aufliegt, kommt es zur Ausbildung eines *vorderen* (art. talocalcaneonavicularis) und *hinteren* (art. subtalaris) unteren Sprunggelenks.

Das *untere Sprunggelenk* ermöglicht Drehbewegungen um eine schräg von medial-oben-vorne nach lateral-unten-hinten durch die Fußwurzel verlaufende Achse. Dabei wird die Einwärtsdrehung des Fußes (Heben des äußeren Fußrandes) als Pronation, die Auswärtsdrehung (Heben des inneren Fußrandes) als Supination bezeichnet.

> Die Supinations- und Pronationsbewegungen haben insbesondere den Zweck, die Fußstellung einem unterschiedlichen Bodenprofil so anzupassen, daß eine größtmögliche Auflagefläche erreicht und damit ein Höchstmaß an Kontaktstabilität gesichert wird.

Das vordere untere Sprunggelenk weist noch eine im Zusammenhang mit Fußschwächen wichtige Besonderheit auf: Wie die Abbildungen 112 bzw. 115 zeigen, befindet sich zwischen den gegenüberliegenden Gelenkflächen des Kahn- und Fersenbeines eine Lücke, die durch das Pfannenband (lig. calcaneonaviculare plantare) geschlossen wird. Bei endogener

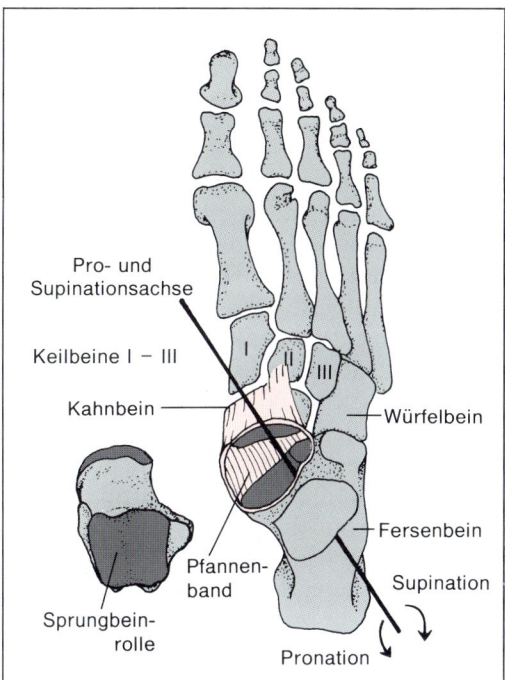

Pro- und
Supinationsachse

Keilbeine I – III

Kahnbein

Würfelbein

Fersenbein

Pfannen-
band

Supination

Sprungbein-
rolle

Pronation

**Abb. 115   Aufsicht auf das untere Sprunggelenk (bei
Entfernung des Sprungbeines) und Darstellung der
Supinations-/Pronationsachse des unteren
Sprunggelenks.**

Bänderschwäche bzw. bei Dauerüberla-
stung wird dieses Band unter Umständen
so überdehnt, daß der Sprungbeinkopf
nach medial absinken und es zur Senkung
des Fußlängsgewölbes und damit zur
Ausbildung eines Plattfußes kommen
kann.

Die Muskulatur des Fußes

Der Funktion des Fußes entsprechend,
unterscheidet man zum einen Muskeln, die
vor allem statische Aufgaben zu erfüllen
haben – Verspannung von Längs- und
Quergewölbe im Dienste der Druckamortisierung –, zum anderen solche, die
überwiegend der Fortbewegung dienen.
Auf die Aufzählung bzw. Beschreibung der
im Bereich des Fußes gelegenen kurzen

Fußmuskeln – ihre Gliederung entspricht
der der Hand, nur steht bei ihnen nicht die
Beweglichkeit, sondern die Statik im Vordergrund – soll zugunsten der für die
Fortbewegung wichtigen Muskeln verzichtet werden.

Muskeln der Unterschenkelrückseite

Da der aufrechte Gang eine kräftige Entwicklung der Wadenmuskulatur erfordert
– sie hat gegen das gesamte Körpergewicht zu arbeiten –, ist beim Menschen ein
deutliches Überwiegen der Beugemuskulatur – sie „streckt" den Fuß – gegenüber
der Streckmuskulatur festzustellen. Während die Strecker in einer einzigen Muskelloge an der Vorderseite des Unterschenkels
zu finden sind, besitzen die Beuger eine
oberflächliche und eine tiefe Muskelloge.

Die oberflächliche Beugerloge

– M. triceps surae (dreiköpfiger Waden-
muskel)

Dieser Muskel setzt sich aus zwei verschiedenen Anteilen bzw. Muskeln zusammen,
nämlich dem m. gastrocnemius und dem
darunterliegenden m. soleus.

– M. gastrocnemius (Zwillingswadenmuskel) (Abb. 116)

Ursprung: Medialer bzw. lateraler Gelenkknorren des Schenkelbeines (medialer bzw.
lateraler Kopf).

Ansatz: Mittels der Achillessehne am
Fersenhöcker (tuber calcanei).

Innervation: n. tibialis.

Funktion: Entsprechend seiner überwiegenden Schnellkraftfunktion ist dieser
Muskel vor allem aus schnellzuckenden
FT-Fasern aufgebaut (vgl. S. 33). Der m.
gastrocnemius ist in entscheidendem Maße

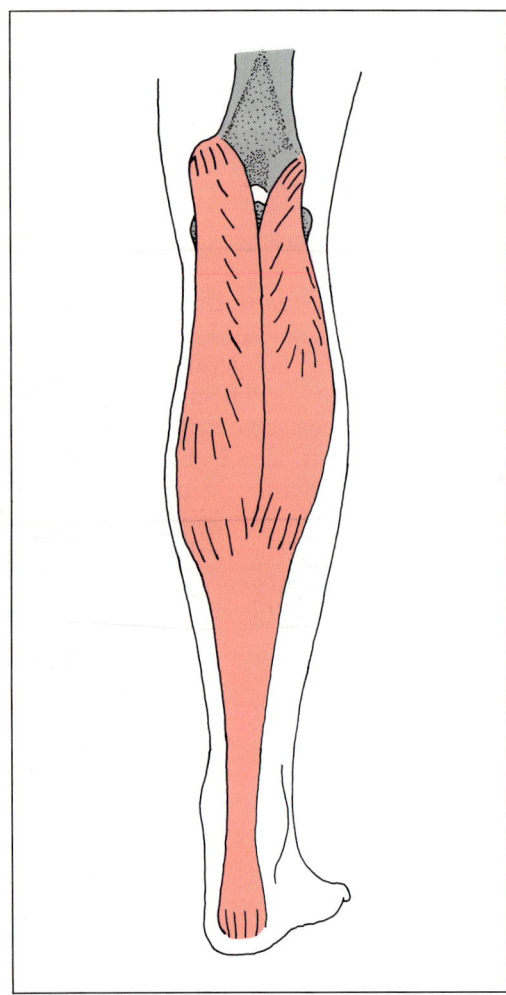

Abb. 116 M. gastrocnemius.

an der Plantarflexion beteiligt und spielt somit eine wichtige Rolle beim Laufen und Springen, da er die Ferse vom Boden abhebt und für einen kräftigen Abdruck aus dem Fußgelenk sorgt. Neben seiner zusätzlich supinierenden Wirkung beugt dieser zweigelenkige Muskel auch noch das Kniegelenk (Spielbein).

Die zweigelenkige Wirkungsweise dieses Muskels birgt einen für die sportliche Leistungsfähigkeit (vor allem für die Sprünge) wichtigen Mechanismus. Die

beim Gehen, Laufen und Springen vorliegende Streckung des einen (Kniegelenk) bzw. Beugung des anderen Gelenkes (oberes Sprunggelenk) schreibt dem Muskel stets eine mittlere Länge vor. Die Plantarflexion des technisch guten Sprinters oder Springers erfolgt demnach jeweils erst bei voller Kniestreckung — hier weist der Muskel eine gute Vordehnung auf —, nicht aber bei unvollständiger Kniestreckung, da hier die Kontraktionsfähigkeit des Muskels eine Minderung erfährt. Die Bedeutung dieses Vordehnungsmechanismus verdeutlicht eine Standardübung aus der Skigymnastik: Das Gehen in der tiefen Hocke mit plantarflektiertem Fuß ist u. a. deshalb besonders erschwert, weil die starke Kniegelenksbeugung dem *m. ga-strocnemius* keinerlei Vordehnung vermittelt.

— *M. soleus* (Schollenmuskel) (Abb. 117)

Ursprung: Wadenbeinköpfchen (caput fibulae) und Hinterfläche des Waden- und Schienbeines.

Ansatz: Mittels der Achillessehne am Fersenhöcker.
Innervation: n. tibialis.

Funktion: Aufgrund des gleichen Ansatzes hat dieser Muskel ebenso wie der *m. ga-strocnemius* vor allem plantarflektierende Funktion. Allerdings entwickelt er eine geringere Kontraktionskaft als dieser und spielt daher weniger bei den Maximal-bzw. Schnellkraftdisziplinen als bei den Ausdauerübungen eine Vorzugsrolle. Der Muskel ist deshalb auch überwiegend aus langsam zuckenden ST-Fasern aufgebaut (s. S. 33)

Die tiefe Beugerloge
Die tiefe Schicht der Flexoren wird von medial nach lateral vom *m. flexor digitorum longus, m. tibialis posterior* und *m. flexor hallucis longus* gebildet (Abb. 118).

Einen Eindruck von der außer-
gewöhnlichen Dynamik im
Fechtsport vermittelt diese
Angriffsszene anläßlich der
Deutschen Meisterschaften.

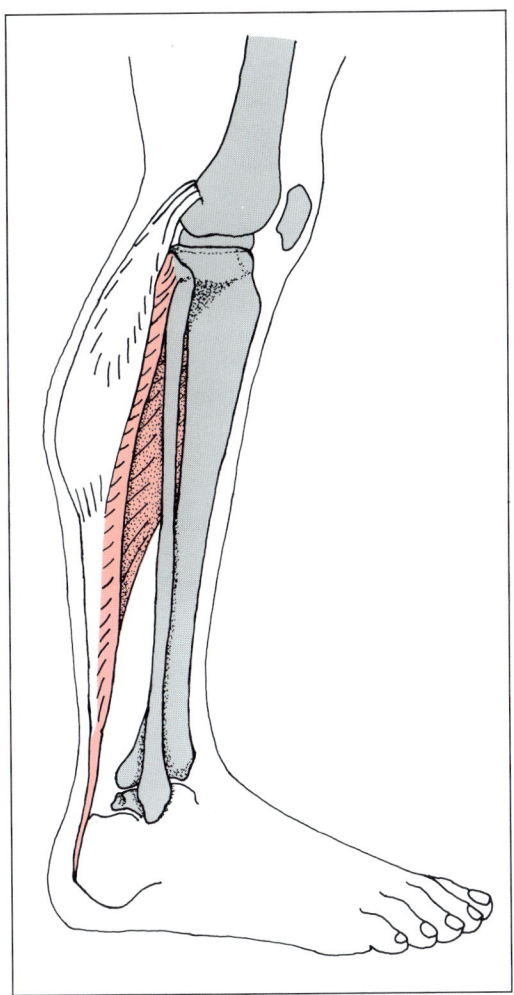

Abb. 117   M. soleus.

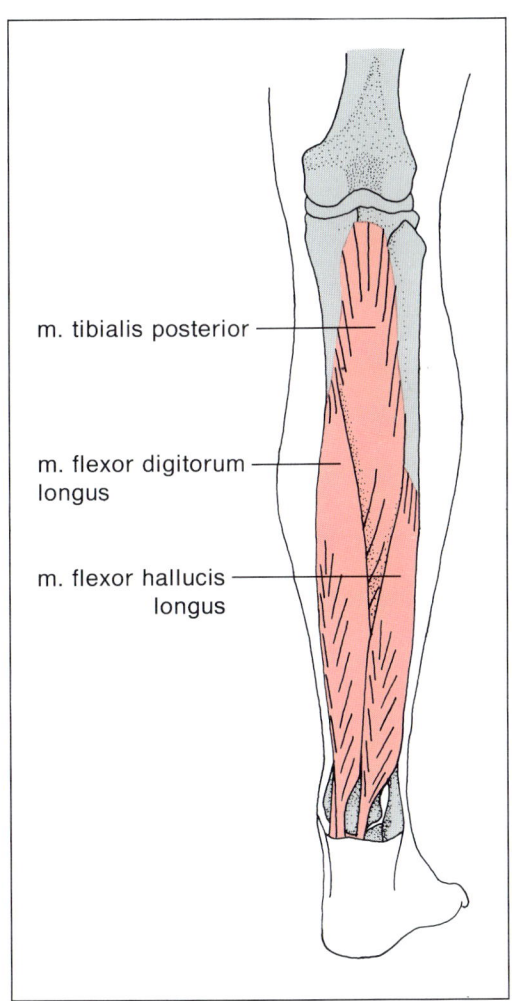

m. tibialis posterior

m. flexor digitorum
longus

m. flexor hallucis
longus

Abb. 118   Die tiefe Flexorenschicht des
Unterschenkels.

— *M. flexor digitorum longus* (langer Zehenbeuger)

Ursprung: Schienbeinrückseite.

Ansatz: Endphalangen der Zehen II — V.

Innervation: n. tibialis.

Funktion: Dieser Muskel vereinigt in sich *dynamische* und *statische* Funktionen. Er bewirkt zum einen die Beugung der Zehen

II — V, unterstützt im oberen Sprunggelenk die Plantarflexion und hilft im unteren bei der Supination des Fußes mit; zum anderen ist er an der Stützung des Längsgewölbes beteiligt.

— *M. tibialis posterior* (hinterer Schienbeinmuskel)

Ursprung: Hinterfläche des Schien- und Wadenbeines,   Zwischenknochenmembran.

Ansatz: Kahnbein, Keilbeine und Basis des Mittelfußknochens I.

Innervation: n. tibialis.

Funktion: Der Muskel unterstützt im oberen Sprunggelenk die Plantarflexion, im unteren die Supination. Außerdem ist er an der Stützung des Fußlängsgewölbes beteiligt.
Der *m. tibialis posterior* ist für die Aufrechterhaltung des Längsgewölbes besonders wichtig, da seine Sehne unter dem Sprungbeinkopf hindurch und fächerartig zur Unterseite von Kahnbein und medialem Keilbein zieht. Er setzt somit am höchsten Punkt der Gewölbekonstruktion an und verhindert über seine aktive Verspannung das Absinken des Fußgewölbes bzw. das Abgleiten des Sprungbeinkopfes nach medial (vgl. S. 126).

— *M. flexor hallucis longus* (langer Großzehenbeuger)

Ursprung: Wadenbein, Zwischenknochenmembran und hinteres Zwischenmuskelseptum.

Ansatz: Endphalanx der Großzehe.

Innervation: n. tibialis.

Funktion: Der Muskel wirkt im oberen Sprunggelenk an der Plantarflexion mit und beugt die Großzehe; darüber hinaus hilft er bei der Stützung des Längsgewölbes mit.

> Die Unterstützung des Längsgewölbes durch den *m. flexor hallucis longus* ist von besonderer Bedeutung, da der Muskel unter dem bereits erwähnten Sustentaculum des Sprungbeines (s. S. 124) hindurchzieht und dieses unterfängt: er arbeitet damit der Tendenz des Fersenbeines entgegen, nach innen zu knicken;

> diese Innenknickneigung des Fersenbeines wird dadurch bewirkt, daß die Belastungslinie des Fußes das Sprung- und Fersenbein etwas medial vom hinteren Stützpunkt des Fußlängsgewölbes trifft.

Zusammenfassend läßt sich feststellen, daß die oberflächlichen und tiefen Flexoren alle in mehr oder weniger ausgeprägter Form an der Plantarflexion im oberen bzw. an der Supination im unteren Sprunggelenk beteiligt sind.

Muskeln der Unterschenkelvorderseite

— *M. tibialis anterior* (vorderer Schienbeinmuskel (Abb. 119)

Ursprung: Schienbeinvorderfläche und Zwischenknochenmembran.

Ansatz: Mediales Keilbein und Basis des ersten Mittelfußknochens.

Innervation: n. peronaeus profundus.

Funktion: Der *m. tibialis anterior* führt den Fuß dorsalwärts, hebt den inneren Fußrand (Supination) und unterstützt das Fußgewölbe. Zusammen mit dem *m. peronaeus longus* bildet er den sogenannten Steigbügel (s. S. 134). Bei fixiertem Fuß (Standbein) zieht er den Unterschenkel nach vorne und wird daher besonders beim sportlichen Gehen bzw. beim Skilaufen beansprucht.

— *M. extensor digitorum longus* (langer Zehenstrecker) (Abb. 119)

Ursprung: Schien- und Wadenbein, Zwischenknochenmembran.

Ansatz: Dorsalaponeurose der Zehen II – V.

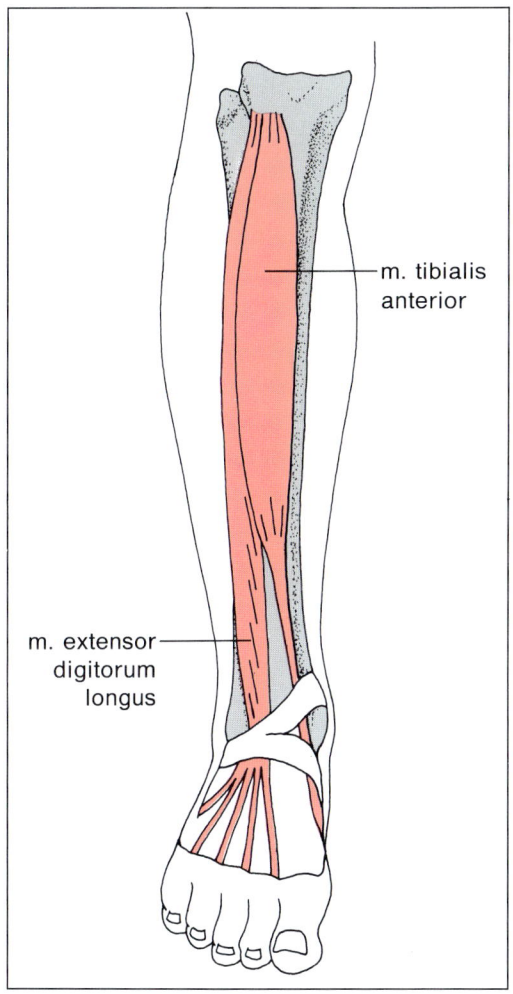

m. tibialis
anterior

m. extensor
digitorum
longus

Abb. 119 M. tibialis anterior und m. extensor digitorum longus.

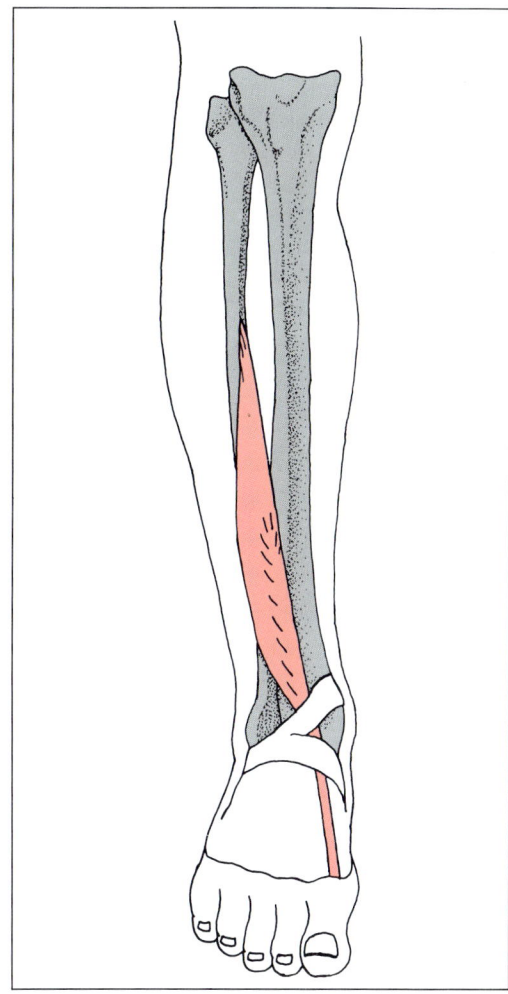

Abb. 120 M. extensor hallucis longus.

Innervation: n. peronaeus profundus.

Funktion: Dorsalextension des Fußes und Zehenstreckung. Im unteren Sprunggelenk unterstützt er die Pronation.

– *M. extensor hallucis longus* (langer Großzehenstrecker) (Abb. 120)

Ursprung: Wadenbein, Zwischenknochenmembran.

Ansatz: Dorsalaponeurose der Großzehe.
Innervation: n. peronaeus profundus.

Funktion: Dorsalextension des Fußes und Streckung der Großzehe; bei fixiertem Fuß unterstützt er wie die beiden vorhergehenden Muskeln den Abstoß des Fußes durch das Heranziehen des Unterschenkels zum Fuß.
Beachte: Aufgrund des Winkelhebels Unterschenkel-Fuß und der damit verbunde-

nen rechtwinkligen Abknickung benötigen die Muskeln der Vorderseite für ihre Sehnen ein Halteband, das das Abheben von der Unterlage bei der Kontraktion verhindert: Die Extensoren werden aus diesem Grunde im Bereich des distalen Unterschenkels bzw. in Höhe der Sprunggelenke durch zwei Bänder, das obere bzw. untere Streckerband (retinaculum mm. extensorum superius et inferius) fixiert.

Zusammenfassend läßt sich feststellen, daß die Muskeln der Unterschenkelvorderseite im oberen Sprunggelenk an der Dorsalextension, im unteren Sprunggelenk größtenteils an der Pronation beteiligt sind.

Die seitlichen Unterschenkelmuskeln

— *M. peronaeus (fibularis) longus* (langer Wadenbeinmuskel) (Abb. 121)

Ursprung: Außenseite des Wadenbeins, Muskelscheidewände.

Ansatz: Mediales Keilbein und Rauhigkeit des ersten Mittelfußknochens.

Innervation: n. peronaeus superficialis.

Funktion: Im oberen Sprunggelenk hat der Muskel plantarflektierende, im unteren pronierende Wirkung. Zusammen mit dem *m. tibialis anterior* bildet er den sogenannten Steigbügel, dessen Bedeutung für die Aufrechterhaltung des Fußquer- bzw. Längsgewölbes aber umstritten ist.

— *M. peronaeus brevis* (kurzer Wadenbeinmuskel)

Ursprung: Außenseite des Wadenbeins, Muskelscheidewände.

Ansatz: Rauhigkeit des fünften Mittelfußknochens.

Innervation: n. peronaeus superficialis.

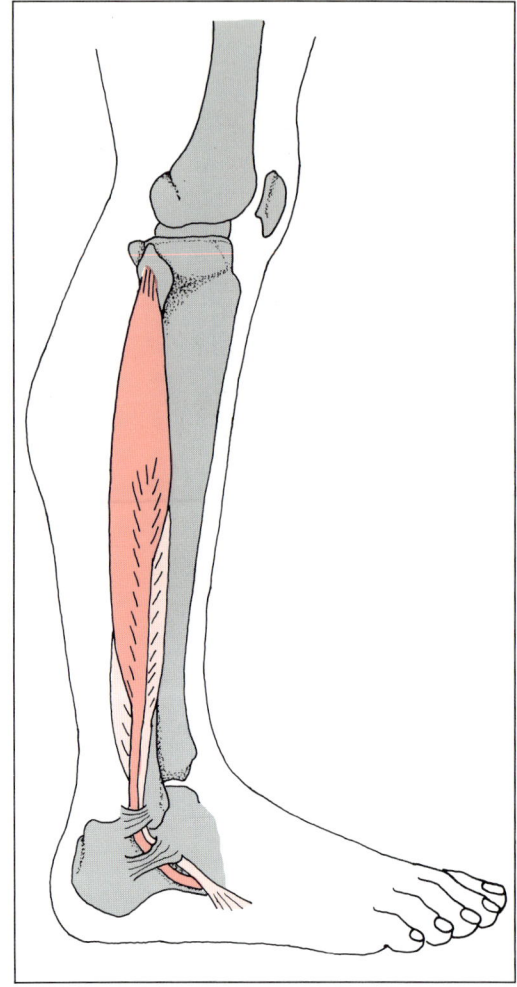

Abb. 121   M. peronaeus longus (dunkelrot) und m. peronaeus brevis (hellrot).

Funktion: Die dynamische Funktion entspricht der des *m. peronaeus longus*.

4 Analyse von einfachen Rumpf- und Extremitätenbewegungen

Vorbemerkung

Die Absicht der nachfolgenden Ausführungen ist es, zu einem schnellen Erfassen des anatomischen Substrates einfacher Bewegungen zu führen. Es soll dabei in stark schematischer und vereinfachter Form die leistungsbestimmende Muskulatur herausgearbeitet werden, um im Training die erforderliche Arbeitsmuskulatur durch ein spezielles Krafttraining stärken zu können. In diesem Sinne sind auch die häufig verwendeten Zahlenangaben — sie entstammen den Berechnungen von *Lanz* und *Wachsmuth* — zu verstehen; sie haben den Sinn, dem Laien die Gewichtung der an der Bewegung beteiligten Muskeln zu verdeutlichen. Der Autor ist sich dabei bewußt, daß ein derartiges Vorgehen die Komplexität der Vorgänge einer jeden Bewegung extrem simplifiziert; er nimmt diesen Nachteil aber aufgrund des Vorteils der schnellen Übersichtsinformation in Kauf.

Absicht dieses Teiles ist es demnach, eine Brücke von der „abstrakten" Anatomie, die meist nur als Lernstoff ohne Realitätsbezug empfunden wird, zur sportlichen Alltagspraxis zu schlagen.

Analyse einfacher Bewegungsabläufe

Einfache Rumpfbewegungen

Rumpfbeugen vorwärts

Das Ausmaß der Bewegungsamplitude bei der Rumpfbeuge vorwärts ist abhängig von der Dehnungsfähigkeit der Antagonisten und des Bandapparates der Wirbelsäule bzw. der Beweglichkeit der kleinen Wirbelgelenke sowie der Kraft der an der Bewegung beteiligten Agonisten.

Im Stehen fällt der Rumpf, der Schwerkraft folgend, nach vorne, bis sich ein Gleichgewicht zwischen dem Tonus der rumpfaufrichtenden Muskulatur, hier vor allem des *m. erector spinae*, und der Schwerkraft eingestellt hat. Bei der nachfolgenden Weiterführung der Bewegung werden die gleichen Muskeln beansprucht wie beim Rumpfaufrichten aus der Rückenlage.

Beteiligte Muskeln (Abb. 122)
- *M. rectus abdominis*
- *M. obliquus externus abdominis*
- *M. obliquus internus abdominis*
sowie die Hüftbeuger:
- *M. rectus femoris*
- *M. iliopsoas*
- *M. tensor fasciae latae*
- *M. sartorius u. a.*

Beachte: Bei gebeugtem Knie- und Hüftgelenk wird vor allem die Mitarbeit der *mm. rectus femoris* und *iliopsoas* durch die verminderte Vordehnung und die verkürzten Hebel erschwert; diese Übungsausführung beansprucht demnach in besonderem Maße die Bauchmuskulatur!

Rumpfbeugen rückwärts

Beim Rumpfbeugen rückwärts aus dem Stand wird die Beugung nach hinten durch die Bauchmuskeln abgefangen bzw. durch ihre Dehnfähigkeit limitiert. Desgleichen spielt die Elastizität des Bandapparates der Wirbelsäule bzw. des Hüftgelenks (hier insbesondere die des lig. iliofemorale) bzw. die Beweglichkeit der kleinen Wirbelgelenke eine wichtige Rolle. Aktiv durchgeführt wird das Rumpfbeugen rückwärts durch die Kontraktion der Rückenstreckmuskulatur.

Beteiligte Muskeln (Abb. 123)
- *M. erector spinae*
- *Mm. latissimus dorsi* und *trapezius* (sie nehmen die Schultern zurück)
- *M. glutaeus maximus* und *mm. ischiocrurales* (sie überstrecken das Hüftgelenk).

Rumpfbeugen seitwärts

Beim Stehen erfolgt das Rumpfseitbeugen zuerst allein durch die Schwerkraft, wobei die Antagonisten durch ihren Tonus diese Seitneigung dämpfend abfangen. Erst bei der Einnahme von „Extrempositionen" tritt die Arbeit der Agonisten in den Vordergrund.

Beteiligte Muskeln (Abb. 124)
An der Rumpfvorderseite:
- *M. rectus abdominis*
- *M. obliquus externus abdominis*
- *M. obliquus internus abdominis*

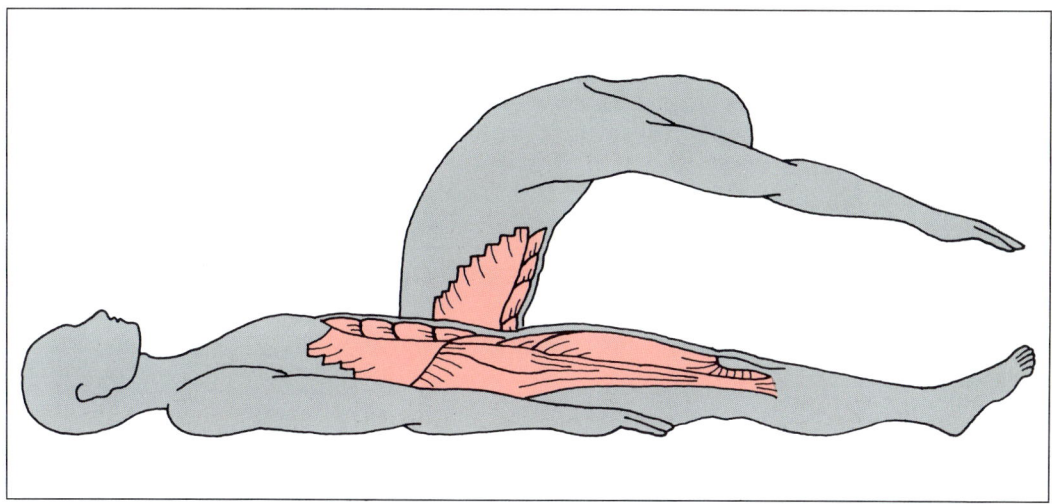

Abb. 122   Muskelbeteiligung beim Rumpfbeugen vorwärts.

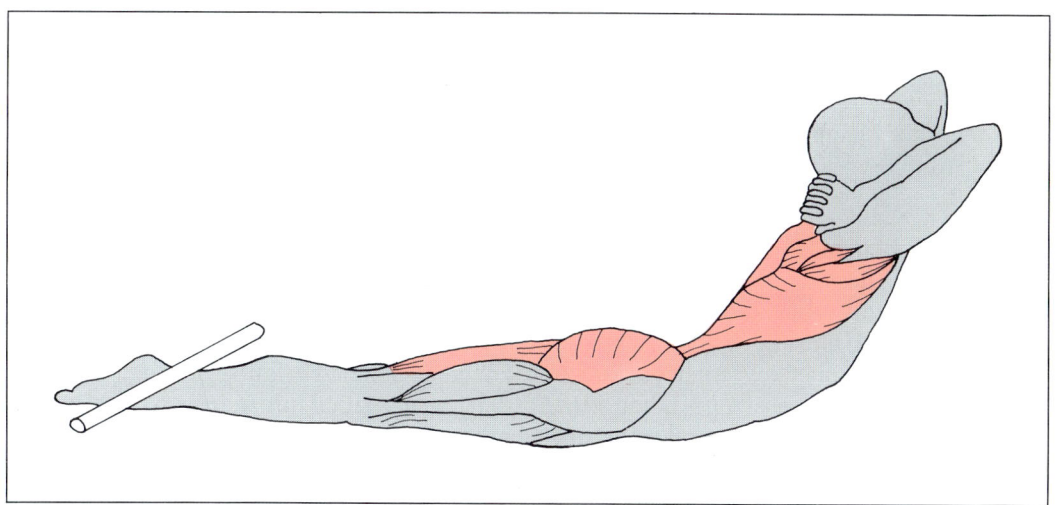

Abb. 123   Muskelbeteiligung beim Rumpfbeugen rückwärts.

– *M. iliopsoas* (in der Tiefe gelegen)
– *M. pectoralis major* (er zieht die Schulter zur Kontraktionsseite nach unten).
An der Rumpfrückseite:
– *M. erector spinae* (in Abb. 124b von den mm. trapezius und latissimus dorsi bedeckt)
– *M. quadratus lumborum*
– *M. latissimus dorsi* und *m. trapezius*

(aufsteigender Teil); sie ziehen zusammen mit einigen anderen, am Schultergelenk ansetzenden Muskeln, die Schulter zur Kontraktionsseite.
Das Rumpfbeugen seitwärts wird durch die einseitige Kontraktion der genannten Muskeln ermöglicht.
Sonderform des Rumpfbeugen seitwärts: Aufbiegen des Rumpfes aus der Seitlage,

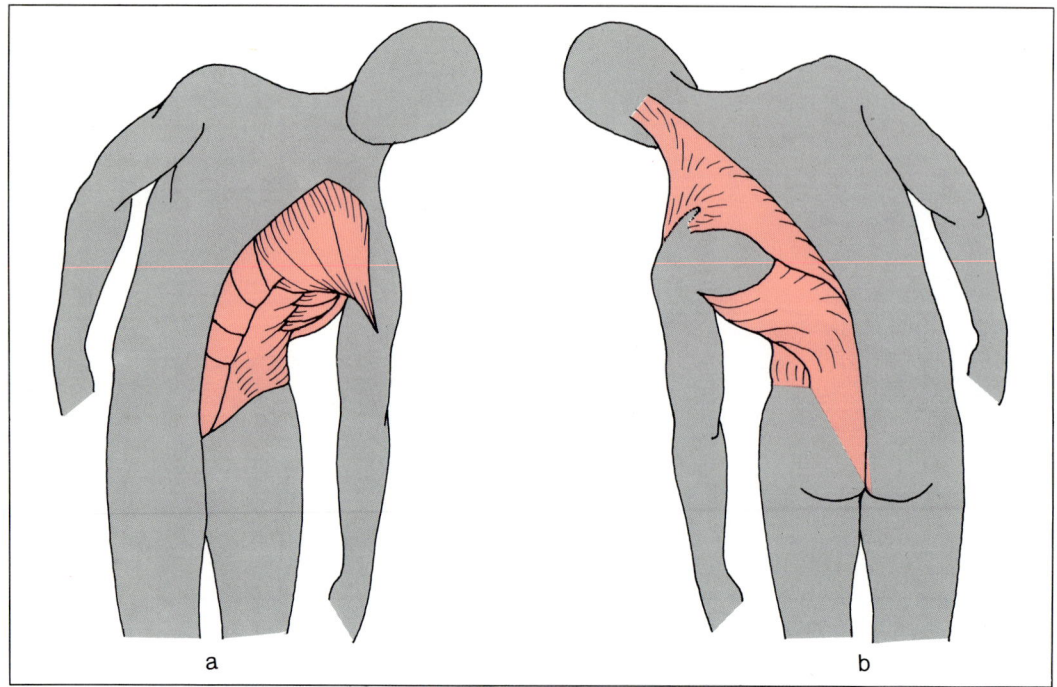

Abb. 124   Muskelbeteiligung beim Rumpfbeugen seitwärts. a) Rumpfvorderseite. b) Rumpfrückseite.

bei fixierten Beinen. Bei dieser Bewegung helfen für die Beckenhebung alle diejenigen Muskeln mit, die an der Darmbeinschaufel ihren Ursprung haben und im Bereich des Oberschenkels oder proximalen Unterschenkels ansetzen. Über eine Umkehr von punctum fixum und punctum mobile der an der Abduktion beteiligten Muskeln kommt es zur kontraktionsseitigen Beckenhebung und damit Unterstützung des seitlichen Rumpfaufbiegens.
Beteiligte Muskeln:

– *Mm. glutaeus medius, minimus et maximus* (Tractusansatz)
– *M. rectus femoris*
– *M. tensor fasciae latae*
– *M. iliopsoas*

Beim Turnen findet man eine vergleichbare Bewegungskombination von Rumpfseitbeugen und Abduktion im Hüftgelenk beim Scheren im Seitpferdturnen.

Rumpfdrehen zur Seite

Die Drehbewegung des Rumpfes erfolgt durch die Aneinanderreihung von Muskelzügen gleicher Verlaufsrichtung. Es handelt sich dabei um eine Art Muskelschraube (*Benninghoff*) bzw. Muskelschlinge (*Tittel*), die den Rumpf seitwärts dreht. An der Rückseite verläuft sie bei einer Drehung nach links von der linken Hals- über die linke Schulter- und Rumpfseite fortlaufend weiter bis nach vorne zur schrägen äußeren Bauchmuskulatur rechts bzw. schrägen inneren links.

Beteiligte Muskeln (dargestellt am Beispiel der Rumpfdrehung nach links!)
Rumpfvorderseite
– *M. obliquus externus abdominis dexter*
– *M. obliquus internus abdominis sinister* (da er die Zugrichtung des schrägen äußeren Bauchmuskels über die Sehnenplatte

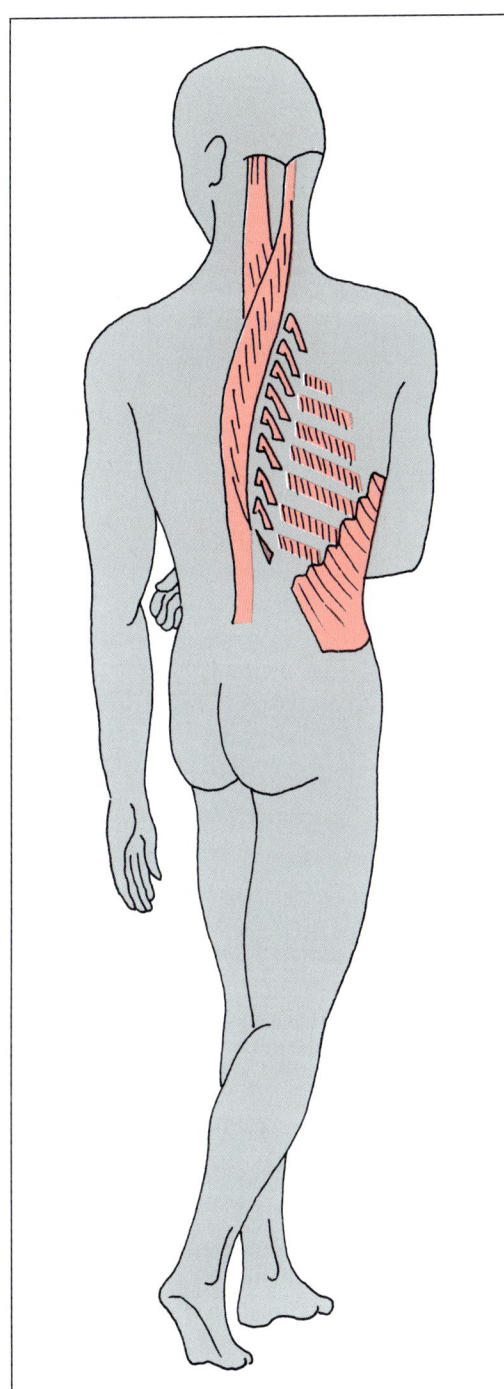

Abb. 125 Muskelbeteiligung bei der Rumpfdrehung seitwärts. Rumpfrückseite nach Entfernung der oberflächlichen Muskelschichten und des Schulterblattes (nach *Benninghoff*).

des *m. rectus abdominis* fortsetzt)
— *M. pectoralis major* dexter (zur Vornahme der rechten Schulter)
— *M. serratus anterior dexter* (Wirkung ähnlich dem vorhergehenden Muskel)
— *M. sternocleidomastoideus dexter* (zur Kopfdrehung)
Rumpfrückseite, von oben nach unten (Abb. 125)
— *M. splenius sinister* (zur Kopfdrehung)
— *M. transversospinalis*
— *Mm. levatores costarum*
— *Mm. intercostales externi* bzw. *interni* der rechten bzw. linken Seite
— *M. obliquus externus abdominis dexter* (s. Rumpfvorderseite)
Hinzu kommen die darüber bzw. oberflächlich liegenden Muskeln, die vor allem auf die Schulterdrehung wirken:
— *M. latissimus dorsi*, linker Anteil
— *M. trapezius*, linker Anteil
— *Mm. rhomboideus major et minor sin.*

Einfache Bewegungen der Oberen Extremität

Bei den nachfolgenden Extremitätenbewegungen werden die Muskeln stets nach ihrer ausgeübten Kontraktionskraft geordnet aufgezählt. Die in Klammern dahinter stehende Zahlenangabe in mkp zeigt die von *Lanz* und *Wachsmuth* errechneten Arbeitsmöglichkeiten (Drehmomente) des Muskels aus der Normalstellung. Beachte: Diese Zahlenangaben dienen ausschließlich als Orientierungshilfe bei der Beurteilung bewegungsrelevanter Muskeln; sie tragen nicht den variierenden Hebelverhältnissen bzw. den sich verändernden Zugkräften der Muskeln in den einzelnen Winkelstellungen Rechnung.

Anteversion
(aus der Normalstellung = Tiefhalte)
Die Anteversion umfaßt den Bewegungsausschlag von der Tiefhalte bis zur Vorhalte (waagrechte Armhaltung).

— *M. deltoideus* (9,9 mkp). Dieser Muskel leistet die Hauptarbeit!
Weiter helfen mit
— *M. biceps brachii,* kurzer Kopf (1,7 mkp)
— *M. supraspinatus* (1,4 mkp)
— *M. pectoralis major* (0,8 mkp)
— *M. infraspinatus* (0,8 mkp)
— *M. coracobrachialis* (0,7 mkp)
— *M. subscapularis* (0,6 mkp).

Die Gesamtarbeitsmöglichkeit der an der Anteversion beteiligten Muskeln, die wiederum nur mit bestimmten Anteilen zu der Bewegung beitragen, ergibt etwa 17 mkp. Man sieht, daß zwar der *m. deltoideus* die Hauptarbeit bei dieser Bewegung leistet, daß sich aber auch die kleinen Einzelbeiträge der restlichen Muskeln zu einer wichtigen Zusatzkraft summieren.

Elevation

Die Weiterführung des Armes aus der Vorin die Hochhalte wird als *Elevation* bezeichnet.

> Beachte: Diese Bewegung ist nur durch die Drehung des Schulterblattes möglich!

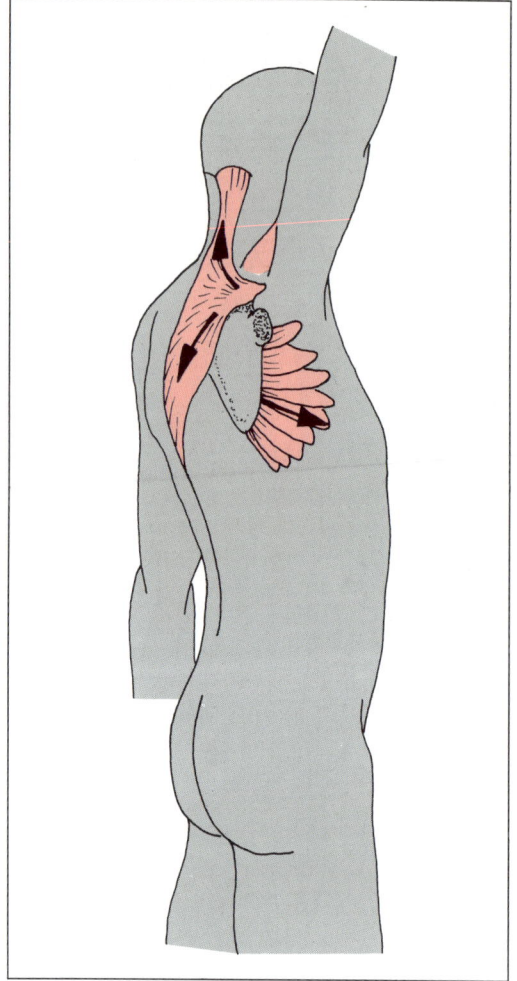

Abb. 126   Muskelbeteiligung bei der Elevation bzw. Drehung des Schulterblattes.

Beteiligte Muskeln (Abb. 126)
— *M. deltoideus*
Je höher der Arm gehoben wird, desto mehr Anteile des Muskels werden eingesetzt (vgl. S. 52 und Abb. 27).
— *M. serratus anterior*
Der Muskel zieht den unteren Schulterblattwinkel nach vorne und ermöglicht so die Hebung des Armes aus der Waagrechten zur Senkrechten.
— *M. trapezius*
Sein oberer Anteil unterstützt die Schulterblattdrehung durch das Nach-oben-Ziehen der Schulterhöhe, sein unterer Anteil durch das Nach-unten-Ziehen des oberen Schulterblattwinkels.
Der Ausfall eines einzigen dieser Muskeln macht eine vollständige Armhebung unmöglich.
Besonders plastisch treten diese Muskeln vor allem bei Gewichthebern hervor, da sie z.B. beim Reißen maximal angespannt werden.

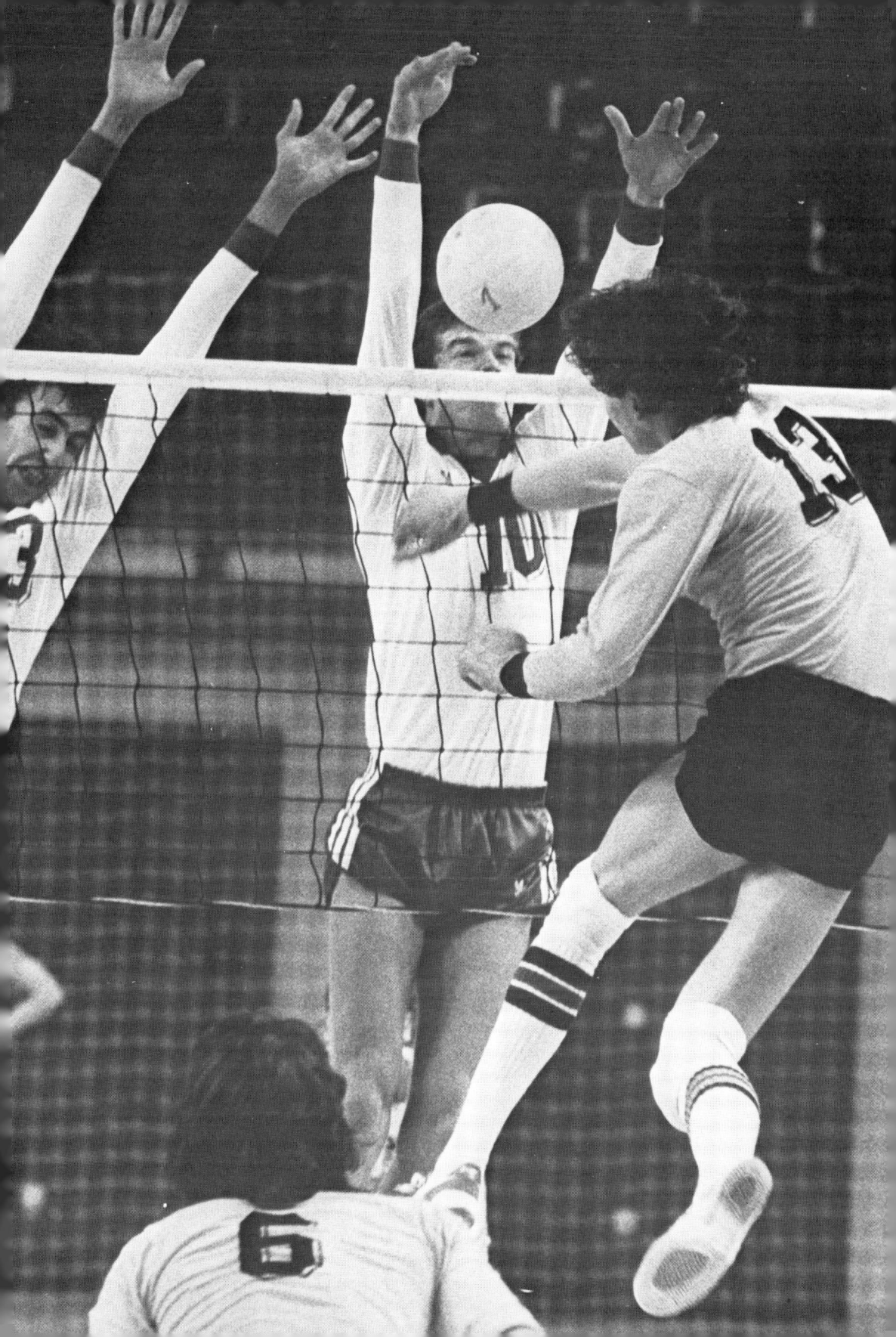

Volleyballbundesliga: Ein
Schmetterball von Schäfer (13)
wird von Bühner (10) und Rath
(3) abgeblockt.

Fixierung des Armes in der Hochhalte

Der Arm kann bei der Anteversion und nachfolgenden Elevation bis etwa zur Senkrechten geführt werden. Eine Weiterführung ist aufgrund der Knochenhemmung im Bereich der Schulterhöhe nicht möglich. Zur Fixierung des Armes in der Hochhalte (z. B. beim Handstand) trägt aber nicht nur diese Knochensperre, sondern vor allem die aktive Leistung der Muskeln bei. Es sind dies zum einen die Muskeln, die den Arm zur Senkrechten führen, zum anderen diejenigen, die ihn senken (s. dort). Es kommt demnach über die isometrische Anspannung von Agonisten und Antagonisten zu einer Fixierung der Armhochhalte.

Senken des Armes aus der Senkrechten

Im Stehen erfolgt diese Bewegung durch die Schwerkraft. Das dosierte Senken des Armes geschieht durch den stufenweise nachlassenden Tonus der armhebenden Muskulatur.
Bei Gegenzug (z. B. Schwungstemme am Reck) oder bei kraftvoller Beschleunigung dieser Aktion (z. B. bei allen Wurf- und Schlagbewegungen), beherrscht die Kraft der Armsenker dann vollständig die Bewegung. Der Tonus der vorher genannten Antagonisten ist dabei auf ein Minimum reduziert, um die Agonisten in ihrer Kraftentfaltung nicht zu behindern.

Beteiligte Muskeln
Von der Rumpfvorderseite bzw. vom Oberarm auf das Schultergelenk einwirkende Muskeln:
— *M. pectoralis major*
Dieser Muskel ist *der* Wurfmuskel überhaupt. Seine Hauptkraft entwickelt er bis etwa in den Bereich der Waagrechten.
— *M. triceps brachii,* langer Kopf
Der Muskel ist am gesamten Zugweg von der Senkrechten bis zur Tiefhalte beteiligt.

Von der Rumpfrückseite bzw. vom Schulterblatt auf das Schultergelenk einwirkende Muskeln:
— *M. latissimus dorsi*
Er ist zusammen mit dem *m. pectoralis major* der Wurf- und Zugmuskel!
— *Mm. teres major et minor*
Vor allem der *m. teres major* ist ein kräftiger Armsenker, der auf dem gesamten Beschleunigungsweg von oben nach unten hinten beteiligt ist (wichtig insbesondere beim Schwimmen u. ä.).
— *M. subscapularis*

Des weiteren wirken indirekt an dieser Bewegung all diejenigen Muskeln mit, die an der Rückdrehung des Schulterblattes beteiligt sind:
— *Mm. rhomboideus major et minor*
— *M. trapezius*
Der absteigende, am oberen Schulterblattwinkel ansetzende Anteil dieses Muskels wirkt hier antagonistisch zum aufsteigenden Anteil.

Retroversion des Armes
(aus der Normalstellung = Tiefhalte)

Beim Rückführen des Armes aus der Tiefhalte nach hinten handelt es sich um die Weiterführung der vorhergehenden Bewegung. Sie ist nur begrenzt und mit relativ geringer Kraft möglich und spielt z. B. beim Skilanglauf (Armeinsatz) oder Kraulschwimmen (am Ende der Druckbewegung und zu Beginn der Recoveryphase) eine Rolle.

Beteiligte Muskeln
— *M. deltoideus* (0,9 mkp)
— *M. subscapularis* (0,9 mkp)
— *M. teres major* (0,8 mkp)
— *M. latissimus dorsi* (0,3 mkp)
— *M. triceps brachii* (0,1 mkp)

Die Retroversion des Armes erfolgt vor allem durch die drei ersten aus dem Schulterbereich kommenden Muskeln. Zur Verbesserung ihrer Zugmöglichkeiten wird dabei der untere Schulterblattwinkel durch die *mm. rhomboideus major et minor* sowie den *m. trapezius* nach hinten gezogen.

Abduktion des Armes
(aus der Normalstellung = Tiefhalte)

Eine kräftige Abduktionsbewegung ist vor allem beim Gewichtheben in der Zugphase von Bedeutung.

Beteiligte Muskeln

— *M. deltoideus* (10,4 mkp)
Der akromiale Anteil dieses Muskels ist der Hauptträger dieser Bewegung.
— *M. infraspinatus* (2,7 mkp)
— *M. supraspinatus* (2,4 mkp)
— *M. biceps brachii,* langer Kopf (1,1 mkp)

Retroversion aus der Seithalte (Abduktionsstellung)

Bei der Rückführung des Armes aus der Seithalte (Gymnastik, Ausholbewegung beim Diskuswurf) wird — meist unter Außenkreiselung — einerseits der Arm zum Schulterblatt (vor allem durch *m. infraspinatus, m. teres minor* und *m. deltoideus*), andererseits das Schulterblatt zur Wirbelsäule (vor allem durch *m. trapezius* und *mm. rhomboideus major et minor*) bewegt.

Anteversion aus der Seithalte in die Vorhalte

Diese Bewegung kann mit außergewöhnlicher Kraft, wie z. B. beim Diskuswurf, durch den *m. pectoralis major* durchgeführt werden. Unterstützend wirken der vordere Anteil des *m. deltoideus*, der kurze Kopf des *m. biceps brachii* und der *m. coracobrachialis*.

Adduktion des Armes aus der Abduktionsstellung

> Das Heranführen der Arme aus der Seithalte zum Rumpf bzw. das Fixieren der Arme in der Seithalte bei gleichzeitigem Zug nach unten (wie z. B. beim Seitspannstütz im Ringeturnen [s. Abb. 146] ist die bei weitem kraftvollste Bewegung im Schultergelenk (Gesamtarbeitsmöglichkeit etwa 40 mkp).

Bei der Ausführung der Adduktionsbewegung muß das Schulterblatt bzw. der Schultergürtel durch den *m. trapezius,* die darunter liegenden *mm. rhomboideus major et minor*, den *m. serratus anterior* bzw. den *m. pectoralis minor* am Thorax fixiert werden, um eine feste Zugbasis für die von hier entspringenden Muskeln zu gewährleisten.

Beteiligte Muskeln
Von der Rumpfvorderseite bzw. vom Schultergürtel auf das Schultergelenk einwirkende Muskeln:
— *M. pectoralis major* (11,8 mkp)
— *M. triceps brachii* (8,5 mkp)
Neben diesen beiden Hauptagonisten wirken weiter mit:
— *M. deltoideus* (3,4 mkp)
— *M. biceps brachii,* kurzer Kopf (2,1 mkp)
— *M. coracobrachialis* (2,0 mkp) .
Von der Rumpfrückseite bzw. vom Schulterblatt auf das Schultergelenk einwirkende Muskeln:
— *M. teres major* (7,3 mkp)
— *M. latissimus dorsi* (5,5 mkp)
— *M. subscapularis* (1,0 mkp)

Innenrotation des Armes aus der Normalstellung

Diese Bewegung ist vor allem in den Kampfsportarten (Ringen, Judo) bzw.

beim Fechten oder Schwimmen (beim Übergang von der Zug- in die Druckphase im Kraul-, Rückenkraul- und Delphinschwimmen) von Bedeutung.

Beteiligte Muskeln
— *M. subscapularis* (3,3 mkp)
Dieser Muskel stellt den kräftigsten Innenkreisler des Oberarmes dar!
— *M. pectoralis major* (1,0 mkp)
— *M. biceps brachii,* langer Kopf (1,0 mkp)
— *M. teres major* (0,8 mkp)
— *M. deltoideus,* vorderer Anteil (0,3 mkp)
— *M. latissimus dorsi* (0,3 mkp)

Die Außenrotation des Armes
(aus der Normalstellung)

Die Außenkreiselung ist ebenfalls bei den Kampfsportarten, beim Fechten und beim Brustschwimmen (beim Übergang von der Zug- in die Druckphase) von Bedeutung.

Beteiligte Muskeln
— *M. infraspinatus* (2,5 mkp)
Dieser Muskel ist der Hauptträger der Außenrotation des Oberarmes.
— *M. deltoideus,* hinterer Anteil (0,4 mkp)
— *M. teres minor* (0,3 mkp)
Die Gesamtarbeitsmöglichkeit der Außenkreisler ist etwa halb so groß wie die der Innenkreisler. Aus diesem Grunde ist der herabhängende Arm leicht nach innen rotiert, weil der Tonus der Innenrotatoren überwiegt.

Die Beugung des Armes im Ellbogengelenk

Die Beuger spielen bei allen Trage-, Zug- und Kletterbewegungen eine wichtige Rolle.

Beteiligte Muskeln
— *M. biceps brachii* (4,8 mkp)

— *M. brachialis* (3,8 mkp)
— *M. brachioradialis* (1,9 mkp)
— *M. pronator teres* (1,2 mkp)
— *M. extensor carpi radialis longus* (1,2 mkp)
Hinzukommen weitere Muskeln, die zum Handgelenk ziehen und als Nebenwirkung eine ellenbogenbeugende Komponente besitzen (zusammen 0,9 mkp).
Die Armbeuger haben in der Supinations(Kammgriff) bzw. Pronationsstellung (Ristgriff) unterschiedlich gute Arbeitsmöglichkeiten: während der *m. biceps brachii* und der unter ihm liegende *m. brachialis* am besten in Supinationsstellung arbeiten, entwickelt der *m. coracobrachialis* in der Mittel- und Pronationsstellung sein Kraftoptimum.

Die Streckung des Armes im Ellbogengelenk

Beteiligte Muskeln
— *M. triceps brachii* (8,5 mkp)
— *M. anconeus* (0,8 mkp)
Hauptstrecker des Ellbogengelenks sind die beiden kurzen Trizepsköpfe (6,1 mkp), die allein auf das Ellbogengelenk wirken, sowie der lange Trizepskopf, der auch noch im Schultergelenk wirksam ist.
Da die Gesamtarbeitsmöglichkeit der Beuger die der Stecker übersteigt, wird der Arm in entspanntem Zustand leicht gebeugt gehalten.
Der *m. triceps brachii* ist in all den Sportarten von außergewöhnlicher Bedeutung, in denen eine Armstreckung bzw. eine Fixierung dieser Armstellung wichtig ist (Kugelstoß, Speerwurf, Boxen bzw. Turnen etc.).

Die Umwendbewegungen im Ellbogengelenk

Supinatoren:
— *M. biceps brachii* (1,1 mkp)
— *M. supinator* (0,3 mkp)

Unterstützend wirken noch einige andere Muskeln (zusammen 0,3 mkp). Die Gesamtarbeitsmöglichkeit der Supinatoren ist bei rechtwinklig gebeugtem Ellbogen am größten!

Pronatoren:
— *M. pronator teres* (0,7 mkp)
— *M. pronator quadratus* (0,2 mkp)
Hinzu kommen einige andere Muskeln, die pronierende Nebenwirkungen haben (zusammen 0,6 mkp).
Die Gesamtkraft der Pronatoren entspricht der der Supinatoren; nur ist die Arbeitsmöglichkeit der Pronatoren bei gestrecktem, die der Supinatoren bei rechtwinklig gebeugtem Arm größer (vgl. S. 101). Im Sport sind die Supinatoren und Pronatoren vor allem in den Kampfsportarten (Ringen, Judo), im Fechten und im Schwimmen mit unterschiedlicher Ausprägung bedeutungsvoll.

Beugung des Handgelenks
(Aus der Überstreckung)

Beteiligte Muskeln
— *M. flexor digitorum superficialis* (4,8 mkp)
— *M. flexor digitorum profundus* (4,5 mkp)

> Die beiden langen Fingerbeuger stellen gleichzeitig die kräftigsten Handgelenksbeuger dar!

— *M. flexor carpi ulnaris* (2,0 mkp)
— *M. flexor pollicis longus* (langer Daumenbeuger, 1,2 mkp)
— *M. flexor carpi radialis* (0,8 mkp)
Die Gesamtarbeitsmöglichkeit beträgt etwa 13 mkp.
Verständlich wird die hohe Kraft der Handgelenksbeuger, wenn man ihre Funktion im Sportbereich betrachtet. Im Turnen, bei Wurf und Stoß, in den Kampfsportarten, überall werden hohe Kräfte von diesen Muskeln gefordert. Vor allem

die Fingerbeuger haben dabei sowohl wichtige *dynamische* Funktionen (Abdruck beim Pferdsprung, beim Kugelstoß etc.) als auch *statische* zu erfüllen: Haltearbeit beim Turnen (z. B. bei beid- oder einarmigen Riesenfelgen), beim Rudern, beim Gewichtheben, beim Tennisspielen, in den Kampfsportarten etc. in wechselnder Ausprägung.

Streckung des Handgelenks
(aus der Beugung)

Beteiligte Muskeln
— *M. extensor digitorum communis* (1,7 mkp)
— *M. extensor carpi radialis longus* (1,1 mkp) *et brevis* (0,9 mkp)
— *M. extensor indicis* (Zeigefingerstrecker, 0,5 mkp)

Die Kraft der Extensoren des Handgelenks — dies gilt in gleichem Maße für die Fingerstrecker — ist wesentlich geringer als die der Flexoren, da die Handmuskulatur vor allem im Sinne eines Greifwerkzeuges entwickelt ist und das Arbeitsspektrum der Extensoren im allgemeinen wesentlich geringer ist.
Bei Fechtern, Kampfsportlern, Tennisspielern und vor allem Gewichthebern (Umsetzen des Gewichtes) findet man eine gut entwickelte Extensorenmuskulatur, da hier die Notwendigkeit einer Handgelenkfixierung eine entsprechende Kontraktionskraft erforderlich macht.

Abduktion des Handgelenks

1. Ulnarabduktion
— *M. extensor carpi ulnaris* (1,1 mkp)
— *M. flexor carpi ulnaris* (0,7 mkp)
2. Radialabduktion
— *M. extensor carpi radialis longus* (1,1 mkp) *et brevis* (0,3 mkp)
— *M. abductor pollicis longus* (0,4 mkp)

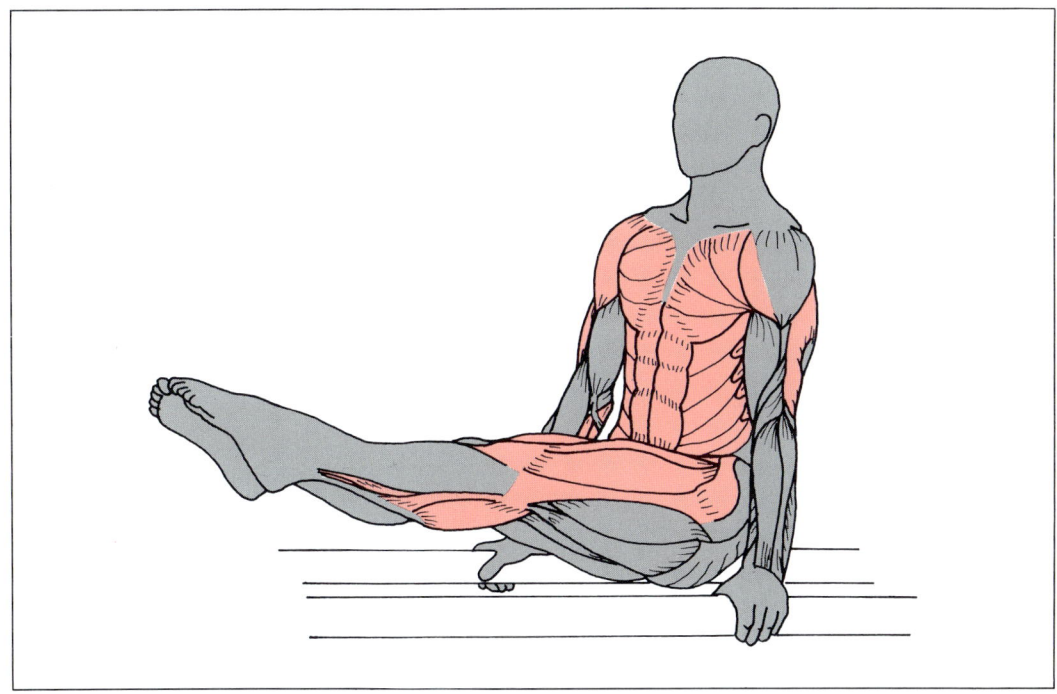

Abb. 127   Muskelbeteiliung bei der Hüftbeugung beim Schwebestütz.

Unterstützend wirken noch einige andere Muskeln (zusammen 0,3 mkp).

Die radiale Abduktion spielt im Diskuswurf beim finalen Abzug eine Rolle, die ulnare z. B. beim Brustschwimmen. Ansonsten werden die Abduktoren in den Kampfsportarten bei gleichzeitiger Kontraktion der Handgelenksbeuger und -strecker zur Feststellung des Handgelenks benötigt (z. B. beim Handkantenschlag, bei allen Stoßarten im Boxen etc.).

Einfache Bewegungen der Unteren Extremität

Hüftbeugung
(Anteversion des Oberschenkels aus der Normalstellung)

Beteiligte Muskeln (Abb. 127)
— *M. rectus femoris* (16,4 mkp)
— *M. iliopsoas* (10,0 mkp)
— *M. tensor fasciae latae* (7,5 mkp)
— *M. sartorius* (4,3 mkp)
— *M. glutaeus minimus,* vorderer Anteil (3,5 mkp)
— *M. pectineus* (2,7 mkp)
Aus der Retroversion helfen noch die Adduktoren mit.
Gesamtarbeitsmöglichkeit etwa 45 mkp.
Das Ausmaß der Anteversion des Oberschenkels ist nicht nur von der Kontraktionskraft der Hüftbeuger, sondern in hohem Ausmaß auch von der Kniehaltung und der damit verbundenen Dehnung der *mm. ischiocrurales* abhängig. Bei der Anteversion des Beines mit gestrecktem Knie leisten diese Muskeln einen starken Dehnungswiderstand; dies ermöglicht eine wesentlich geringere Bewegungsexkursion als z. B. bei gebeugtem Knie, bei dem eine geringere Dehnung vorliegt.
Die erhöhte Verletzungsquote im hinteren Oberschenkelbereich, vor allem bei Fuß-

ballspielern, ist unter anderem darauf zurückzuführen, daß z. B. beim Torschuß diese Muskelgruppe durch die explosive Hüftbeugung und Kniestreckung eine ungewöhnliche Dehnung erfährt. Bei mangelnder Aufwärm- bzw. Dehnungsarbeit vor Spielbeginn bzw. bei ausgeprägter Ermüdung kann es dadurch leicht zu Zerrungen o. ä. kommen.

Hüftstreckung
(Aus der Hüftbeugung in die Normalstreckung)

Beteiligte Muskeln
— *M. glutaeus maximus* (53,2 mkp)
— *M. adductor magnus* (22,2 mkp)

Man sieht, daß dieser Adduktor über seine eigentliche Funktion hinaus auch noch eine außergewöhnlich wichtige Rolle immer dann spielt, wenn es darum geht, die vom Körperschwerpunkt entfernte Tragsäule Bein wieder in den Bereich der Traglinie zu bringen.

— *M. semimembranosus* (17,0 mkp)
— *M. semitendinosus* (7,0 mkp)
— *M. glutaeus medius,* hinterer Anteil (6,0 mkp)
— *M. biceps femoris,* langer Kopf (4,4 mkp)
— *M. quadratus femoris* (3,4 mkp)
und eine Reihe weiterer Extensoren im Hüftbereich.
Die Gesamtarbeitsmöglichkeit aller Hüftstrecker beträgt etwa 120 mkp!

Festzustellen ist, daß der Haupthüftstrecker, der *m. glutaeus maximus* nicht nur vom *m. adductor magnus,* sondern auch von der *ischiokruralen* Muskelgruppe *(m. semitendinosus, m. semimembranosus, m. biceps femoris)* eine beträchtliche Unterstützung für die Hüftstreckung erfährt.

Die außergewöhnlich hohe Kraft der Hüftstrecker ergibt sich aus ihrer Bedeutung für die aufrechte Körperhaltung bzw. die Fortbewegung. Im sportlichen Bereich sind die Extensoren zum einen maßgeblich an allen Beschleunigungsarbeiten aus vorheriger Hüftbeugung beteiligt, wie z. B. beim Hochgehen aus der Hocke beim Gewichtheben, zum anderen spielen sie bei allen Amortisationsbewegungen (nachgebendes Abfangen bei allen Niedersprüngen, z. B. beim Skispringen) eine wichtige Rolle.

Überstreckung der Hüfte
(Retroversion des Oberschenkels)

— *M. glutaeus maximus* (10,4 mkp)
— *M. glutaeus medius* (5,7 mkp)
und andere Muskeln (s. o.)
Gesamtarbeitsmöglichkeit 22,0 mkp

Aufgrund der bereits erfolgten starken Muskelverkürzung und den damit verbundenen schlechten Zugverhältnissen entwickeln die Hüftstrecker bei dieser Bewegung keine allzu große Kraft mehr bzw. fallen völlig aus der Zuglinie (z. B. der kräftige *m. adductor magnus*).
Außerdem wird die Überstreckung der Hüfte durch einen außergewöhnlich starken Bandapparat — vor allem aber durch das lig. iliofemorale — eingeschränkt. Nur bei einer Rumpfneigung nach vorne (sie ist mit einer Lockerung der „Bänderschraube" verbunden) ist ein vermehrtes Beinspreizen rückwärts möglich.

Abduktion des Oberschenkels
(Aus der Normalstellung)

Beteiligte Muskeln
— *M. glutaeus medius* (12,4 mkp)
— *M. rectus femoris* (9,8 mkp)
Dadurch, daß dieser zweigelenkige Muskel bei allen seitlichen Beinspreizbewegungen

in den Bereich der Abduktionsachse rückt, hat der *m. rectus femoris* nicht nur eine starke hüftbeugende, sondern auch abduzierende Wirkung.
— *M. glutaeus maximus*, Tractusansatz (9,6 mkp)
— *M. tensor fasciae latae* (8,6 mkp)
— *M. glutaeus minimus* (7,1 mkp)
— *M. sartorius* (1,9 mkp)
— *M. piriformis* (1,6 mkp)
Gesamtarbeitsmöglichkeit der Abduktoren: etwa 51 mkp.

Die hohe Kraft der Abduktoren ist vor allem in statischer Hinsicht von außergewöhnlicher Bedeutung. Beim Gehen neigen die Abduktoren das Becken zum jeweiligen Standbein und ermöglichen so das freie Vorschwingen des Spielbeines. Sind die Abduktoren nicht in der Lage, das Becken auf der Standbeinseite zu fixieren, so sinkt während der Standphase des kranken Beines die nicht unterstützte Beckenseite tiefer und es kommt durch die notwendigen Ausgleichsbewegungen des Rumpfes — er muß sich zur kranken Standbeinseite neigen, um das Vorschwingen des Spielbeines zu ermöglichen — zur Ausbildung eines Watschelganges (Abb. 128).
Die Abduktionsbewegung des Oberschenkels ist bei gebeugter Hüfte in ausgeprägterem Maße möglich als bei gestreckter: wie bei der Retroversion spielt auch hier die Lockerung der „Bänderschraube" eine Rolle.

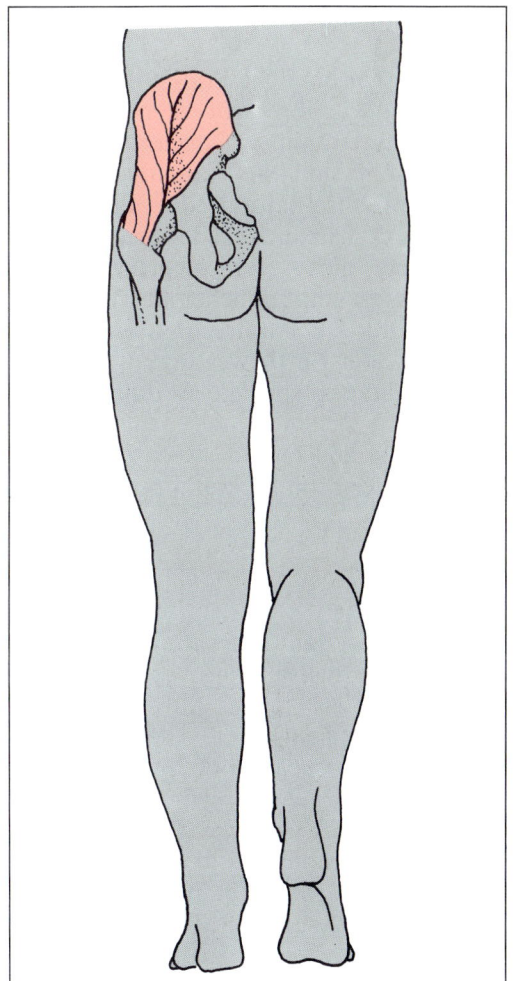

Abb. 128 Die Rolle des m. glutaeus medius bzw. der Adduktoren beim Gehen auf der Standbeinseite.

Adduktion des Oberschenkels
(Aus der Abduktionsstellung zum Beinschluß)

Beteiligte Muskeln
— *M. adductor magnus* (28,0 mkp)
— *M. glutaeus maximus*, Femuransatz (12,5 mkp)
— *M. adductor longus* (12,2 mkp)
— *M. adductor brevis* (9,0 mkp)
— *M. semimembranosus* (8,4 mkp)
— *M. iliopsoas* (5,8 mkp)
— *M. biceps femoris*, langer Kopf (5,5 mkp)
— *M. semitendinosus* (3,9 mkp)
— *M. pectineus* (3,7 mkp)
— *M. obturatorius externus* (3,7 mkp)
— *M. gracilis* (2,9 mkp)
— *M. quadratus femoris* (2,2 mkp)

Die Gesamtarbeitsmöglichkeit der Adduktoren beträgt etwa 100 mkp; die Hälfte davon wird von den *mm. adductores* getragen.

Die außergewöhnliche Stärke der Adduktoren wird aus ihrer vor allem statischen Funktion verständlich: Zusammen mit den Abduktoren sind sie wesentlich an der Gleichgewichtserhaltung der Beckenstellung in der Frontalebene beteiligt. Bei Störungen dieses Muskelgleichgewichts kommt es zu empfindlichen Störungen für die Erhaltung der aufrechten Körperhaltung bzw. der Fortbewegung.

Im Sportbereich sind die Adduktoren vor allem beim Reiten, in den großen Sportspielen (für die Richtungswechselbeschleunigung) oder beim Skilauf alpin etc. wichtig.

Innenrotation des Oberschenkels
(Aus der Normalstellung)

Beteiligte Muskeln
- *M. adductor magnus* (kein Wert)
- *M. adductor longus* (kein Wert)
- *M. tensor fasciae latae* (0,9 mkp)
- *M. glutaeus minimus* (0,8 mkp)
- *M. rectus femoris* (0,5 mkp)
und noch einige andere Muskeln.

Die Innenrotation ist mit deutlich geringerer Kraft möglich als alle anderen Bewegungen im Hüftgelenk. Eine Beugung im Hüftgelenk verbessert die wirksame Muskelzugrichtung und erhöht damit die mögliche Arbeitsleistung, was z.B. beim alpinen Skilauf zum Tragen kommt (z.B. beim Schneepflug).

Außenrotation des Oberschenkels
(Aus der Normalstellung)

Beteiligte Muskeln
- *M. glutaeus maximus* (9,0 mkp)
- *M. glutaeus medius* (4,2 mkp)
- *M. triceps coxae* (dreiköpfiger Hüft-

muskel = *m. obturatorius* und *mm. gemelli*) (2,5 mkp)
- *M. adductor magnus*, dorsaler Femuransatz (2,2 mkp)
- *M. rectus femoris* (1,4 mkp)
Gesamtarbeitsmöglichkeit etwa 30 mkp.

Die Außenrotation ist mit einer vergleichbaren Kraft durchführbar wie die anderen Hüftbewegungen. Im Gegensatz zur Innenrotation oder Abduktion wird die Außenrotation jedoch nicht durch die Hüftbeugung verbessert. In entspannter Fußhaltung (Spielbein beim Gehen) ist der Fuß etwas nach außen gedreht, da der Tonus der Außenrotatoren den der Innenrotatoren überwiegt.

Im Sport spielt die Außenrotation in den Kampfsportarten, im Eiskunstlauf, beim Fußball (Innenseitstoß), beim Diskuswurf (Drehbeginn) u.a. eine Rolle.

Streckung des Kniegelenks

Beteiligte Muskeln
- *M. quadriceps femoris* (142 mkp!)
Der zweigelenkige *m. rectus femoris* ist an der Gesamtarbeitsmöglichkeit mit 23,4 mkp beteiligt.
- *M. tensor fasciae latae* (0,8 mkp)

Der *m. quadriceps femoris* ist im Sportbereich bei allen Disziplinen leistungsbestimmend, bei denen eine kraftvolle Kniestreckung erforderlich ist, wie z.B. bei allen Sprüngen und Läufen, im Gewichtheben (Aufrichten aus der tiefen Hocke) etc.

Wenn der *m. quadriceps femoris* durch die Streckung des Hüftgelenks gedehnt wird, dann kann er das Kniegelenk kräftiger strecken. Eine Beugung der Hüfte hingegen verschlechtert die Vordehnung des *m. rectus femoris* und reduziert damit die Kraft des Muskels; aus diesem Grunde ist auch das Rumpfbeugen vorwärts (aus der Rückenlage) bei gebeugten Knien schwerer als bei gestreckten, da der *m. rectus*

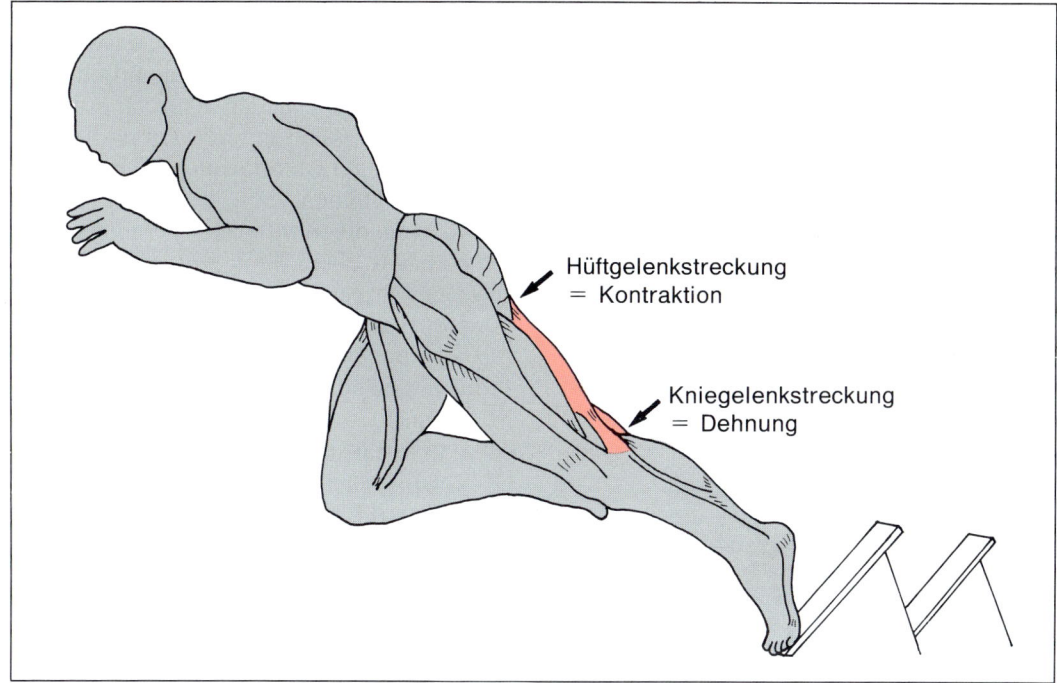

Hüftgelenkstreckung
= Kontraktion

Kniegelenkstreckung
= Dehnung

Abb. 129   Gleichzeitige Dehnung und Kontraktion der ischiokruralen Muskeln beim Lauf (Stützbein).

femoris hierbei seine Funktion als Hüftbeuger schlechter erfüllen kann.

Beugung des Kniegelenks

Beteiligte Muskeln
— *M. semimenbranosus* (16,8 mkp)
— *M. semitendinosus* (13,2 mkp)
— *M. biceps femoris* (10,3 mkp)
— *M. gracilis* (3,1 mkp)
— *M. sartorius* (2,3 mkp)
Gesamtarbeitsmöglichkeit etwa 46 mkp.

Die ischiokruralen Muskeln sind aufgrund
ihrer Zweigelenkigkeit und ihrer oftmals
gegensätzlichen Funktion bei ein und
derselben Bewegung vermehrt verletzungs-
anfällig.
Dadurch, daß die *mm. ischiocrurales* hüft-
streckende und kniebeugende Funktion
haben (vgl. Abb. 129), kommt es z. B. beim

Sprint bei der Schubbein- (Stützbein)-
Streckung einerseits durch die Hüftstrek-
kung zur Kontraktion, andererseits durch
die Kniestreckung zur Dehnung dieser
Muskelgruppe. Die Gleichzeitigkeit von
Kontraktion und Dehnung führt daher —
vor allem bei unzureichender vorheriger
Erwärmungs- und Dehnungsarbeit —
leicht zu Zerrungen und anderen Verlet-
zungsbildern. Das Schwungbein ist beim
Sprinter weniger häufig betroffen — obwohl hier ein ähnlicher Mechanismus
vorliegt —, da die Kniebeugung bei gleichzeitiger Hüftbeugung (= Dehnung) eher
passiv als aktiv erfolgt.
Ein weiterer typischer Verletzungsmechanismus liegt dann vor, wenn bei gestrecktem Knie der Rumpf gewaltsam nach
vorne gebeugt (z. B. beim sliding tackling
mit gegnerischer Einwirkung im Fußball)
und die *mm. ischiocrurales* dabei übermäßig gedehnt werden.

Innenrotation des Unterschenkels

Beteiligte Muskeln
— *M. semimembranosus* (3,4 mkp)
— *M. semitendinosus* (0,8 mkp)
— *M. popliteus* (0,8 mkp)
— *M. sartorius* (0,6 mkp)
— *M. gracilis* (0,4 mkp)
Gesamtarbeitsmöglichkeit etwa 6 mkp.

Eine Innenrotation ist nur bei gebeugtem Knie und auch dann nur begrenzt möglich (10 Grad). Diese Tatsache ist vor allem beim Skilauf alpin für das „Kniespiel" wichtig.

Außenrotation des Unterschenkels

Beteiligte Muskeln
— *M. biceps femoris* (4,9 mkp)
— *M. tensor fasciae latae* (0,6 mkp)

Auch die Außenrotation ist nur bei gebeugtem Knie möglich (bis zu 40 Grad).

Plantarflexion im oberen Sprunggelenk

Beteiligte Muskeln:
— *M. gastrocnemius* (9,0 mkp)
— *M. soleus* (7,4 mkp)
— *M. flexor hallucis longus* (0,9 mkp)
— *M. flexor digitorum longus* (0,4 mkp)
— *M. tibialis posterior* (0,4 mkp)
— *M. peronaeus longus* (0,4 mkp)
— *M. peronaeus brevis* (0,3 mkp)

Der *m. triceps surae,* bestehend aus *m. gastrocnemius* und *m. soleus,* erbringt $9/10$ der gesamten Arbeitsleistung bei der Plantarflexion und ist somit *der* Fortbewegungsmuskel schlechthin. Er beschleunigt 97% der Körpermasse und ist aus diesem Grunde besonders kräftig entwickelt. Die restlichen fünf Muskeln sind nur *Stellmuskeln,* die aufgrund ihrer Kürze und der damit verbundenen kurzen Hebel-

arme bzw. ihrer zu kleinen Querschnitte nur eine geringe Gesamtkraft entwickeln können. Dennoch sind sie unentbehrlich, da sie den Fuß auf der Unterlage in die richtige Arbeitsstellung bringen und damit erst die volle Kraftentfaltung des *m. triceps surae* ermöglichen.
Wie gering die Kraft dieser *Stellmuskeln* ist, wird vor allem dann deutlich, wenn es zu einer Umkehr von punctum fixum und punctum mobile kommt: bleibt der Fuß z. B. in einer Bodenrinne hängen und wirkt somit die Fliehkraft des Körpers auf diese Muskeln ein, so kommt es zu einer ungenügenden Bremsung und damit zu einer Überbeanspruchung des passiven Bewegungsapparates (vor allem der Sehnen und Bänder). Folge dieses Umknickens kann eine Bänderüberdehnung oder gar ein Bänderriß sein.
Beim Gehen und Stehen pressen die Plantarflexoren die Fußsohle auf den Boden und verleihen der Standsäule Fuß eine größtmögliche Auflagefläche.

Dorsalextension im oberen Sprunggelenk

Beteiligte Muskeln
— *M. tibialis anterior* (2,5 mkp)
— *M. extensor digitorum longus* (0,8 mkp)
— *M. peronaeus tertius* (0,5 mkp)
— *M. extensor hallucis longus* (0,4 mkp)
Gesamtarbeitsmöglichkeit etwa 4 mkp.

Die Dorsalextensoren sorgen beim Gehen dafür, daß der Fuß in der Spielbeinphase genügend verkürzt wird, damit er ungehindert nach vorne schwingen kann. Beim Standbein ziehen sie den Unterschenkel zum aufgestellten Fuß (Umkehr von punctum fixum und punctum mobile): sie sind demnach beim Skilauf alpin, beim Skilanglauf u. ä. wichtig. Es ist deshalb auch nicht verwunderlich, daß bei ungewohnt langen Märschen ein „Muskelkater" in diesen Muskeln auftritt.

Pronation des Vorfußes im unteren Sprunggelenk

Beteiligte Muskeln
— *M. peronaeus longus* (1,1 mkp)
— *M. peronaeus brevis* (0,9 mkp)
— *M. extensor digitorum longus* (0,5 mkp)
— *M. peronaeus tertius* (0,4 mkp)

Mehr als die Hälfte der Arbeitsmöglichkeit der Pronatoren wird von den beiden seitlichen Wadenmuskeln — *mm. peronaeus longus et brevis* — erbracht. Sie spielen daher als *Stellmuskeln* des Fußes an der lateralen Seite eine besondere Rolle (Ausgleichen von Unebenheiten bzw. Anpassung an veränderte Bodenformen). Wichtig sind sie vor allem beim Skilauf alpin für den Kanteneinsatz.

Supination des Vorfußes im unteren Sprunggelenk

Beteiligte Muskeln
— *M. gastrocnemius* (2,5 mkp)
— *M. soleus* (2,3 mkp)
— *M. tibialis posterior* (1,5 mkp)
— *M. flexor hallucis longus* (0,7 mkp)
— *M. flexor digitorum longus* (0,6 mkp)
— *M. tibialis anterior* (0,3 mkp)

Zusammen mit den Pronatoren sorgen die Supinatoren für eine optimale Fußauflage. In Sportarten, die eine besonders feine Fußeinstellung erfordern, wie z.B. beim Turnen am Schwebebalken, beim Eiskunstlauf etc. spielen sie eine wichtige Rolle.
Neben den erwähnten Bewegungen im oberen und unteren Sprunggelenk sind noch Ab- und Adduktionsbewegungen möglich, die meist mit den Supinations- und Pronationsbewegungen verbunden sind; sie sollen hier nicht näher erörtert werden.

5 Analyse komplexer sportlicher Bewegungsabläufe

Vorbemerkung

Mittels der systematischen Erfassung nahezu aller olympischen Sportarten soll dem
Leser eine Sofortinformation bezüglich
seiner speziellen Sportart möglich gemacht
werden. Bei zusätzlich erwünschter Information kann bei der Einzeldarstellung der
Muskeln bzw. bei der Analyse einfacher
Rumpf- und Extremitätenbewegungen ergänzend nachgelesen werden.

> Die zeichnerische Darstellung be
> schränkt sich auf die bewegungsrele
> vante Muskulatur. Dabei wird der
> sportliche Bewegungsablauf zum Zeit
> punkt der Kontraktion der leistungsbe
> stimmenden Muskeln dargestellt (rot
> gerasterte Muskeln).

Da die Leichtathletik eine Basissportart
darstellt, die viele Grundfertigkeiten bzw.
Bewegungselemente enthält, die in den
meisten anderen Sportarten in identischer
oder leicht modifizierter Form wieder
vorkommen, ist ihr eine besonders umfassende Darstellung gewidmet.

Leichtathletik

Beim Gehen, Laufen und Springen werden in etwa die gleichen Arbeitsmuskeln benötigt. Unterschiede liegen vor allem im zunehmend akzentuierten Einsatz der verschiedenen Muskelgruppen.

Gehen

Beim Gehen unterscheidet man eine vordere und hintere Stützphase (Standbein) sowie eine hintere und vordere Schwungphase (Spielbein). Der vollständige Bewegungszyklus des Gehens soll anhand eines Doppelschrittes auf sein muskuläres Substrat hin untersucht werden (vgl. dazu Abb. 130).

Muskeln, die in der Spielbeinphase wirken

Hintere Schwungphase

Mit dem Abdruck des hinteren Beines (Abb. 130a) — er unterstützt die beginnende Hebeltätigkeit des vorderen Stützbeines — insbesondere durch den *m. triceps surae* kommt es zur Einleitung der Schwungphase des Spielbeines. In der hinteren Schwungphase setzt sich die während der vorhergehenden vorderen und hinteren Stützphase anhaltende Kontraktion der *mm. ischiocrurales* (Beitrag zur Hüftstreckung) fort und führt im Moment der Gewichtsentlastung zur Beugung im Kniegelenk (Abb. 130b). Während der Oberschenkel der Erdschwere folgend in der hinteren Schwungphase passiv zur Vertikalen schwingt, wird der Unterschenkel vor allem durch die *mm. ischiocrurales* zum Vorschwingen etwas angehoben. Dieses Vorschwingen des Fußes erfolgt bei gleichzeitiger Dorsalextension im oberen Sprunggelenk (vor allem *m. tibialis anterior*).

Vordere Schwungphase

Mit zunehmender Hüftbeugung (Vornahme des Oberschenkels) — sie wird durch die Kontraktion vor allem der *mm. rectus femoris, iliopsoas* und *tensor fasciae latae* bewirkt (Abb. 130c) — werden die *mm. ischiocrurales* vermehrt gedehnt. Die Folge ist, daß das Kniegelenk zum Ausgleich umso mehr gebeugt wird, je mehr der Oberschenkel im Hüftgelenk angehoben wird. Durch diesen passiv ablaufenden Mechanismus wird die richtige Aufsetzstellung des Fußes auf dem Boden gesichert. Am Ende der vorderen Schwungphase vollzieht sich die Unterschenkelstreckung, die beim langsamen Gehen und geringer Schrittlänge überwiegend *passiv* durch das den Gesetzen der Schwere folgende Vorschwingen des Unterschenkels, bei schnellem Gehen mit akzentuierter und großer Schrittlänge *aktiv* über den *m. quadriceps femoris* erfolgt.
Am Ende der vorderen Schwungphase — ihre Abbremsung wird durch die *mm. ischiocrurales* vollzogen — erfolgt das Aufsetzen des Schwungbeines mit der Ferse am Boden. Es beginnt die vordere Stützphase des Stütz- oder Standbeines.

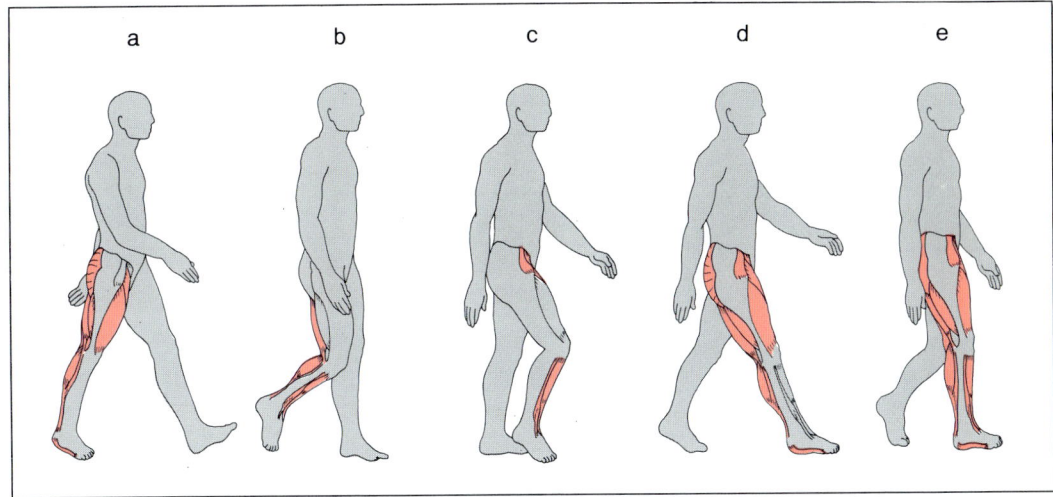

Abb. 130 a-e)   Muskelbeteiligung in der hinteren und vorderen Schwung- bzw. Stützphase beim Gehen.

Vordere Stützphase

Mit dem Aufsetzen der Ferse beginnt der *m. glutaeus maximus* sich zu kontrahieren. In seiner Funktion als Hüftstrecker wird er in der vorderen Stützphase vor allem von den *mm. adductores* und den *mm. ischiocrurales* unterstützt (Abb. 130 d).
Das Heranführen des Unterschenkels zum Fuß unterstützt in besonderem Maße der *m. tibialis anterior,* das Aufpressen der Fußsohle auf den Boden übernimmt der *m. triceps surae* — er hat sein erstes Kontraktionsmaximum im Moment des Aufsetzens der Zehen — zusammen mit den Fußstellmuskeln.
Für die Stabilisierung der Standsäule Fuß im Kniegelenk sorgen der *m. quadriceps femoris* — er hat sein erstes Kontraktionsmaximum ebenfalls beim Aufsetzen der Zehenballen — und der *m. tensor fasciae latae,* der über den tractus iliotibialis (Verstärkungszug der Schenkelbinde) für die Streckung und Sicherung des Kniegelenks verantwortlich ist.
Mit dem Passieren der senkrechten Stellung des Stützbeines (Abb. 130 e) beginnt die hintere Stützphase.

Hintere Stützphase

Die Vollendung der Hüftstreckung bis zum Abdruck erfolgt über die bereits erwähnten *mm. glutaeus maximus* und *ischiocrurales.* Im Moment des Abdruckes des Fußes vom Boden haben alle an der Hüftstreckung, Kniestreckung (*m. quadriceps femoris*) und Plantarflexion (*m. triceps surae* und restliche Flexoren) ihr zweites und höchstes Kontraktionsmaximum (vgl. Abb. 130 a).

Zusammenfassend läßt sich feststellen, daß der Bewegungsablauf beim Gehen durch eine Reihe von Muskeln realisiert wird, die zwar an verschiedenen Gelenken angreifen, aber nur in ihrem fein aufeinander abgestimmten Zusammenwirken den Gesamtvorgang des Gehens zu einem fließenden Bewegungsbild werden lassen.

Leistungsbestimmende Muskulatur

Schrittlänge und Schrittfrequenz sind die entscheidenden Komponenten der Gehge-

Abb. 131   Streckung des Stützbeines bzw. explosive Vornahme des Schwungbeines (b) aus der Stellung „fertig" (a).

schwindigkeit. In der Schwungphase werden sie vor allem durch die Kontraktionskraft der Hüftbeuger *m. rectus femoris, m. iliopsoas, m. tensor fasciae latae* u. a., in der Stütz- und Abdruckphase vorwiegend von den Hüft- *(m. glutaeus maximus)* und Kniestreckern *(m. quadriceps femoris)* sowie den Plantarflexoren *(m. triceps surae)* bestimmt.

Start und Lauf

Auch wenn beim Start, vor allem in der Fertigstellung, eine gewisse Stützkraft der Arme notwendig ist und während des Laufes die gegenläufige Schwungbewegung der Arme die Beinarbeit unterstützt, so bestimmt doch die Beinmuskulatur ausschlaggebend die Fortbewegung; sie soll deshalb ausschließlich im Vordergrund stehen.
Die „Fertigstellung" dient der Vordehnung der Arbeitsmuskeln unter gleichzeitiger Optimierung der Arbeitswinkel. Es ist vor allem auf eine ausreichende Vordehnung des *m. triceps surae* zu achten — die Ferse soll bis zur Auflagefläche des Start-

blockes durchgedrückt werden —, da dies zum einen die Abdruckstärke erhöht und zum anderen die Bewegungsausführung beschleunigt, weil der gesamte Fuß sofort einen vollkommenen Druckwiderstand erhält (Abb. 131).
Nach dem Startschuß erfolgt die Streckung des vorderen Startbeines über die gleichzeitig verlaufende Hüft- *(m. glutaeus maximus, mm. ischiocrurales)* und Kniestreckung *(m. quadriceps)* sowie die finale Palmarflexion durch den *m. triceps surae*.
Die explosive Hüftbeugung auf der Schwungbeinseite wird vorwiegend durch die *mm. rectus femoris, iliopsoas* und *tensor fasciae latae* bewirkt.
Es läßt sich unschwer erkennen, daß beim Start und Lauf die gleichen Muskeln wie beim Gehen leistungsbestimmend sind; entscheidend für den Sprint ist aber das wesentlich höhere Maß an Maximal- und Schnellkraft für die Beschleunigungsarbeit.
Für die Kräftigung der Hüft- und Kniestrecker bzw. der Plantarflexoren bieten sich Komplexübungen wie Hocksprünge und Banksteigen mit finalem Abdruck bzw. Selektivübungen für die separate

Beim Weltpokal gewinnt
Williams knapp vor Ray den
100-m-Lauf.

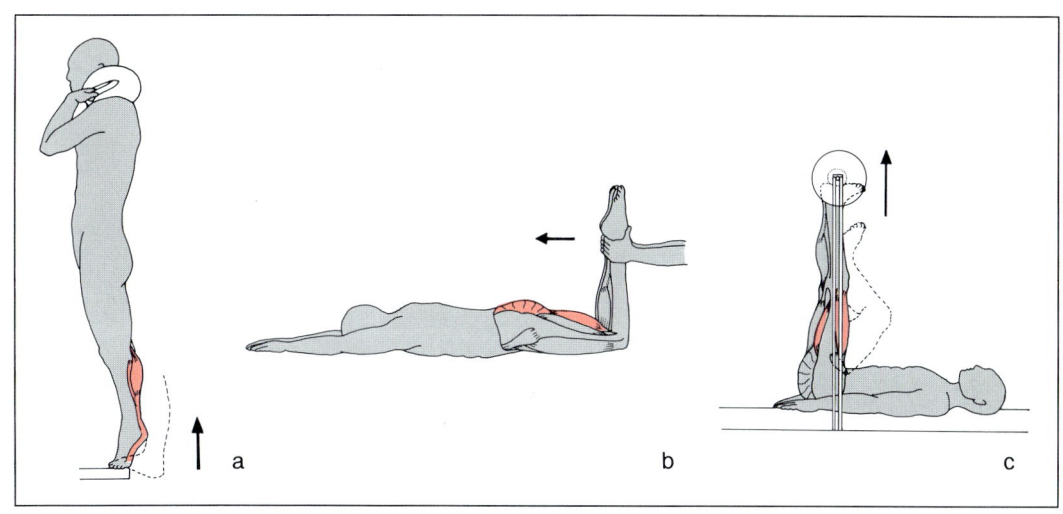

Abb. 132   Selektivübungen für die Palmarflexoren (a), die Kniegelenkbeuger (b) und für die Kniestrecker (c).

Schulung dieser Muskelgruppen an wie z. B. Heben und Senken der Fersen über der Kastenkante *(m. triceps surae)* (Abb. 132 a), Anfersen der Unterschenkel gegen Widerstand *(mm. ischiocrurales)* (Abb. 132 b) und Beinstreckung an der Beinpreßmaschine (Abb. 132 c).

Weitsprung

Für den Absprung treten die gleichen leistungsbestimmenden Muskelgruppen wie beim Sprinter in Aktion.

Für die Landevorbereitung kommt lediglich die Notwendigkeit einer speziellen Schulung der Hüftbeuger und der Bauchmuskeln hinzu; die Hüftbeuger ermöglichen dabei die erforderliche Hochnahme der Beine, die Bauchmuskeln wirken in dieser Hinsicht unterstützend durch die Fixierung bzw. Drehung des Beckens nach rückwärts.

Da die Hüftbeugung durch den Dehnungswiderstand insbesondere der zweigelenkigen *mm. ischiocrurales* beeinträchtigt werden kann, ist eine betonte Dehnungsarbeit dieser Muskeln im Sinne einer Leistungsoptimierung unabdingbar (Abb. 133).

Dreisprung

Die leistungsbestimmende Muskulatur beim Dreisprung mit seinen Sprunganteilen „hop", „step" und „jump" entspricht der des Weitsprunges. Die zweimalige Zwischenlandung erfordert lediglich eine spezielle Zusatzkräftigung der die Hüfte bzw. den Oberschenkel stabilisierenden Muskeln, um ein Abkippen in der Hüfte zu vermeiden.

Im Moment der Landung (Abb. 134 a und b) wirkt die Sprungmuskulatur zuerst negativ dynamisch, das heißt, sie amortisiert den vorhergehenden Sprung und wird dabei gedehnt, dann aber positiv dynamisch (Abb. 134 c), das heißt, sie kontrahiert sich: diese Besonderheit bedarf einer entsprechenden Kraftschulung (Mehrfachsprünge, Niedersprungtraining etc.). Gleichzeitig aber hat die Hüftmuskulatur für eine ausreichende Stabilisierung des Sprungbeines zu sorgen; vor allem gilt es, die Abduktoren (s. S. 113) und Adduktoren (s. S. 111) durch gesonderte Übungen über den normalen Trainingsrahmen hinaus zu kräftigen, wie z. B. durch Rumpfheben aus der Seitenlage bei fixierten Beinen

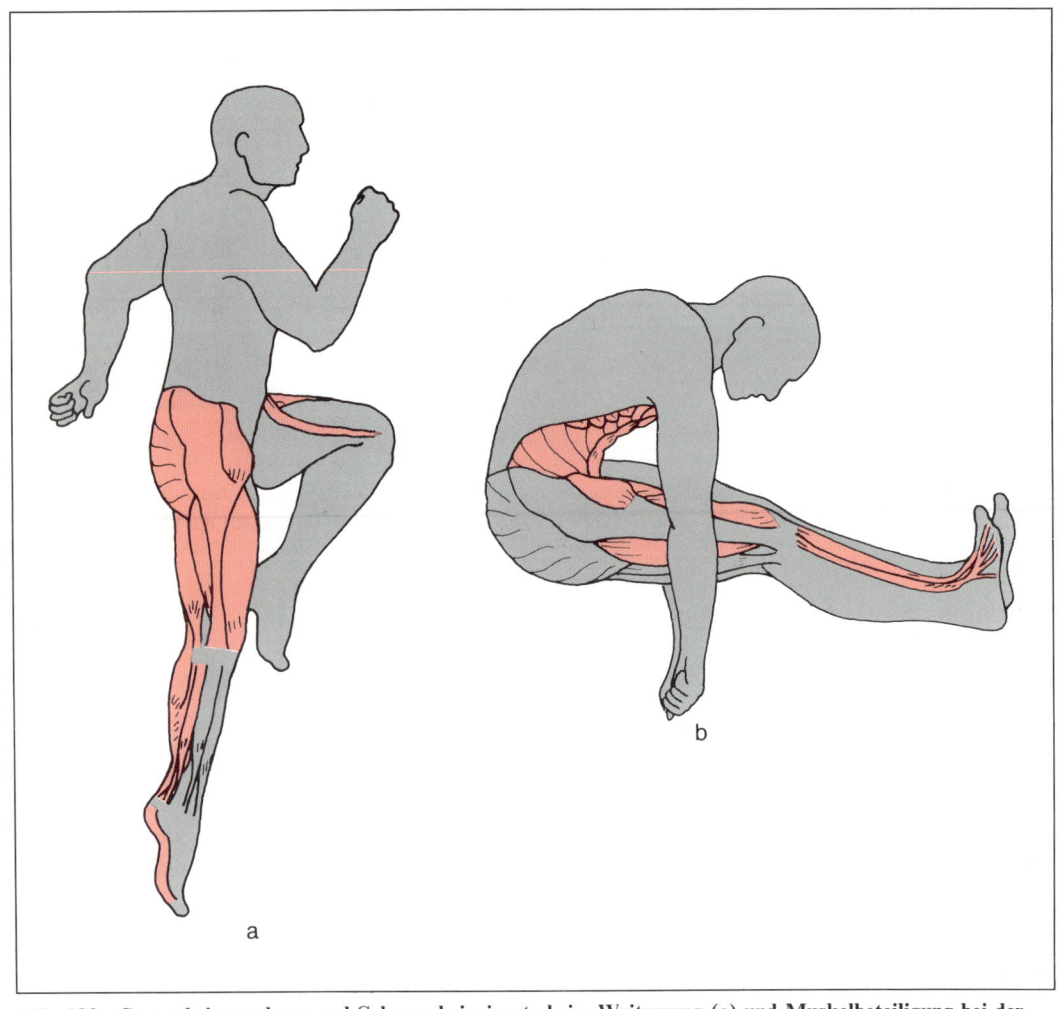

Abb. 133 **Sprungbeinstreckung und Schwungbeineinsatz beim Weitsprung (a) und Muskelbeteiligung bei der Landungsvorbereitung (b).**

bzw. Beinheben bei fixiertem Rumpf (Abduktorentraining).

Hochsprung

Beim Absprung ist die gleiche Muskulatur wie beim Sprint, Weit- und Dreisprung beteiligt, allerdings mit erhöhten Beschleunigungskräften, da hier das gesamte Körpergewicht aus der Horizontalen in die Vertikale beschleunigt werden muß.

Das gestreckte Schwungbein beim Straddle bzw. die Bogenspannung beim Flop erfordern zum einen eine hohe Kontraktionskaft der Agonisten (Hüftbeuger bzw. Rückenstrecker), zum anderen eine hohe Dehnungsfähigkeit der Antagonisten (besonders der mm. ischiocrurales bzw. der Bauchmuskeln) (Abb. 135).

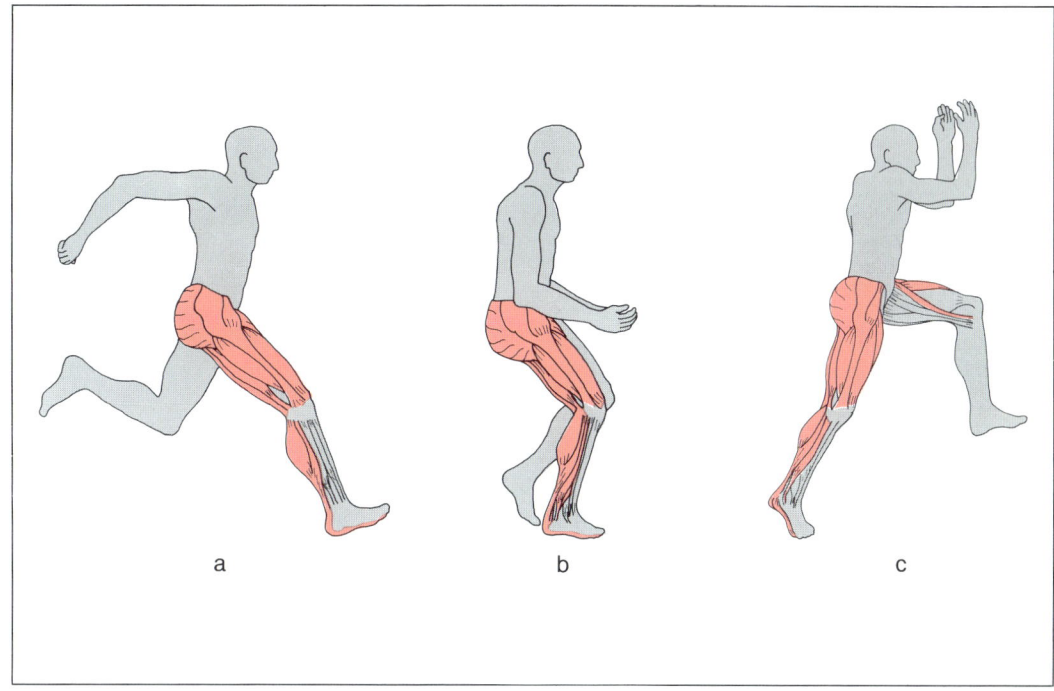

Abb. 134   Dreisprung: Die bei der Zwischenlandung nach dem „hop" (a und b) und beim Absprung zum „step" (c) besonders beanspruchten Amortisations- und Sprungmuskeln bzw. Hüftstabilisatoren.

Stabhochsprung

Der Stabhochsprung ist eine sehr komplexe Disziplin. In den verschiedenen Bewegungsphasen werden hohe Anforderungen an Bein-, Rumpf- und Armmuskulatur gestellt.

Leistungsbestimmende Muskulatur

Absprungphase

— Sprung- und Schwungbeineinsatz: s. Weitsprung, Sprint.
— Armeinsatz
Unterer Druckarm: *m. triceps brachii*
Oberer Zugarm: Vor allem der *m. pectoralis major* und alle Armsenker (s. S. 143) sowie die Armbeuger *(m. biceps brachii, m. brachialis, m. brachioradialis)*

Pendel und Aufrollen

Die Arbeit von Druck- und Zugarm wird fortgesetzt. Da sich der Rumpf den Armen nähert, wird einerseits die Armsenkmuskulatur beansprucht (Umkehr von punctum fixum und punctum mobile!), andererseits das Becken über die Bauchmuskeln und die Oberschenkel mittels der Hüftbeuger den Armen genähert (Abb. 136).
Als spezielle Kraftschulung für diese Bewegungsphase empfehlen sich mehrfach wiederholte Felgaufzüge am Reck bzw. Heben der Beine bis zur Reckstange: dadurch werden die Hüftbeuger, die Bauchmuskeln und die Armsenker komplex geschult.

Streckung und Drehung

Mit der Streckung des Stabes geht eine Streckung der Hüfte *(m. glutaeus maximus,* unterstützt von den *mm. ischiocrurales)*, des Rumpfes *(m. erector spinae)* und der Knie *(m. quadriceps femoris)* parallel.

a   b

Abb. 135   Muskelbeteiligung in der Absprungphase beim Straddle.

Der untere Arm wird angewinkelt zur Hüfte gezogen (*m. biceps brachii, m. brachialis, m. brachioradialis*) und erlaubt dem Rumpf, sich dem Stab zu nähern.
Wenn die Hüfte die obere Hand erreicht hat, beginnt die Drehung um die Längsachse (Rumpfdrehmuskulatur s. S. 140). Während der obere Arm sich zu winkeln beginnt, streckt sich der untere.
Abstoß (und Lattenüberquerung)

Wenn die Schulter des oberen Armes diesen übersteigt, beginnt sich der untere

Arm von der Stange abzustoßen. Der Abdruck des oberen Armes folgt; die jeweilige Armstreckung bewirkt der *m. triceps brachii.*

Spezielle Kraftschulung

Für die Rumpfstreckung bzw. -drehung: Kippe am Boden in den Handstand (mit und ohne Drehung); Rolle rückwärts durch den flüchtigen Handstand.
Für die Armbeuger: Aufwärtshangeln am Tau, Klimmziehen.

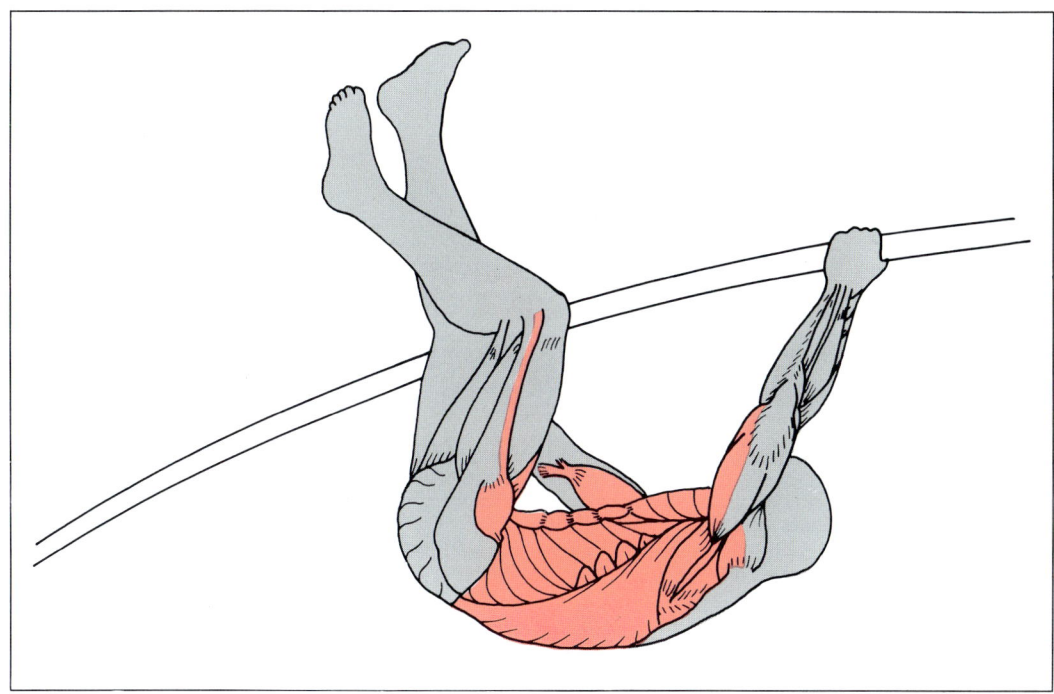

Abb. 136 Muskelbeteiligung in der Aufrollphase beim Stabhochsprung.

Für die Armstrecker: Handstandgehen bzw. -springen; Drücken in der Schrägrükkenlage.

Speerwurf

Leistungsbestimmende Muskulatur
(Abb. 137)

Beinkraft: Das Speerwerfen erfordert sowohl für die Stemm- als auch Streckbeinarbeit hohe Kräfte der Hüft- *(m. glutaeus maximus, mm. ischiocrurales)* und Kniestrecker *(m. quadriceps femoris)* bzw. Plantarflexoren (vor allem *m. triceps surae*).

Rumpfkraft: Die Rumpfdrehmuskulatur (s. S. 140) sowie die Bauchmuskulatur (gerade, schräge innere und äußere) muß

besonders kräftig sein, um die Wurfbewegung aus der Wurfauslage (Abb. 137a) über die Bogenspannung (Abb. 137b) hin zur Rumpfschlagbewegung (Abb. 137c) zu unterstützen. In der letzten Phase spielen auch die Hüftbeuger (*m. rectus femoris, m. iliopsoas, m. tensor fasciae latae*) eine wichtige Rolle.

Armkraft: Die Schlagwurfbewegung wird durch die Armsenker (vor allem *m. pectoralis major* und *m. latissimus dorsi*, s. S. 86) bzw. Armstrecker (*m. triceps brachii*) maßgeblich beeinflußt.

Komplexe Übung von Bauchmuskeln, Hüftbeugern und Wurfarmmuskeln: Aus der Rückenlage Medizinballwerfen gegen die Decke (Gesäß auf dem quergestellten Kasten, Schulter und Arme hängen nach hinten über, die Beine werden vom Partner fixiert).

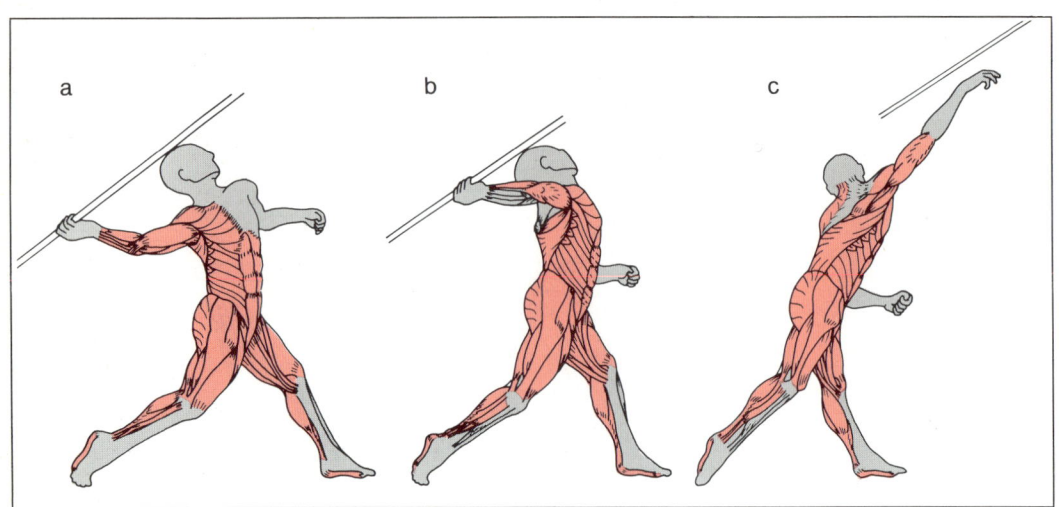

Abb. 137   Muskelbeteiligung beim Speerwerfen.

Exkurs: Werferellbogen

Der *Werferellbogen* entsteht durch Überbeanspruchung des Muskel-Sehnen-An-
satzes am inneren Oberarmhöcker (epicondylus medialis).
Die Ursachen lassen sich zum einen aus
einer fehlerhaften Wurftechnik, zum anderen aus speziellen anatomischen Gegebenheiten erklären.
Bei der *fehlerhaften Wurftechnik* wird der
Arm zu weit seitlich am Kopf vorbeigezo-
gen, wobei Unter- und Oberarm einen
rechten Winkel bilden und der mediale
Oberarmhöcker nach vorne zeigt. Da der
Oberarm die Schlagwurfbewegung einlei-
tet, also schneller als der Unterarm nach
vorne gebracht wird, kommt es durch das
vorübergehende Zurückbleiben des Unterarmes zum Auftreten enormer Hebelbela-
stungen im Bereich des medialen Bandapparates bzw. des medialen Oberarmhök-
kers. Das Scharniergelenk des Ellbogens
wird in einer seinem anatomischen Bau
inadäquaten Zugrichtung beansprucht
und damit überfordert (*Rau* 1969).
Abgesehen von der erhöhten Verletzungs-
gefährdung durch eine derartig fehlerhafte

Wurftechnik, entfernt sich die beschrie-
bene Wurfausführung auch aus der idealen
Zuglinie des für die Schlagbewegung des
Oberarmes so wichtigen *m. pectoralis
major*. Die geringere Ausgangslänge bzw.
Vordehnung des Muskels führt zu einer
Verringerung seiner Kontraktionskraft;
dies gilt in vergleichbarem Maße auch für
die anderen an der Schlagbewegung beteiligten Muskeln, vor allem aber für den
langen Kopf des *m. triceps brachii,* der ja an
der finalen Unterarmstreckung maßgeblich beteiligt ist.
Aus anatomischer Sicht läßt sich das
Auftreten des Werferellbogens zusätzlich
auch noch dadurch erklären, daß am Ende
der Abwurfbewegung eine außergewöhnlich kraftvolle Kontraktion der Flexoren
der Hand erfolgt; da diese alle am inneren
Oberarmhöcker ansetzen, kann es bei
hoher Wurffrequenz zu lokalen Reizustän-
den in diesem Bereich kommen. Hinzu
kommt des weiteren, daß der Wurfarm
final aus einer Supinations- in eine Pronationsstellung gebracht wird. Dabei erfährt
der *m. pronator teres* (vgl. S. 98), der ebenfalls am medialen Oberarmhöcker ansetzt,
einerseits durch die explosive Armstrek-

Olympiasieger Wolfermann bei
einem perfekt gestemmten
Speerwurf.

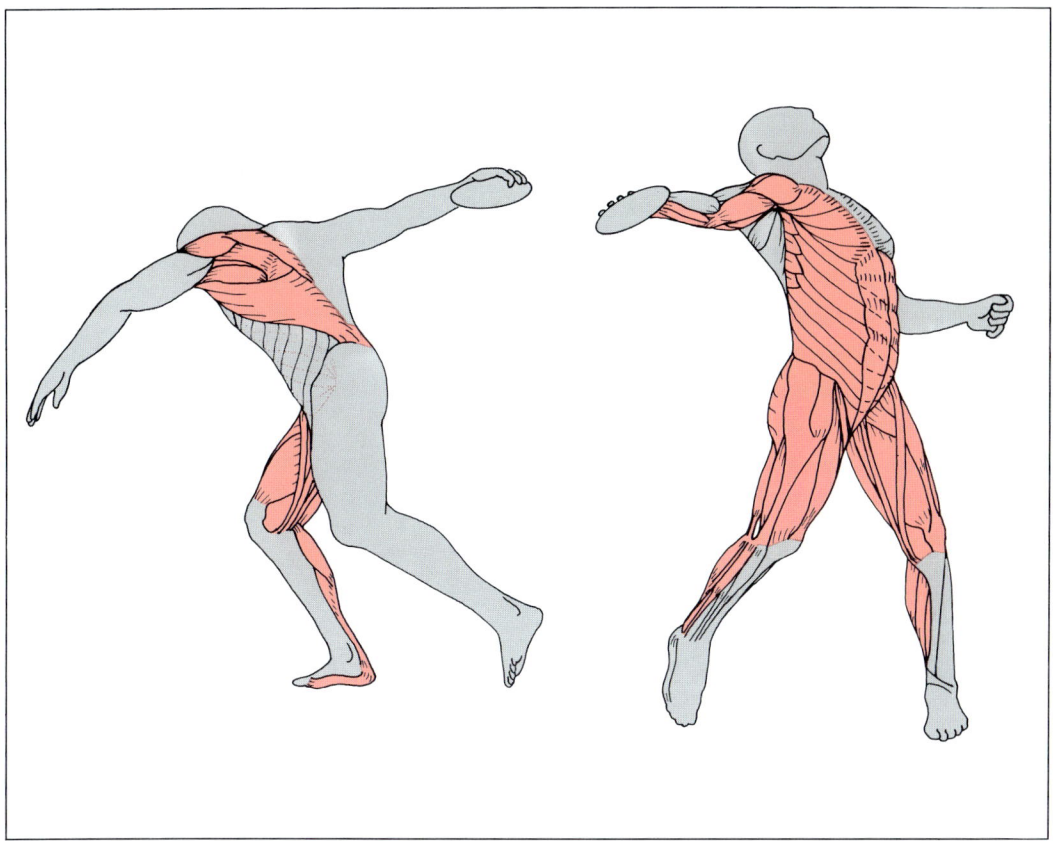

Abb. 138   Muskelbeteiligung beim Diskuswurf vom Beginn der Wurfauslage bis zur Rumpfstreckung.

kung des wesentlich kräftigeren *m. triceps brachii* eine Dehnung – der *m. pronator teres* ist im Ellbogengelenk normalerweise auch noch als Beuger tätig –, andererseits kontrahiert er sich gleichzeitig. Diese doppelsinnige Beanspruchung kann einem muskulären Ansatzschmerz Vorschub leisten, der durch Mikroverletzungen mit nachfolgender Narbenbildung ausgelöst wird. Da jedoch der Schmerz im Ellbogengelenk peitschenschlagartig dann auftritt, wenn der Oberarm nach vorne geschlagen und der Ellbogen gebeugt wird (*Rau* 1969), ist anzunehmen, daß die Hauptbelastung des medialen Oberarmhöckers zu diesem Zeitpunkt gegeben ist und die auftretenden Reizzustände des Werferellbogens eher auf die mechanische Überlastung des medialen

Bandapparates des Ellbogengelenks als auf die Gegenläufigkeit der Beanspruchung des *m. pronator teres* zurückzuführen sind.

Diskuswurf

Leistungsbestimmende Muskulatur
(Abb. 138)

Beinkraft: Wie bei den anderen Wurf- und Stoßdisziplinen ist eine hohe Streckkraft im Hüft-, Knie- und oberen Sprunggelenk für die finale Streckbeschleunigung nötig, die von Beinen und Rumpf auf den Wurfarm übertragen wird.
Rumpfkraft: Da der Wurf aus einer Verwringung (Vordehnung!) des Rumpfes

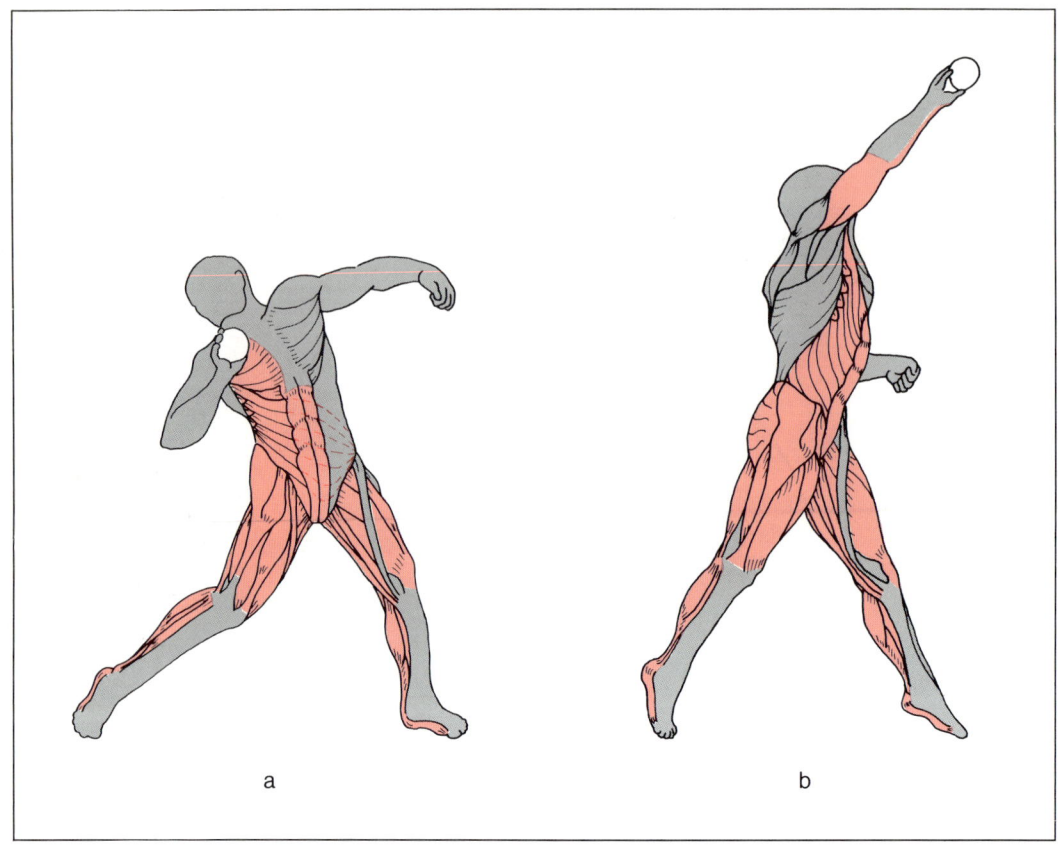

Abb. 139   Muskelbeteiligung beim Kugelstoßen.

über eine Rumpfdrehstreckung verläuft, sind hohe Kontraktionskräfte der Rumpfdreh- und Streckmuskulatur nötig.

Armkraft: Der Diskuswurf unterscheidet sich in dieser Hinsicht wesentlich vom Speerwurf bzw. Kugelstoßen. War dort der *m. triceps brachii* von höchster Relevanz für die Leistungsentwicklung, so spielt er beim Diskuswurf eine untergeordnete Rolle (er ist lediglich in der Ausholphase aktiv). Wurfmuskel ist hier vor allem der *m. pectoralis major.* Eine kräftige Unterstützung erhält die Wurfbewegung in der finalen Abzugsphase durch die Armbeuger (s. S. 145) und die Flexoren bzw. Radialabduktoren der Hand.

Ein spezielles Krafttraining des *m. pectoralis major* kann durch ein Kurzhanteltrai-

ning erfolgen: Aus der Rückenlage Hochführen der Arme aus der Seit- in die Vorhalte (Daumen zeigen nach oben!).

Kugelstoß

Leistungsbestimmende Muskulatur
(Abb. 139)

Bein- und Rumpfkraft: wie beim Diskuswurf.

Armkraft: Der *m. pectoralis major* übernimmt zusammen mit dem *m. biceps brachii* (kurzer Kopf), dem *m. coracobrachialis* und dem *m. deltoideus* (vorderer Anteil) die Vornahme des in der Seithalte befindlichen Oberarmes (Abb. 139) und unterstützt

damit initial die zunehmende, nach vorne gerichtete Unterarmstreckung im Ellbogengelenk durch den *m. triceps brachii.*
Der Abdruck aus dem Handgelenk bzw. den Fingern erfolgt über die entsprechenden Flexoren (s. S. 146).
Spezielles Krafttraining: Drücken in der Schrägrückenlage (Simulierung des Abstoßwinkels) mit nach innen zeigenden Fingern (Handstellung im Moment des Abstoßes) und finalem Nachklappen der Handgelenke.

Hammerwerfen

Welche Bedeutung die Muskelkraft für den Hammerwerfer hat, läßt sich daraus ersehen, daß der Werfer in der letzten Phase die bis auf 250 kp ansteigende Fliehkraft des Hammers zu bewältigen hat. Dies erfordert eine überaus kräftige Bein-, Hüft- und Rückenstreckmuskulatur, aber auch gut ausgebildete Flexoren der Hand bzw. der Finger. Desgleichen muß die Kraft der den Oberarm mit dem Schultergelenk verbindenden Muskeln (s. S. 85) sowie der Armheber (s. S. 141) für den Abwurf außerordentlich hoch sein (Abb. 140).
Spezielles Krafttraining: Als Komplexübungen, die allen Kraftkomponenten gerecht werden, bieten sich Reißen mit der Hantel, Gewichtschleudern nach hinten über den Kopf, Karussel mit Partner als Zuglast u.ä. an.

Schwimmen

Beim Krafttraining des Schwimmers ist vor allem auf zwei Dinge zu achten: Zum einen soll nur die für die Vorwärtsbewegung bzw. Rumpfstabilisierung notwendige Muskulatur gekräftigt werden; die Entwicklung von „Luxusmuskulatur" verschlechtert nur das spezifische Gewicht und damit die Wasserlage. Zum anderen ist auf die Entwicklung von Kraftausdauer,

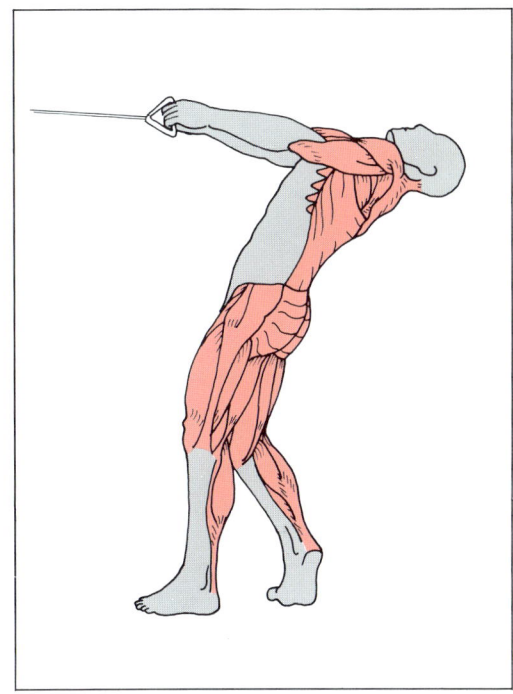

Abb. 140   Muskelbeteiligung beim finalen Abzug des Hammers.

nicht aber von Maximalkraft zu achten, da hierbei wieder das Zuviel an Muskulatur das spezifische Gewicht erhöht und die Ausdauerleistungsfähigkeit des Muskels durch die Verlängerung der Diffusionsstrecken für Sauerstoff und energieliefernde Substrate beeinträchtigt wird.

Brustschwimmen

Leistungsbestimmende Muskulatur

Für die Armarbeit (Abb. 141)
Zugphase: Armsenker (s. S. 143), Armbeuger (*m. biceps brachii, m. brachialis, m. brachioradialis*) und Flexoren sowie Ulnarabduktoren (Auswärtskreiselung im Handgelenk) der Hand.
Druckphase: Weiterhin die Armbeuger sowie die Adduktoren des Oberarmes (s. S. 144) und die Flexoren bzw. Radialab-

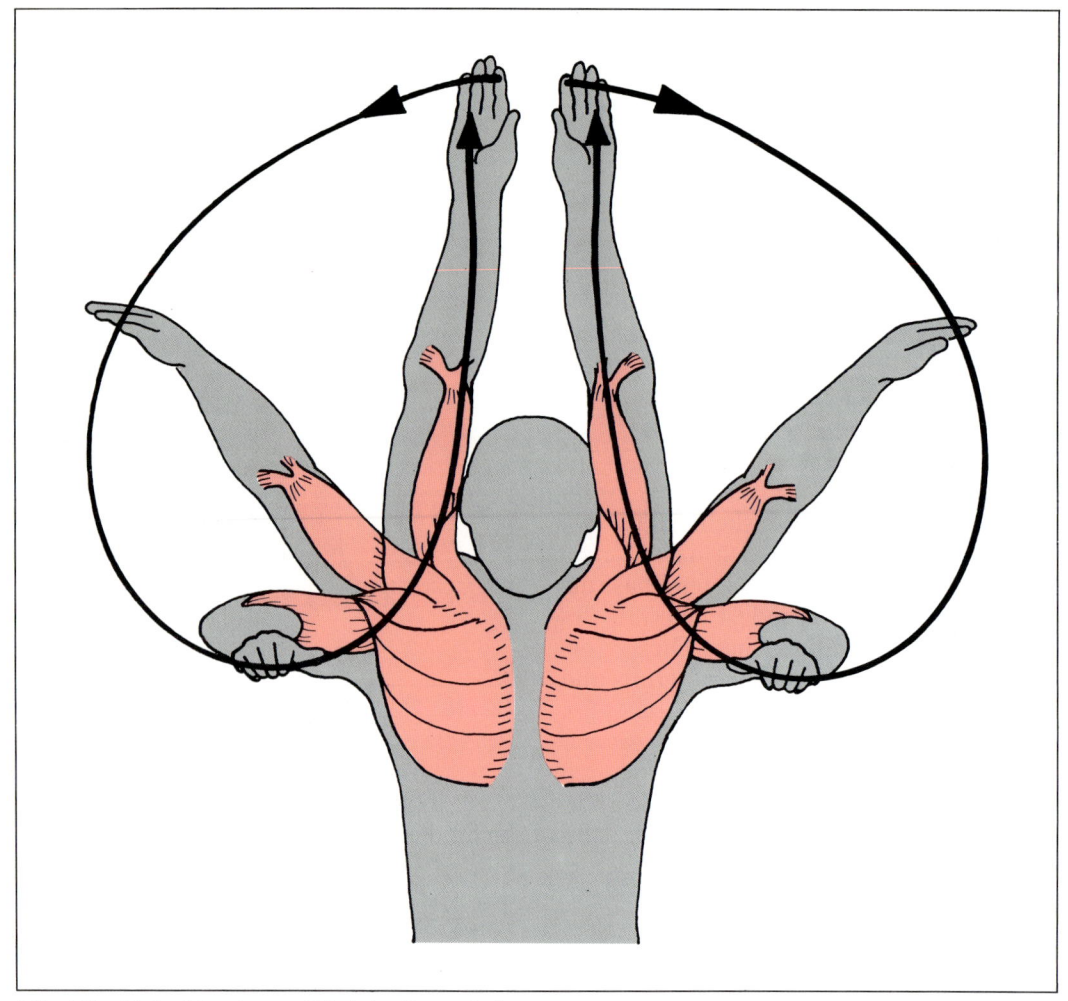

Abb. 141   Verlauf der Armzuglinie beim Brustschwimmen.

duktoren (Einwärtskreiselung im Handgelenk).
Recoveryphase: Armstrecker und -heber
(s. S. 141).
Da beim Brustschwimmen — dies gilt auch
für die anderen Schwimmlagen — die
gesamte Schultergelenksmuskulatur sowie
die Beuge- und Streckmuskulatur von Arm
und Hand beteiligt ist, darf es nicht ver-
wundern, daß beim ungeübten Schwimmer
schnell eine ausgeprägte „Armschwere"
eintritt.

Für die Beinarbeit
Anfersen: Hüft- (s. S. 147) und Kniebeuger
(*mm. ischiocrurales*).
Schwunggrätsche: Bei der Schwunggrätsche kommt es in der ersten Phase zu einer
Innenrotation des Ober- (s. S. 150) und
Außenrotation des Unterschenkels (*m.
biceps femoris*), wobei der Fuß dorsal
extendiert wird (*m. tibialis anterior*); in der
zweiten Phase tritt eine zunehmende Hüft-
(*m. glutaeus maximus* und *mm. ischiocrurales*) und Kniestreckung (*m. quadriceps*

femoris) bzw. Plantarflexion (*m. triceps surae*) ein.

Für die Hochtiefbewegungen bzw. zur Stabilisierung des Rumpfes benötigt der Brustschwimmer eine ausreichend konditionierte Bauch- und Rückenmuskulatur.

Exkurs: Brustschwimmerknie

Durch die Kreiselbewegung des Unterschenkels im Kniegelenk kann es zu einer Überbeanspruchung des medialen Bänder- und Sehnenapparates und entsprechenden Reizzuständen kommen.
Prophylaxe: 1. Kräftigung der Kniestabilisatoren, 2. Ausschalten der frühen Streckung der Knie während der Schlagbewegung.

Kraulschwimmen

Leistungsbestimmende Muskulatur

Für die Armarbeit (Abb. 142)
Zugphase: Armsenker (s. S. 143) und -beuger (s. S. 145), Flexoren der Hand (s. S. 146).
Druckphase: Armsenker und Armstrecker (*m. triceps brachii*), Flexoren der Hand.
Recoveryphase: Vor allem der *m. deltoideus*.
Für die Beinarbeit
Abwärtsschlag: Hüftbeuger (s. S. 147).
Aufwärtsschlag: Hüftstrecker (*m. glutaeus maximus* und *mm. ischiocrurales*).

Delphinschwimmen

Das Delphinschwimmen ist dem Kraulschwimmen nahe verwandt, nur erfolgt hier der Armzug ebenso wie der Beinschlag beidarmig bzw. beidbeinig. Es wird die gleiche Muskulatur benötigt.
Dadurch, daß die Arm- und Beinarbeit nicht wechselseitig durchgeführt wird, kommt es zu ausgeprägteren Rumpfbewe-

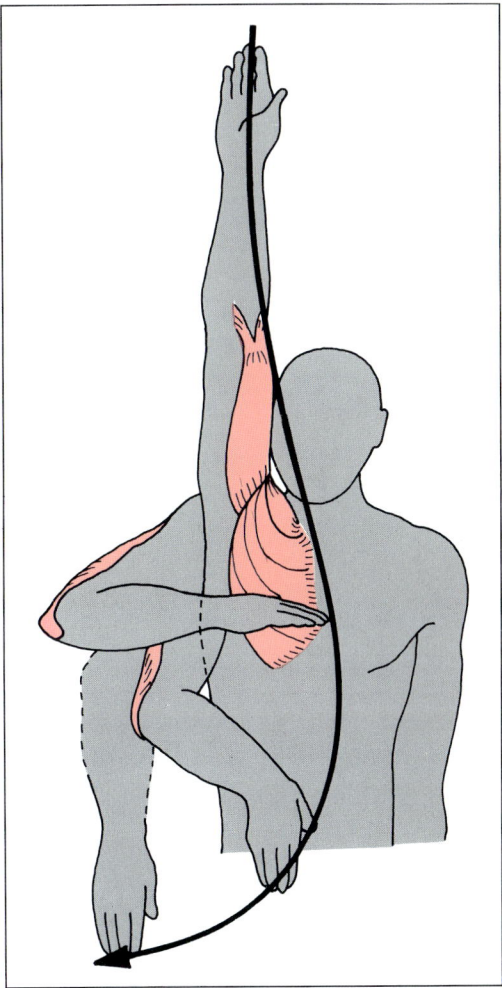

Abb. 142 Verlauf der Armzuglinie beim Kraulschwimmen.

gungen (die sogenannte Delphinbewegung). Dies erfordert eine gesteigerte Beweglichkeit im Bereich der Wirbelsäule und eine besonders gut konditionierte Bauch- und Rückenmuskulatur.

Rückenkraul

Die Bewegung ist vergleichbar mit der des Kraulschwimmens, nur eben in einer anderen Lage. In der Recoveryphase wird vor

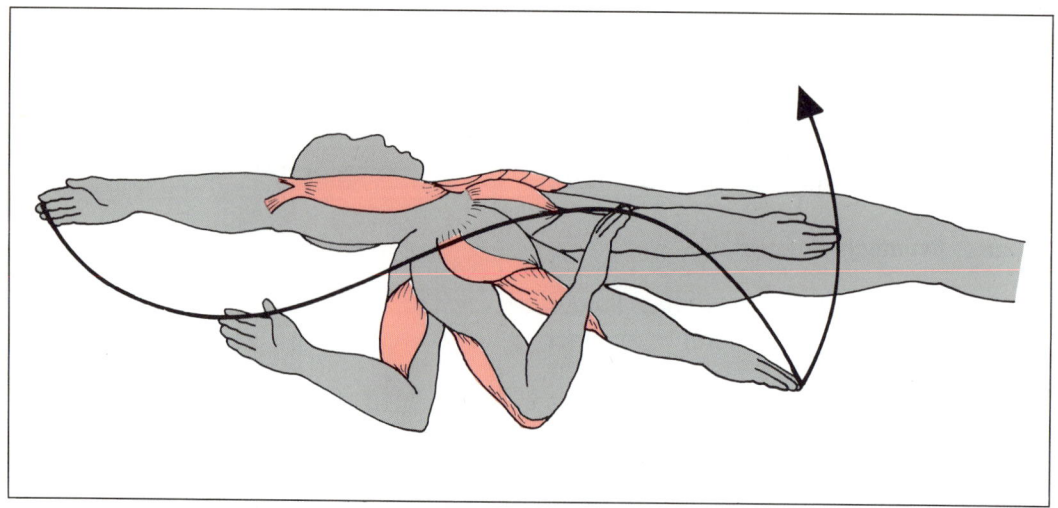

Abb. 143   Verlauf der Armzuglinie beim Rückenkraulschwimmen.

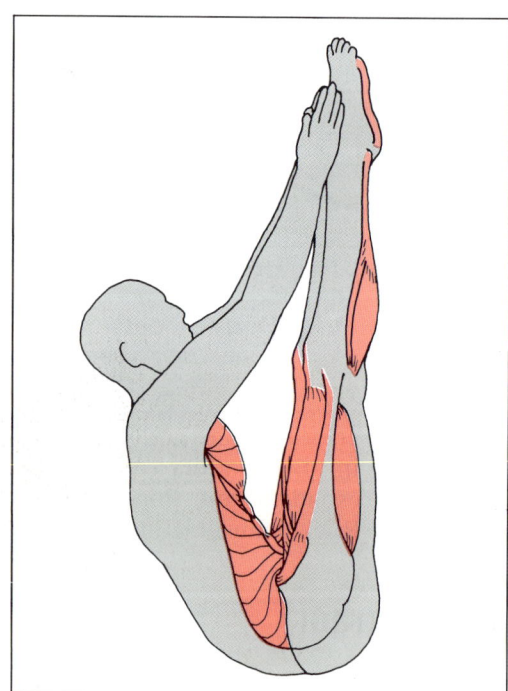

Abb. 144   Muskelbeteiligung bei den gebückten Sprüngen.

allem der vordere Anteil des Deltamuskels beansprucht. Auch die Beinarbeit wird durch die gleichen Muskeln realisiert (Abb. 143).

Die große Ähnlichkeit der muskulären und konditionellen (Kraftausdauer) Beanspruchung beim Kraul-, Rückenkraul- und Delphinschwimmen macht es verständlich, daß im Schwimmsport ein und derselbe Schwimmer in mehreren Lagen überragende Ergebnisse erzielen kann.

Kunst- und Turmspringen

Leistungsbestimmende Muskulatur

Für den Absprung benötigt der Wasserspringer neben ausreichend gekräftigten Hüft- (m. glutaeus maximus und mm. ischiocrurales) und Kniestreckern (m. quadriceps femoris) vor allem starke Fußbeuger (m. triceps surae). Um bei den Drehungen eine ausreichende Hüftbeugung (ge-

Huda bei einem gebückten
Sprung vom Turm.

hockte und vor allem gebückte Sprünge
[Abb. 144]) erreichen zu können, brauchen
die Springer eine ausgezeichnet entwickelte
Bauch- (s. S. 70) und Hüftbeugemuskulatur (s. S. 147) sowie eine extrem dehnungs-
fähige Ischiokruralmuskulatur (s. S. 121).
Für die Rumpfstreckung im Handstand,
nach den Drehungen bzw. in der Eintauch-
phase ist noch eine kräftige Hüft- und
Rückenstreckmuskulatur vonnöten.
Die Handstandsprünge schließlich erfordern eine gute Entwicklung der Muskeln,
die die Arme in der Hochhalte fixieren, das
Ellbogengelenk strecken (*m. triceps brachii*) bzw. das Handgelenk beugen
(s. S. 146)

Wasserball

Das Wasserballspiel verlangt einerseits
eine schwimmspezifische Kräftigung, andererseits eine Ausbildung der Wurfkraft
(s. S. 165). Das Wassertreten erfordert vor
allem eine hohe Kraftausdauer der *mm.
adductores* (s. S. 111) sowie der Hüft- und
Kniestrecker.

Turnen

Ganz allgemein läßt sich sagen, daß die Vielzahl der verschiedenen Übungsteile an den einzelnen Geräten im Turnen eine systematische Gliederung in Stütz-, Hang- oder Sprungübungen verlangt. Die Komplexität vieler Übungen erfordert darüber hinaus eine analytische Zerlegung der leistungsbestimmenden Komponenten.

Da es im Rahmen des Buches nicht möglich ist, die Gesamtheit der turnerischen Übungen auf ihr anatomisches Substrat hin zu analysieren, sollen aus den verschiedenen Geräten einige charakteristische Übungsteile, die zum Teil auch in anderen turnerischen Disziplinen wiederkehren, exemplarisch auf ihre Kraftkomponenten bzw. anatomischen Besonderheiten hin untersucht werden.

Einleitend läßt sich noch feststellen, daß bei den *Stützübungen* vor allem der *m. triceps brachii* von Bedeutung ist, bei den *Hangübungen* die Flexoren der Hand bzw. Finger — sie haben die Zugkräfte abzufangen, die z. B. bei einer Riesenfelge am Reck oder an den Ringen ein Mehrfaches des eigenen Körpergewichts betragen —, bei den *Sprungübungen* die Hüft- und Kniestrecker bzw. Fußgelenksbeuger (s. S. 152) sowie die Armstrecker bzw. die Flexoren der Hand beim Abdruck bei den Sprüngen.

Reckturnen

Da das Reckturnen in der modernen Ausführung vor allem schwunghaft erfolgt (von flüchtigen Stützphasen abgesehen), ist der Kräftigung der Flexoren der Hand

bzw. der Finger für die Griffsicherung ein besonderes Augenmerk zu schenken. Diese Schulung hat gerätespezifisch zu erfolgen, damit auch die weiteren Bindeglieder in der Zugkette Obere Extremität/Rumpf — wie z. B. Beuger und Strecker des Ellbogengelenks, Stabilisatoren des Schultergürtels (s. S. 81) bzw. des Schultergelenks (s. S. 85) ausreichend gekräftigt werden.

Stützkippe

Leistungsbestimmende Muskulatur

Am Reck, an den Ringen und am Barren wird die Kippe aus einer Stütz- über eine Hang- wieder in eine Stützphase geturnt. Dabei verhindern in der Hangphase die Bauchmuskeln (sie stabilisieren die Bekkenstellung) und Hüftbeuger (s. S. 147) das Absinken der Beine auf den Boden. Im Moment der Kippbewegung kommt es zu einer explosiven Hüftstreckung (*m. glutaeus maximus, mm. ischiocrurales*) sowie einer Annäherung der Arme zum Rumpf. Durch die Fixierung der oberen Extremität ziehen dabei die Armsenker (s. S. 143) den Rumpf armwärts (Umkehr von punctum fixum zum punctum mobile) und unterstützen die Wiedereinnahme der Eingangsstützphase.

Barrenturnen

Der Barren ist vor allem ein Stützgerät und bedarf daher einer besonderen Schulung

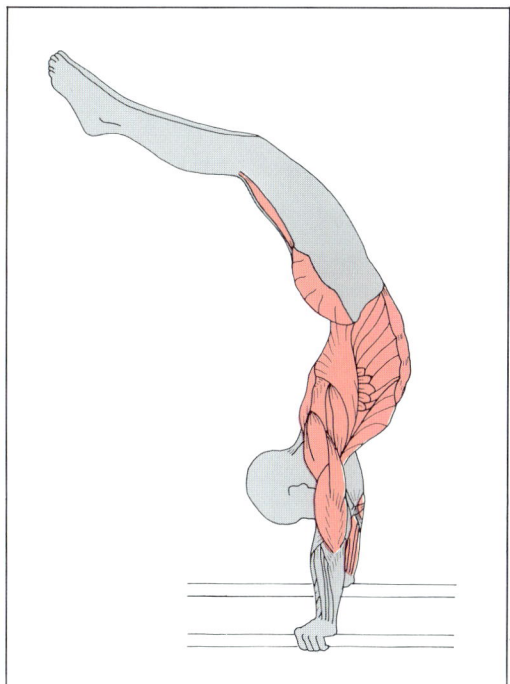

Abb. 145   Muskelbeteiligung während des Handstandes beim Barrenturnen.

der Armstrecker bzw. der Schultergürtelmuskeln.

Handstand

Dieser Übungsteil ist in modifizierter Form an allen Geräten zu finden, sei es als gehaltener Teil, sei es als flüchtige Durchgangsphase.

Leistungsbestimmende Muskulatur

(Abb. 145)
Der Handstand erfordert einerseits eine gute Stützkraft der Arme (*m. triceps brachii*), andererseits die Fixierung der oberen Extremität in der Hochhalte (s. S. 143). Darüber hinaus muß der gesamte Körper durch die isometrische Anspannung aller Beuger und Strecker im Gleichgewicht gehalten und ausgerichtet werden.

Ringeturnen

Die Ringe sind einerseits ein Schwunggerät mit entsprechenden Bewegungsverwandtschaften mit dem Reckturnen, andererseits ein Stützgerät, das aufgrund der Besonderheiten des Gerätes (die Ringe können nach allen Richtungen ausweichen) eine Vielzahl von Kraftteilen ermöglicht, die zum Teil nur an diesem Gerät zu turnen sind.

Seitspannstütz
(Abb. 146)

Beim Seitspannstütz wird eine außerordentliche Kraft der Flexoren der Hand, der Armstrecker (*m. triceps brachii*), der Oberarmadduktoren (vor allem des *m. pectoralis major* und des *m. latissimus dorsi*) sowie der Schultergelenkstabilisatoren (s. S. 85) gefordert.

Hangwaage rücklings
(Abb. 147)

Dieser Übungsteil macht eine hohe Kraft der den Oberarm antevertierenden Muskeln notwendig, vor allem aber des *m. pectoralis major* und des *m. biceps brachii*. Weiter ist eine extreme Rumpfkraft, in besonderem Maße des *m. erector spinae* und des *m. latissimus dorsi,* unumgänglich; letzterer zieht mittels der Lendenrückenbinde den hinteren Teil des Beckenkammes zum Oberarm und macht dadurch die Hangwaage rücklings möglich. Unterstützt wird die Hüftstreckung dabei maßgeblich durch den *m. glutaeus maximus* bzw. die *mm. ischiocrurales*.

Schwebestütz

Bei diesem Kraftteil ist neben der Stützkraft vor allem eine genügende Ausbildung der Hüftbeuger (s. S. 147) sowie der die

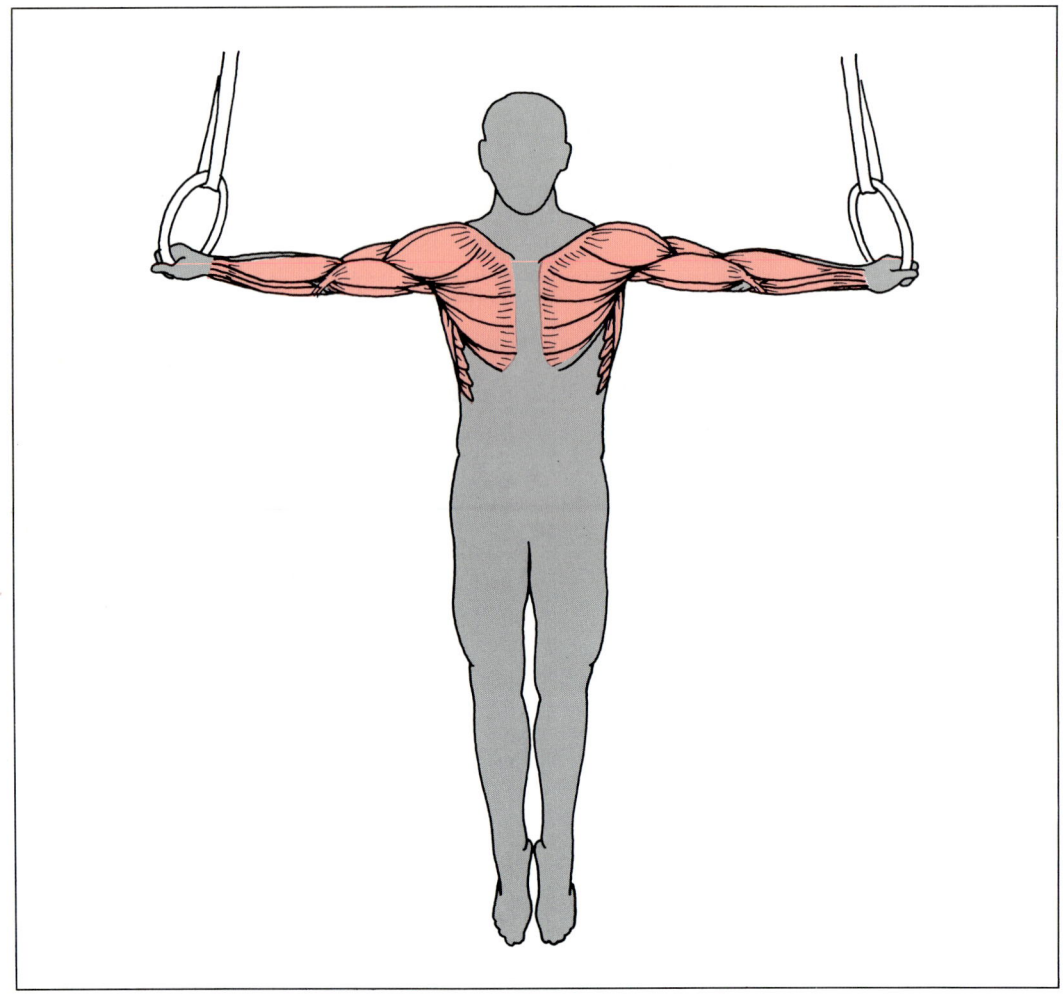

Abb. 146 Muskelbeteiligung beim Seitspannstütz mit gestreckten Armen und gestrecktem Körper an den Ringen.

Beckenstellung fixierenden Bauchmuskeln nötig (vgl. Abb. 127).

Seitpferdturnen

Leistungsbestimmende Muskulatur

Das Seitpferd ist *das* Stützgerät beim Geräteturnen überhaupt. Um dabei den Stütz über die erforderliche Zeit aufrecht erhalten zu können, bedarf es einer ausgeprägten Maximal- und Kraftausdauer-

schulung der Armstrecker (*m. triceps brachii*) und Handflexoren. Daneben enthält es einige Übungsteile, die, wie z. B. beim Scheren, eine hohe Kraft der Beinabduktoren (m. glutaeus medius) erfordern (spezielle Kraftschulung s. S. 202).

Bodenturnen

Beim Bodenturnen bilden Rollen, Überschläge, Kippen, Sprünge, Beinschwünge und statische Elemente wie Stände und

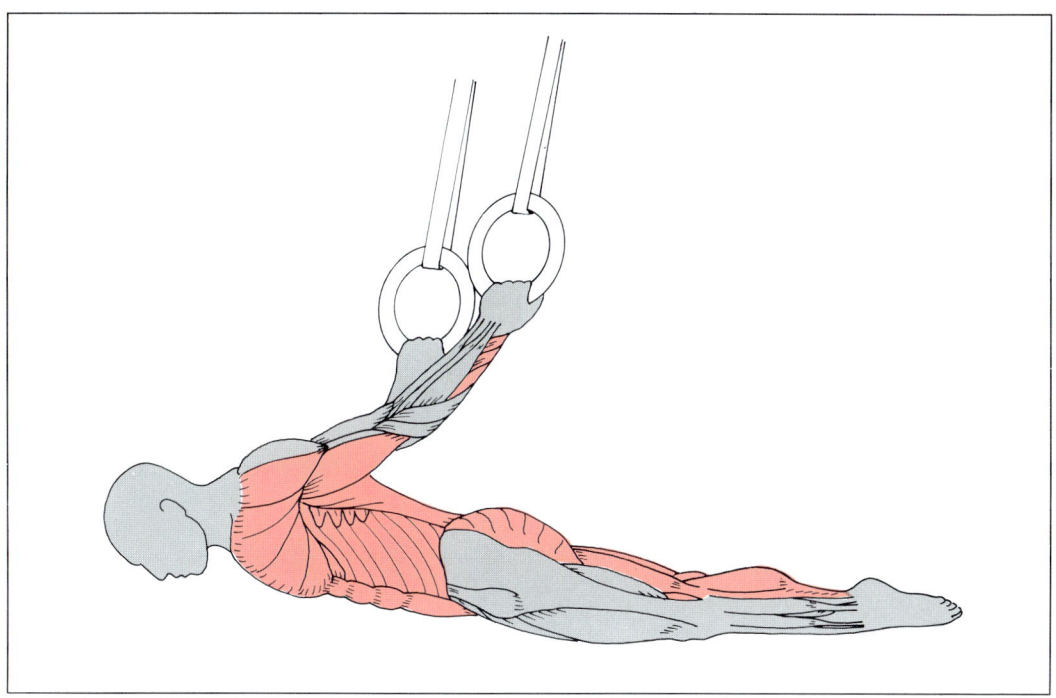

Abb. 147   Muskelbeteiligung bei der Hangwaage rücklings an den Ringen.

Standwaagen etc. das Übungsgut. Insgesamt wird demnach vor allem im Bereich der Hüfte eine hohe Beweglichkeit bzw. Kraft der auf die Hüfte in allen Bewegungsrichtungen einwirkenden Muskeln verlangt. Darüber hinaus ist für die freien Sprünge (Salti etc.) eine hohe Sprungkraft (s. S. 161), für die Überschläge zusätzlich eine hohe Stütz- (*m. triceps brachii*) und Abdruckkraft der Arme (insbesondere *mm. flexores digitorum superficialis et profundus*) notwendig.
Bei der Standwaage am Boden (Abb. 148) spielen auf der Standbeinseite alle an der Stabilisierung des Hüftgelenkes beteiligten Muskeln, vor allem aber die Abduktoren (s. S. 113) und Adduktoren (s. S. 111) eine Rolle; hinzu kommt die equilibrierende Tätigkeit der Fußstellmuskeln (s. S. 128) und der Plantarflexoren (*m. triceps surae*). Auf der Spielbeinseite sind die Hüftstrek-

ker (*m. glutaeus maximus und mm. ischio-crurales*) wichtig.

Der Rumpf schließlich wird durch die Kontraktion des *m. erector spinae* in einer gestreckten Haltung fixiert.

Sprung
(Pferd lang)

Der Sprung erfordert die gleichen, schon bei den leichtathletischen Sprüngen genannten Beinmuskeln (s. S. 161). Zusätzlich werden jedoch aufgrund der Stütz- und Abdruckphase der Arme die bereits beim Bodenturnen erwähnten Stütz- und Abdruckmuskeln beansprucht, allerdings in erhöhtem Maße, da die höhere Anlaufgeschwindigkeit bzw. der weite Anflug die diesbezüglichen Anforderungen erhöhen.

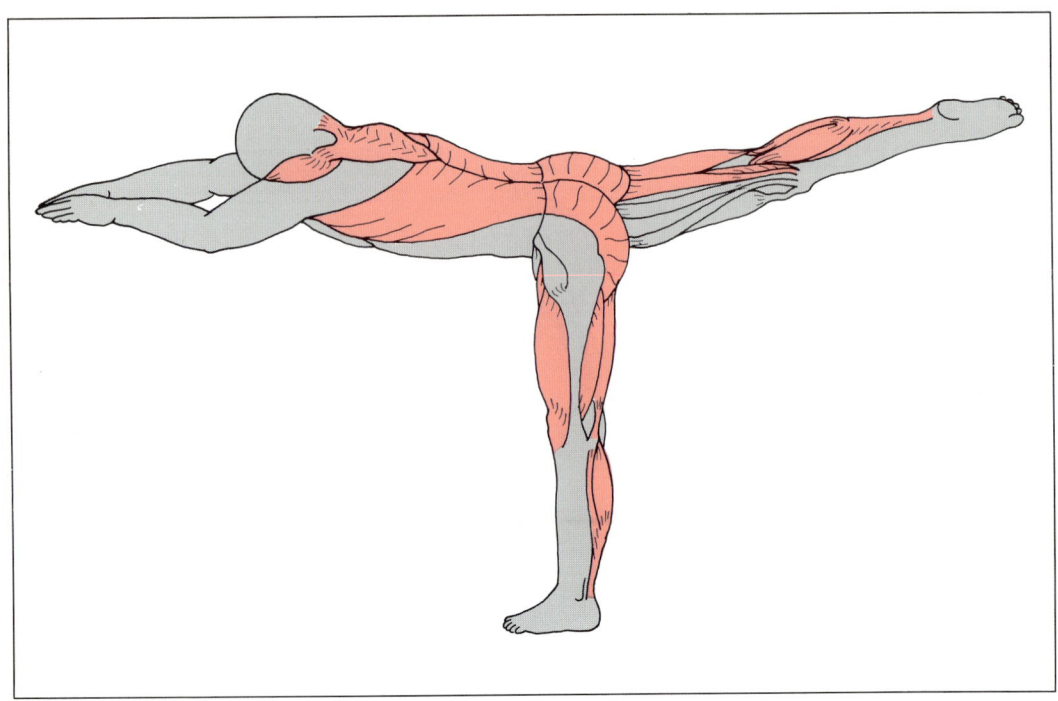

Abb. 148   Muskelbeteiligung bei der Standwaage am Boden.

Stufenbarren

Das Turnen am Stufenbarren stellt eine Kombination zwischen dem Hangturnen am Reck und dem Stützturnen am Barren dar. Die beteiligten Muskeln müssen diesen Gegebenheiten entsprechend gekräftigt werden. Im Vordergrund steht demnach die Kraft der Armstreckmuskulatur bzw. der Flexoren der Hand sowie die der Hüftbeuger, -strecker, -adduktoren und -abduktoren.

Schwebebalken

Das Turnen am Schwebebalken gilt allgemein als die schwierigste Disziplin im Frauenturnen.
Die Übungen sind im wesentlichen aus dem Bereich des Bodenturnens übertragen worden. Aufgrund der Sprünge (z. B. Salto vorwärts/rückwärts aus dem Stand) sowie

einiger Stützübungen und gymnastischer Teile, die ein hohes aktives Spreizvermögen von der Turnerin verlangen, erfordert das Schwebebalkenturnen nicht nur ein ausgeprägtes Koordinationsvermögen und hohe Beweglichkeit, sondern auch ein ansehnliches Maß an Rumpf- und Extremitätenkraft. Aufgrund der geringen Stand- und Stützfläche kommt vor allem einer kräftigen Fußstellmuskulatur (s. S. 128) hohe Bedeutung zu, um die Gleichgewichtsfähigkeit zu verbessern.
Spezielle Kräftigung der Fußstellmuskulatur: Gehen im Zehenstand, auf der Fußaußen- und -innenkante u. a.

Gewichtheben

Leistungsbestimmende Muskulatur
(Abb. 149)
— *Armmuskeln:* In der Zugphase ist zum einen ein kräftiger Griff (*mm. flexores*

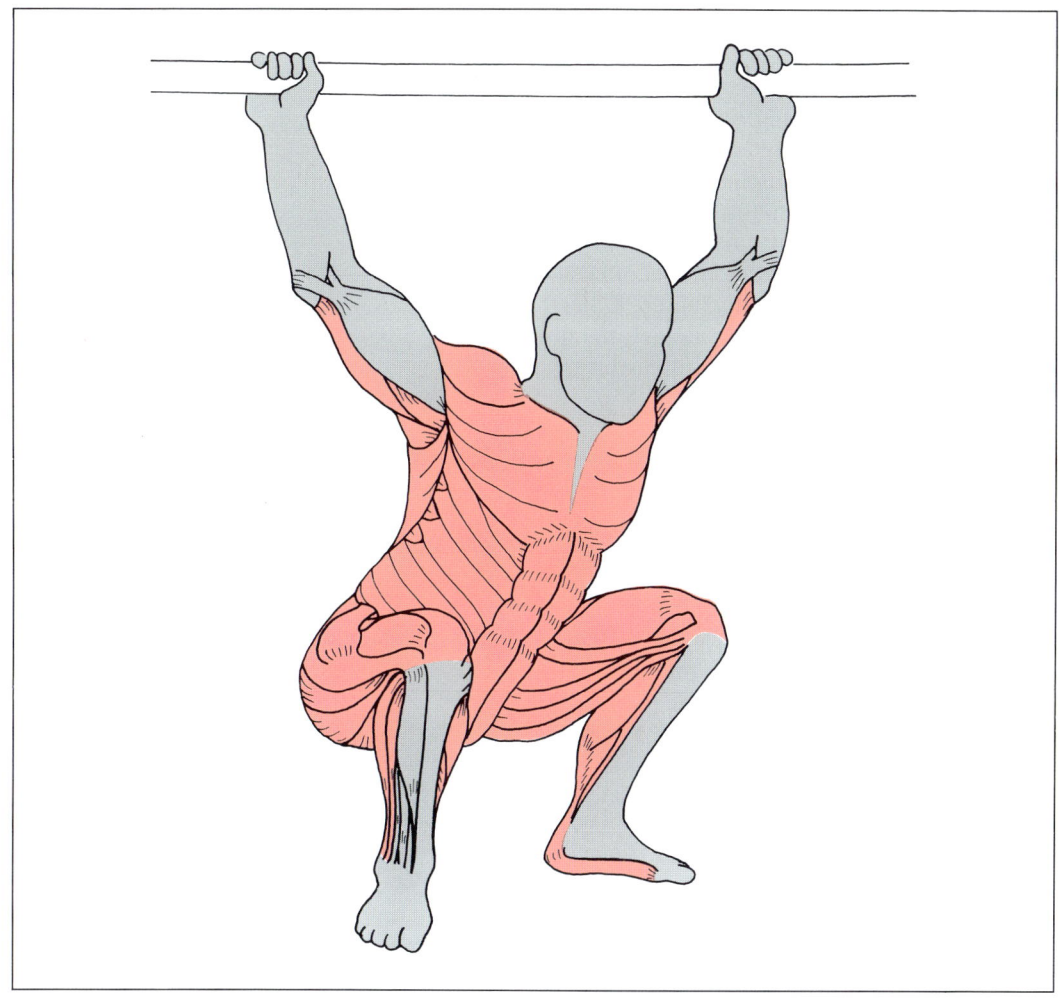

Abb. 149   Muskelbeteiligung beim Hochgehen aus der tiefen Hocke.

digitorum superficialis et profundus, mm. flexores carpi ulnaris et radialis), zum anderen eine maximal entwickelte Arm-beuge- (m. biceps brachii, m. brachialis, m. brachioradialis) und Abduktionsmuskula-tur (m. deltoideus, mm. infra- und supraspi-natus) notwendig.

Beim Umsetzen spielt die Kraft des m. extensor digitorum communis sowie der mm. extensores carpi ulnaris et radialis longus et brevis eine wichtige Rolle.

Für die Armstreckung ist der m. triceps brachii, für die Fixierung des Armes in der Hochhalte sind die entsprechenden Stabili-satoren (s. S. 143) zuständig.

– Rumpfmuskeln: Die Kraft der Rumpf-strecker (m. erector spinae) ist entscheidend in der Zugphase bzw. beim Halten des Gewichtes. In der Hochhalte sorgen sie zusammen mit den Bauchmuskeln für eine ausreichende Stabilisierung der Tragsäule Rumpf.

— *Beinmuskeln:* Da die Hantel nicht nur mittels der Hüft- (*m. glutaeus maximus, mm. ischiocrurales*) und der Kniestrecker (*m. quadriceps femoris*) sowie der Fußgelenksbeuger (*m. triceps surae*) vertikal beschleunigt, sondern auch in der Hochhalte stabilisiert werden muß, ist der gesamten Beinmuskulatur als Zug- bzw. Tragsäule höchste Bedeutung beizumessen. Auf die vor allem in der tiefen Kniebeuge auftretenden extremen Belastungen des Kniegelenks wurde bereits hingewiesen (s. S. 26).

Zweikampfsportarten

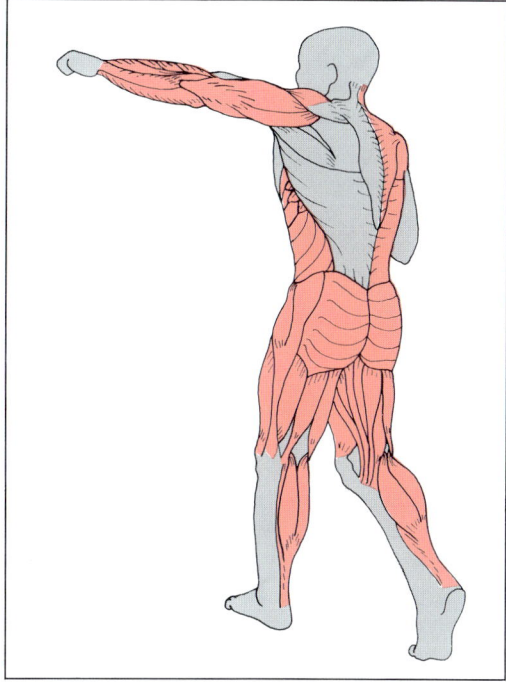

Abb. 150   Muskelbeteiligung bei einer linken Geraden.

brachii, bei den Aufwärts- und Seitwärts-haken sind die Armbeuger (*m. biceps brachii, m. brachialis* und *m. brachioradialis*) sowie die auf die Vorführung des Oberarmes einwirkenden Muskeln (*m. pectoralis major, m. deltoideus*) beteiligt.

Für die Vorhalte der Führungshand sind vor allem der *m. deltoideus* und die Armbeuger zuständig.

— *Rumpfmuskeln*: Sowohl zur Schlagunterstützung als auch zum Abfangen von gegnerischen Schlägen braucht der Boxer eine kräftige Rücken- und vor allem Bauchmuskulatur. Die hervorragende Konditionierung dieser Muskeln ist auch für das Pendeln und Abducken unerläßlich.

— *Beinmuskeln*: Für das „Nachgehen" beim Schlag sind insbesondere die Hüft- (*m. glutaeus maximus, mm. ischiocrurales*) und Kniestrecker (*m. quadriceps femoris*) bzw. Fußgelenksflexoren *(m. triceps surae)* wichtig.

Boxen

Beim Boxer bestimmen Kraft, Schnelligkeit und Ausdauer bzw. deren Subkategorien Explosivkraft, Schnelligkeits- und Kraftausdauer die Leistungsfähigkeit.

Leistungsbestimmende Muskulatur

— *Armmuskeln:* Bei den geraden Schlägen (Abb. 150) wirkt vor allem der *m. triceps*

Ringen

Der Ringer ist der Kraftausdauersportler überhaupt, da er in rascher Folge maximal- bzw. explosivkräftige Einsätze des gesamten Bewegungsapparates zu bewältigen hat.

Leistungsbestimmende Muskulatur

— *Armmuskeln:* Beim Ringer müssen die Muskeln der oberen Extremität für sämtli-

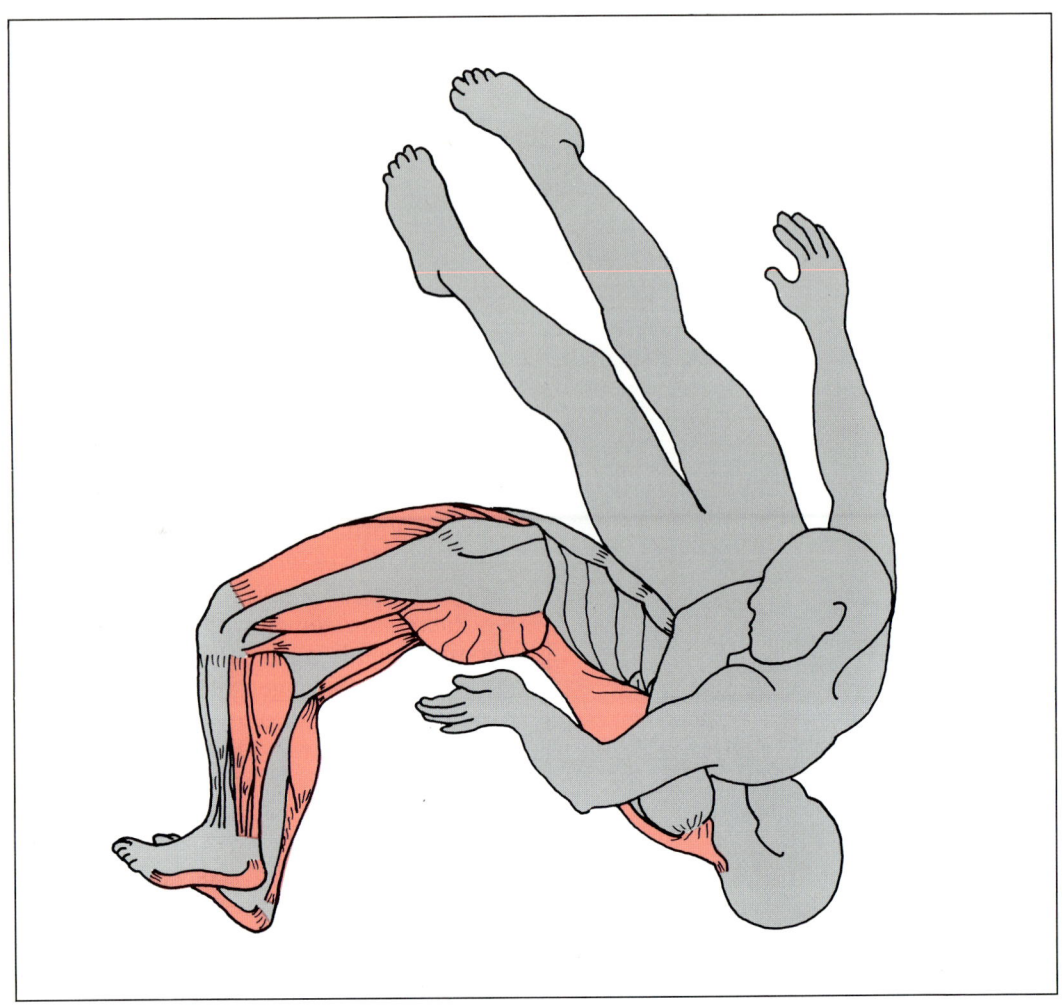

Abb. 151   Muskelbeteiligung beim Überwurf.

che Zugrichtungen außergewöhnlich stark entwickelt sein. Insbesondere sind die Armbeuger (*m. biceps brachii, m. brachialis, m. brachioradialis*) und Fingerbeuger (*m. flexores digitorum superficialis et profundus*) sowie die Armadduktoren (*m. pectoralis major, m. triceps brachii*) für die Griffassung bzw. die verschiedenen Fesselungen wichtig.

— *Rumpfmuskeln:* Bei der universellen Ertüchtigung der Rumpfmuskulatur ist auf eine betonte Kräftigung der Rumpf-

strecker (*m. erector spinae*) bzw. -dreher (s. S. 140) zu achten. Gewisse Techniken sind überhaupt erst nach einer entsprechenden Aufbauarbeit möglich, wie z. B. die Brückengymnastik als Vorbereitung für den Überwurf (Abb. 151).

— *Beinmuskeln:* Für die Realisierung von Angriffs- und Abwehrmanövern benötigt der Ringer kräftige Hüftstrecker, -abduktoren und -adduktoren sowie Kniestreck- (*m. quadriceps femoris*) und Fußgelenkbeugemuskeln (*m. triceps surae*).

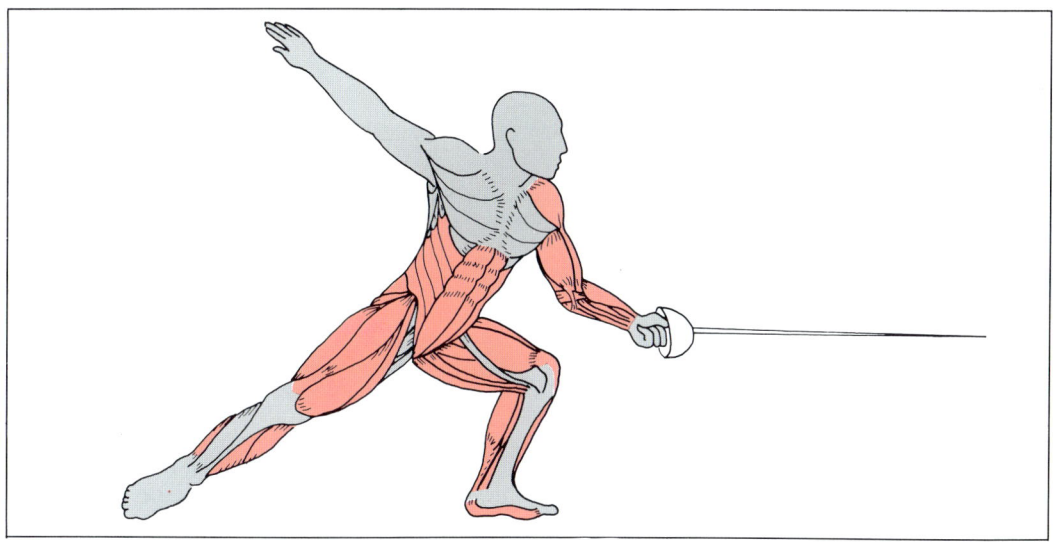

Abb. 152 Muskelbeteiligung beim Fechten.

Fechten

Leistungsbestimmende Muskulatur
(Abb. 152)

— *Armmuskeln:* Für die Haltearbeit des Waffenarmes bzw. für dessen Handgelenksstabilisierung sorgen die Flexoren bzw. Extensoren der Hand in ihrer Gesamtheit. Für die Stoßbewegungen treten die Abduktoren des Armes (*m. deltoideus, m. infra-* und *supraspinatus*) zusammen mit dem Armstrecker (*m. triceps brachii*) in Aktion. Bei den verschiedenen „Einladungen" (z. B. Quarteinladung) kommt es zu Drehungen um die Längsachse des Unterarmes, das heißt zu Pronations- und Supinationsbewegungen (s. S. 145) bzw. zur gleichzeitigen Innen- (*m. subscapularis, m. pectoralis major*) und Außenrotation (*m. infraspinatus*) des Oberarmes im Schultergelenk. Der Kräftigung dieser Muskeln, insbesondere aber der Armabduktoren, ist besondere Aufmerksamkeit zu schenken.

— *Rumpfmuskeln:* Die Rumpfmuskulatur unterstützt einerseits die Angriffsbewegun-

gen — vor allem die Bauchmuskulatur bzw. die Hüftbeuger (*m. rectus femoris, m. iliopsoas, m. tensor fasciae latae*) sind daran beteiligt —, andererseits ermöglicht sie schnelle Ausweichmanöver in der Defensive. Eine gut entwickelte Rumpfmuskulatur stellt demnach eine Basisvoraussetzung des Fechters dar.

— *Beinmuskeln:* Der explosive Ausfall stellt die charakteristischste Beinbewegung des Fechters dar, da jeder Angriff mit ihm abschließt. Weil „jeder so ficht, wie er ausfällt", kommt der Kraft der Hüftbeuger (s. o.), der Ab- und Adduktoren (s. S. 111) des Oberschenkels sowie den Hüft- (*m. glutaeus maximus, mm. ischiocrurales*) und Kniestreckern (*m. quadriceps femoris*) bzw. Fußgelenksbeugern (*m. triceps surae*) eine dominierende Rolle zu.

Die Beschleunigungsarbeit, die der Fechter im Moment des Ausfalls leistet, kann in ihrer Bedeutung in etwa mit dem leichtathletischen Start verglichen werden: ein guter Start ist für den Sprinter bereits ein *halber Sieg*, für den Fechter jedoch der *Sieg*, da die zu überwindende Entfernung wesentlich geringer ist.

Sportschießen

Stellvertretend für die verschiedenen Schießdisziplinen sollen hier das Gewehr- und Bogenschießen auf ihr anatomisches Substrat hin untersucht werden.

Gewehrschießen
(stehend)

Für den Schützen ist nicht die Maximalkraft der beteiligten Muskeln von Bedeutung, sondern deren Fähigkeit, die erforderliche Kraftleistung über mehrere Stunden aufrechterhalten zu können. Dazu genügen im allgemeinen das *Trockentraining* (Training ohne Munition), das den Aufbau der optimalen Schießstellung, das In-Anschlag-Bringen und Halten der Waffe, das Erlernen bzw. Verbessern des Abzugsvorganges und die Koordination von Halten und Abziehen beinhaltet, sowie eine entsprechende *Allgemeingymnastik*, die die diesbezüglichen konditionellen Anforderungen ausreichend abdecken.

Beteiligte Muskulatur

— Rumpf- und Beinmuskeln: Beim Anschlag stehend befindet sich der Körper im labilen Gleichgewicht, was eine erhöhte Anspannung des gesamten Halteapparates zur Folge hat (Abb. 153). Durch das Zurückneigen und gleichzeitige Drehen des Rumpfes sowie das Vorschieben des Beckens wird die Versteifung des Rumpfes bzw. des Hüftgelenkes zum einen über Muskeln, zum anderen über den Bänder-

apparat der Wirbelsäule (s. S. 63) bzw. des Hüftgelenks (lig. iliofemorale, s. S. 108) bewerkstelligt.

Die Seitneigung des Rumpfes wird vor allem durch die Bauchmuskulatur, den *m. erector spinae*, den *m. quadratus lumborum* und den *m. iliopsoas* stabilisiert, die Feststellung des Beckens insbesondere durch die Ab- und Adduktoren (s. S. 111) des Oberschenkels, aber auch durch die Hüftgelenksbeuger und -strecker.

Die Aufrechterhaltung des für den Schützen so wichtigen Gleichgewichts ist vorwiegend die Aufgabe der auf das obere Sprunggelenk wirkenden Waden- (*m. triceps surae*) und Schienbeinmuskulatur (*m. tibialis anterior*).

— Armmuskeln: Durch den Stützkontakt des linken Armes auf dem linken Hüftknochen wird die Schultermuskulatur weitgehend entlastet. Das Gewehr wird aufgrund des kleinen Oberarm-Unterarm-Winkels mit geringem Kraftaufwand durch die Oberarmbeuger *(m. biceps brachii, m. brachialis* und *m. brachioradialis)* stabilisiert. Der Arm der Abzughand wird im Schultergelenk durch den *m. deltoideus* in einer Abduktionsstellung gehalten. Seine Kraftausdauer ist wichtig für einen ruhigen Zielvorgang.

Bogenschießen

Leistungsbestimmende Muskulatur

— *Armmuskeln:* Während des Auszugs-, Ziel- und Ablaßvorganges müssen Arm

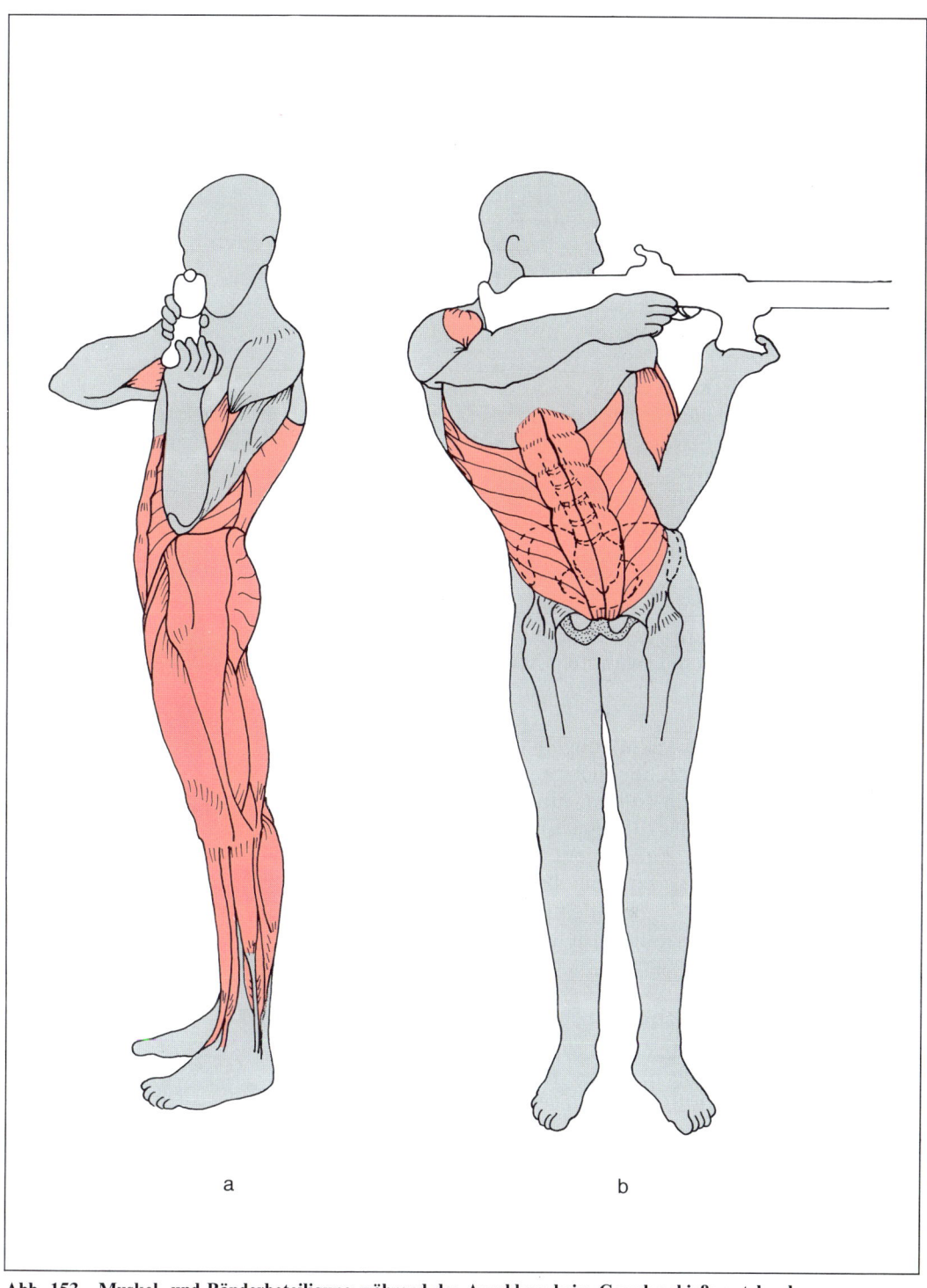

**Abb. 153   Muskel- und Bänderbeteiligung während des Anschlags beim Gewehrschießen stehend
(nach *Jurjew*).**

und Hand den Bogen ruhig halten. Dies erfordert eine ausreichende Basiskraft bzw. Kraftausdauer der Muskeln der Bogenhand, vor allem der Armstrecker (*m. triceps brachii*) und -heber (*m. deltoideus* u. a.). Aber auch die Handgelenkstrecker und -beuger (s. S. 146) müssen genügend entwickelt sein, da das Handgelenk der Bogenhand gestreckt sein soll, um beim Ausziehen der Sehne den entstehenden Druck unmittelbar und gerade auf den Unterarm zu übertragen.

Eine möglichst hohe Kraft der Armabduktoren (*m. deltoideus, mm. infra-* und *supraspinatus*) ist wichtig für die Wahl des Bogens bzw. der Stabilisatoren. Ein schwerer Bogen hat einerseits für die Leistungsfähigkeit des Schützen Vorteile (er liegt besser in der Hand, verreißt beim Ablassen des Pfeiles nicht so leicht, wird von einem Windstoß nicht so ohne weiteres weggedrückt), andererseits erfordert er eine vermehrte Kraft der eben erwähnten Muskeln.

Da aber physische Voraussetzungen und Gewicht des Bogens, einschließlich Stabilisatoren, sich entsprechen sollten, um eine vorzeitige Ermüdung des Bogenarmes zu vermeiden (der Bogen kann nicht mehr ruhig gehalten werden), ist eine bessere Konditionierung der Arbeitsmuskeln gleichzeitig die Voraussetzung für bessere Schußbedingungen.

Der Oberarm der Pfeilhand wird aus der Vorhalte in die Seithalte geführt (*m. infraspinatus, m. deltoideus, m. teres minor*), unter Beugung des Ellbogens (*m. biceps brachii, m. brachialis, m. brachioradialis*). Diese Muskeln sind, ebenso wie die Fingerbeuger (*mm. flexores digitorum superficialis et profundus*) durch ein entsprechendes Training zu kräftigen (s. S. 201).

— *Rumpf- und Beinmuskeln:* Die gerade Haltung ist das Grundelement des Bogenschießens. Um Verdrehungen zu vermeiden, bedarf es der Schulung der Rumpf- (*m. erector spinae* und Bauchmuskeln) und Hüftstabilisatoren (*mm. adductores et abductores,* s. S. 113).

Wassersport

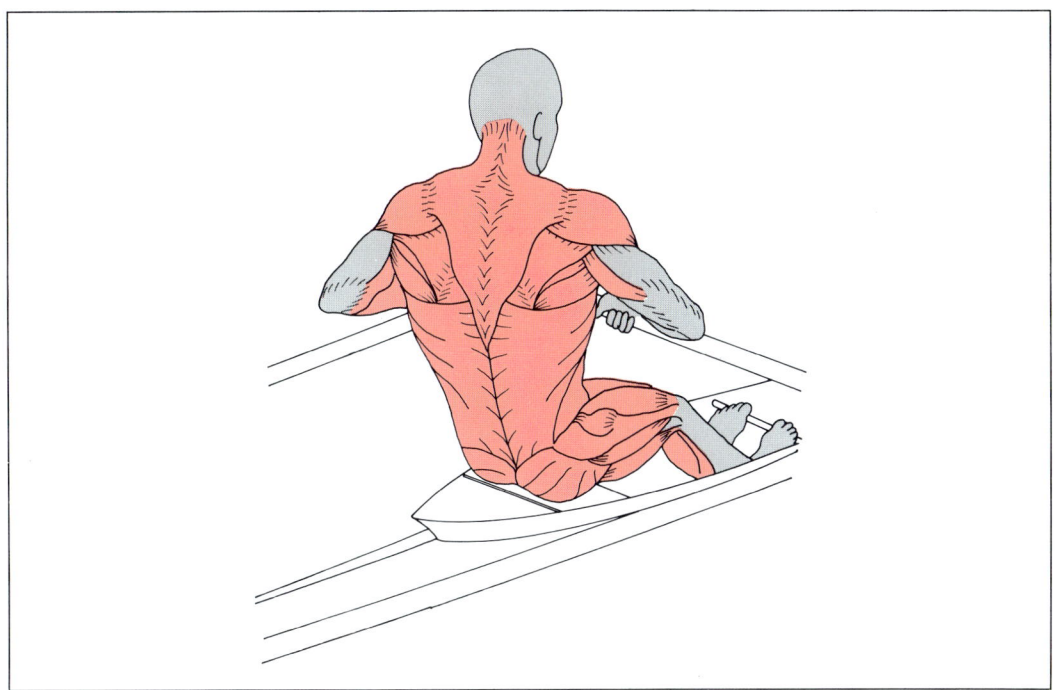

Abb. 154   Muskelbeteiligung beim Rudern.

Rudern

Das Rudern ist eine Kraftausdauersportart, die hohe Anforderungen an Arm-, Rumpf- und Beinmuskeln stellt (Abb. 154).

– *Armmuskeln:* Für die Armbeugung sorgen *m. biceps brachii, m. brachialis* und *m. brachioradialis,* für die Rückführung bzw. Senkung des Oberarmes *m. pectoralis major, m. triceps brachii, m. latissimus* *dorsi, m. teres major* und *m. subscapularis.*

– *Rumpfmuskeln:* Bei der Vornahme des Rumpfes wird die gesamte Bauchmuskulatur eingesetzt, bei der Rücknahme (Zugphase) vor allem der *m. erector spinae.*

– *Beinmuskeln:* In der Zugphase kommt es zu einer zunehmenden Streckung im Hüft- (*m. glutaeus maximus, mm. ischiocrurales*) und Kniegelenk (*m. quadriceps femoris*) bzw. Plantarflexion im oberen Sprunggelenk (*m. triceps surae*).

Kajak

Leistungsbestimmende Muskulatur
(Abb. 155)

– *Armmuskeln:* Beim *Zugarm* werden in der Anriß- und Zugphase einerseits der Oberarm aus der Seitvorhalte rücktiefgeführt (vgl. Rudern), andererseits der Ellbogen (*m. biceps brachii, m. brachialis, m. brachioradialis*) und das Handgelenk gebeugt (*mm. flexores digitorum superficialis et profundus, mm. flexores carpi ulnaris et radialis*).

Beim *Druckarm* – Zugphase und Druckphase erfolgen gleichzeitig – wird die zunehmende Armstreckung durch den *m. triceps brachii* und die Oberarmhebung vor allem durch den *m. deltoideus* vollzogen.
– *Rumpfmuskeln:* Unterstützt wird der Armzug durch die kräftige Rumpfdrehmuskulatur (s. S. 140); der Anriß erfolgt im Punkt der größten Rumpfvorspannung (Verwindung). Für die Rumpfstabilisierung ist zusätzlich eine ausreichend konditionierte Bauch- und Rückenstreckmuskulatur notwendig.

– *Beinmuskeln:* Die Beinmuskulatur ist im Vergleich zum Rudern weniger aktiv beansprucht, hat aber neben der Sitzstabilisierung als Druckhilfe für den Armzug bzw. -druck eine wichtige Funktion, insbesondere gilt dies für die Hüftbeuger (*m. rectus femoris, m. iliopsoas, m. tensor fasciae latae*).

Segeln

Beim modernen Regattasegeln ist eine hohe körperliche Leistungsfähigkeit erforderlich. Um in der Lage zu sein, bei entsprechenden Windverhältnissen zwei- bis vierstündige Wettfahrten in der kräftefordernden Ausreithaltung erfolgreich zu absolvieren, bedarf es einer guten Konditionierung der beteiligten Muskelgruppen.

Leistungsbestimmende Muskulatur

– *Armmuskeln:* Zum Schoten Halten und Dichtnehmen, zum Halten und Hochziehen am Trapezgriff bzw. beim Zurückziehen der Pinne beim Abfallen benötigt der Segler kräftige Armbeuger (*m. biceps brachii, m. brachialis* und *m. brachioradialis*) und Retrovertoren des Oberarmes (*m. deltoideus, m. subscapularis, m. teres major*).
– *Rumpf und Beinmuskeln:* Zum Ausreiten bzw. bei der Rückkehr vom Ausreiten ist die Stärkung der Bauchmuskeln bzw. der Hüftbeuger (*m. rectus femoris, m. iliopsoas, m. tensor fasciae latae*) unerläßlich. Für das Einnehmen bzw. für die Aufgabe der Hockstellung müssen die Kniestrecker (*m. quadriceps femoris*), für das Halten der Füße im Ausreitgurt die Plantarflexoren gekräftigt werden.

Da die Muskulatur vorwiegend Haltearbeit zu verrichten hat, ist der Entwicklung der Kraftausdauer ein besonderes Augenmerk zu schenken.

Impression von der Kieler
Woche.

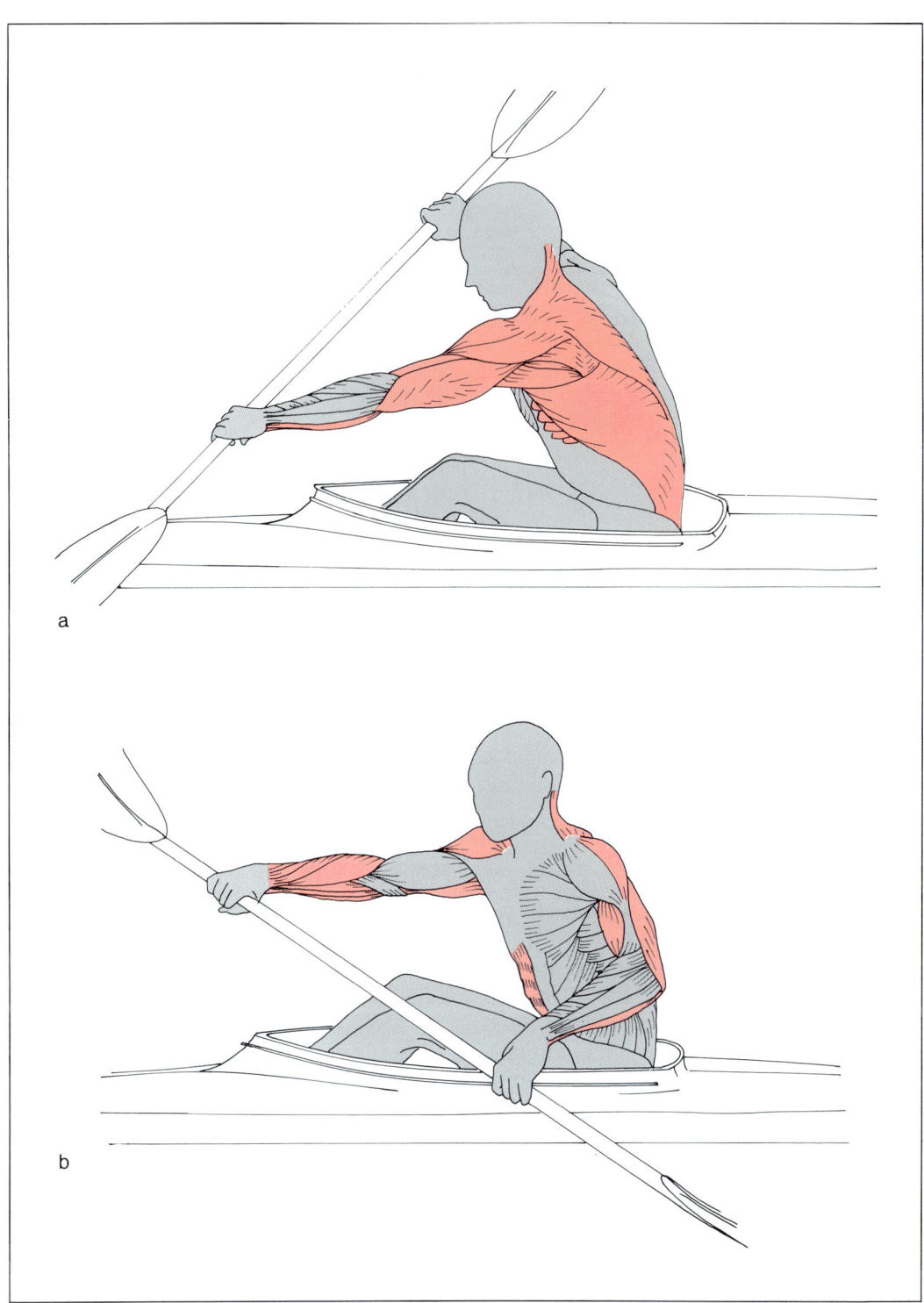

Abb. 155   Muskelbeteiligung beim Kajakfahren.

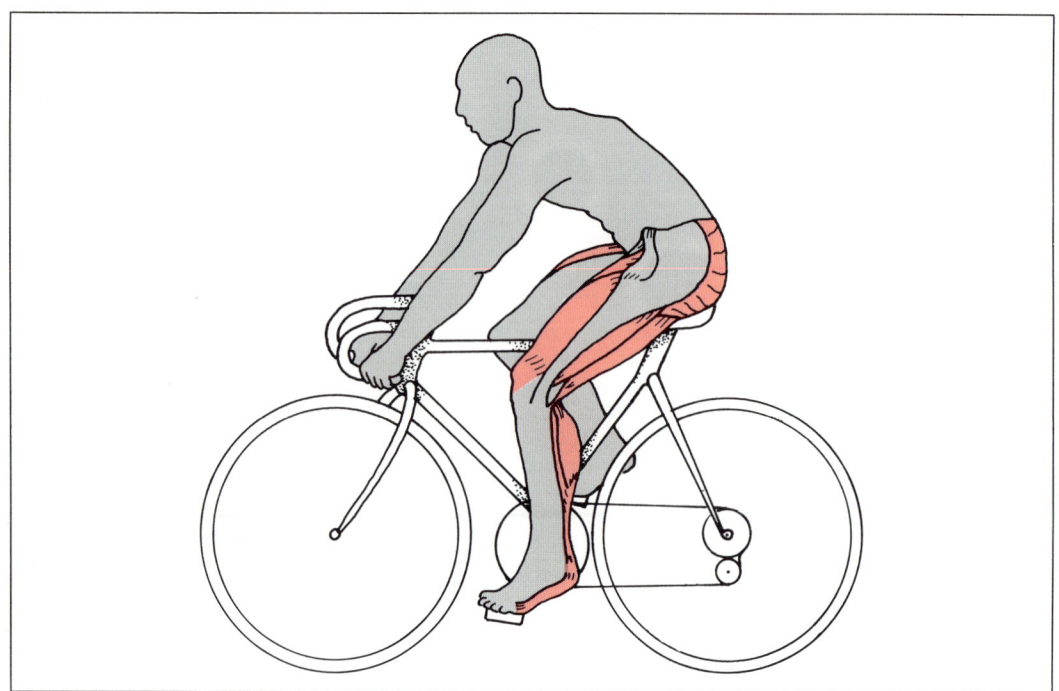

Abb. 156   Muskelbeteiligung beim Radfahren.

Radsport

Leistungsbestimmende Muskulatur
(Abb. 156)

— *Beinmuskeln:* Die Beinmuskulatur ist der Hauptträger der Belastung beim Radfahren. Das Herabdrücken des Pedals erfolgt über die Hüft- und vor allem die Kniestrecker (*m. quadriceps femoris*) bzw. Fußgelenkbeuger (*m. triceps surae*); für das Hochziehen des Pedals sorgen dann antagonistisch die Hüft- (*m. rectus femoris, m. iliopsoas, m. tensor fasciae latae*) und Kniebeuger (*mm. ischiocrurales*) bzw. Fußgelenksextensoren (vor allem *m. tibialis anterior*).
— *Armmuskeln:* Bei normaler Fahrt sorgen die Armstrecker (*m. triceps brachii*) für die Steuerung und Aufrechterhaltung einer optimalen Rumpfhaltung. Beim Spurt

steht die Arbeit der Armbeuger (*m. biceps brachii, m. brachialis, m. brachioradialis*) und Armsenker (s. S. 143) im Vordergrund.
— *Rumpfmuskeln:* Um den Druck der unterstützenden Armarbeit auf die Beine übertragen zu können, bedarf es einer gut konditionierten Bauch- und Rückenmuskulatur (*m. erector spinae*).

Rasen- und Hallenspiele

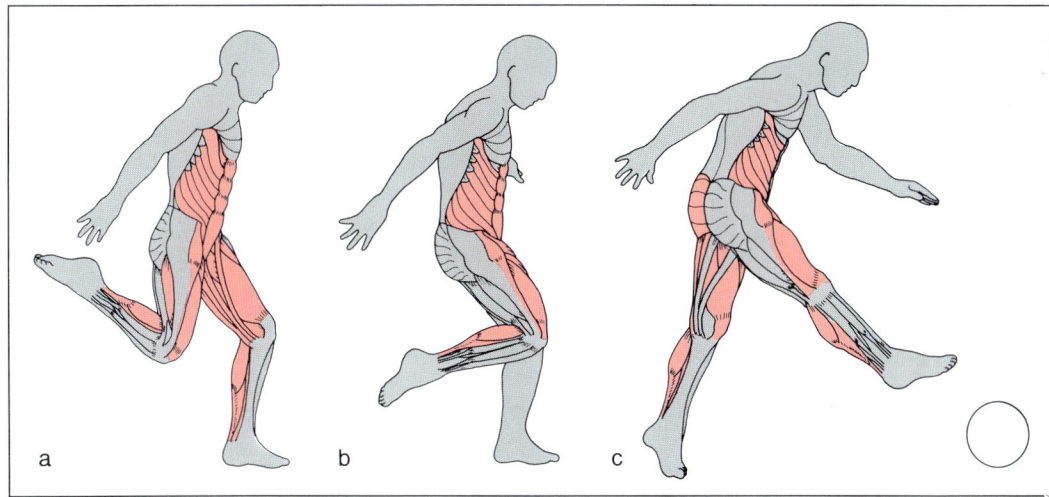

Abb. 157   Muskelbeteiligung beim Torschuß (Spannstoß).

Für die Effektivität aller Laufspiele ist die für Lauf und Sprung relevante Muskulatur (s. S. 161) neben den spielartspezifischen technischen Voraussetzungen leistungsbestimmend. Es soll deshalb für die einzelnen Spiele nur das für jedes Spiel zusätzlich charakteristische Bewegungssubstrat analysiert werden.

Fußball

Beim Torschuß kommt es beim *Spielbein* zu einer explosiven Streckung im Kniegelenk (*m. quadriceps femoris*) und Beugung im Hüftgelenk (*m. rectus femoris, m. iliopsoas, m. tensor fasciae latae*) bei gleichzei-

tiger Kontraktion der Bauchmuskulatur. Auf der Standbeinseite wird die Bewegung des Schußbeines durch eine Hüft- (*m. glutaeus maximus, mm. ischiocrurales*) und Kniestreckung (*m. quadriceps femoris*) sowie Plantarflexion (*m. triceps surae*) kräftig unterstützt (Abb. 157).

Hockey

Für die schnelle und kraftvolle Führung des Schlägers benötigt der Hockeyspieler einerseits eine gute Armbeuge-, andererseits eine starke Oberarmabduktions- und -adduktionsmuskulatur (s. S. 144). Dabei spielt für einen kräftigen Schuß besonders der *m. pectoralis major* eine wichtige Rolle. Die ausgeprägte Rumpfneigung des ballführenden Spielers macht eine genügend konditionierte Rückenstreckmuskulatur (*m. erector spinae*) nötig.

Handball

Das moderne Handballspiel mit seinen hohen Anforderungen an die Athletik der Spieler macht eine ausgeprägte Kraftschulung der gesamten Rumpf- und Extremitätenmuskulatur unumgänglich. Für die Verbesserung der Wurfkraft ist die beim Speerwurf (s. S. 165) besprochene Muskulatur zu kräftigen, für die seitlichen, ohne Ausholbewegung aus dem Unterarm bzw. Handgelenk erfolgenden Würfe, bedarf es einer zusätzlichen Schulung der Arm- (*m. biceps brachii, m. brachialis, m. brachioradialis*), Hand- und Fingerflexoren. Ausreichend kräftige Fingerflexoren sind außerdem für die Ballführung wichtig.

Basketball

Basketball ist vor allem ein Spiel, in dem die ein- bzw. beidbeinige Sprungkraft und mit entsprechenden Abstrichen eine ausreichende Armstreckkraft (*m. triceps brachii*) für die Würfe von Bedeutung sind. Obwohl die Würfe nicht auf Bewegungswucht, sondern auf genaue Dosierung ausgerichtet sind, ist für Würfe aus größeren Distanzen doch ein ausreichendes Maß an Wurfkraft erforderlich.

Volleyball

Das Volleyballspiel ist ein beidbeiniges Sprungspiel, das aufgrund seiner Kombination mit einer als Schlag (Schmettern) ausgeführten Wurfbewegung (s. Speer-

wurf) eine entsprechende Kraftentwicklung benötigt.

Tennis

Für einen guten Griff braucht der Tennisspieler eine kräftige Fingerbeugemuskulatur (*mm. flexores digitorum superficialis et profundus*), zur Stabilisierung des Handgelenks noch zusätzlich gut entwickelte Handgelenksbeuger und -strecker (*mm. extensores et flexores carpi ulnaris et radialis*).

Für die Armstreckung bei der Rückhand bzw. beim Aufschlag sorgt der *m. triceps brachii*, für das Vorschwingen des Vorhandarmes vorwiegend der *m. pectoralis major,* der vordere Deltamuskelanteil und der *m. biceps brachii,* für die Abduktions- und die gleichzeitige Retroversionsbewegung bei der Rückhand vor allem der *m. deltoideus* (hinterer Anteil), der *m. infraspinatus* und der *m. teres minor.*

Für die Kraft des Aufschlages sind die gleichen Muskeln wie beim Speerwurf tätig (s. S. 165), vor allem aber der *m. pectoralis major* und der *m. latissimus dorsi.*

Exkurs: „Tennisarm"

Unter dem „Tennisarm" bzw. „Tennisellbogen" versteht man Überanstrengungsschäden, die sich durch Reizerscheinungen im Bereich der Ellenbogenaußenseite (äußerer Oberarmhöcker) äußern.

Die Beschwerden treten vorwiegend beim Rückhandschlag auf, da hierbei eine Streckbewegung im Hand- und Ellbogengelenk (Extensoren) bei endgradiger Supination (Auswärtsdrehung durch den *m. supinator* und *m. biceps brachii*) erfolgt. Da alle Extensoren des Handgelenks und auch der *m. supinator* am lateralen Oberarmhöcker ansetzen, kann es bei technisch unsauberer Schlagweise (unkontrollierte Streck- und Außenrotationsbewegung durch Überreißen) bzw. durch Spielen mit Metallschlägern zu lokalen Überlastungsschäden kommen.

Der „Tennisarm" ist jedoch verständlicherweise nicht unbedingt auf den lateralen Epicondylus beschränkt, da auch bei der Vorhand bzw. beim Aufschlag vergleichbare Bedingungen am medialen Oberarmhöckerchen vorliegen.

Wintersport

Skilauf alpin

Leistungsbestimmende Muskulatur

— *Beinmuskulatur:* Die Dynamik des alpinen Skilaufs erfordert eine außergewöhnlich auf Kraftausdauer trainierte Hüft- (*m. glutaeus maximus, mm. ischiocrurales*) und Kniestreckmuskulatur (*m. quadriceps femoris*) für die Aufrechterhaltung der „Abfahrtshocke" bzw. den schnellkräftigen Abstoß beim „Umsteigen". Zusätzlich ist auch die Kraft der Extensoren (*m. tibialis anterior*) bzw. Flexoren (*m. triceps surae*) wichtig.

Bei der Einnahme der Abfahrtshocke ist dabei auf eine leistungsrelevante infrastrukturelle (vgl. auch S. 119) und biomechanische Besonderheit des *m. quadriceps femoris* und seiner verschiedenen Anteile hinzuweisen: Die nach Studien im Windkanal propagierte „tiefe Eiform" (Abb. 158 a) — sie beansprucht überwiegend den für Schnellkraft-, nicht aber für Kraftausdauereinsätze geeigneten *m. rectus femoris* — zeigte sich in der Wettkampfpraxis als weniger günstig als die „hohe Eiform" (Abb. 158 b), bei der insbesondere die *mm. vasti femoris* — sie sind vorzugsweise für isometrische Haltearbeit prädestiniert — die Belastung tragen. Die Abbildung macht deutlich, daß dabei Veränderungen im Bereich der Streckachse im Kniegelenk eine entscheidende Rolle spielen. Bei der „tiefen Eiform" mit starker Kniebeugung liegen der *m. rectus femoris* und der *m. vastus intermedius* über, die medialen und lateralen *mm. vasti* befinden sich unterhalb der Streckachse. Konsequenz: Der *m. rectus femoris* muß — nur vom *m. vastus intermedius* unterstützt —, die für ihn atypische Haltearbeit leisten und ist in dieser Funktion überfordert.

Bei der „hohen Eiform" mit geringerer Kniebeugung befinden sich sowohl der *m. rectus femoris* als auch alle *mm. vasti femoris* über der Streckachse; demnach sind sämtliche Anteile, vor allem aber die dafür besonders geeigneten *mm. vasti femoris*, an der Haltearbeit beteiligt.

— *Rumpfmuskulatur:* Der alpine Skiläufer benötigt eine gut entwickelte Rücken- (*m. erector spinae*), z. B. zur Aufrechterhaltung der aerodynamisch günstigen Abfahrtshocke, sowie Bauchmuskulatur (insbesondere für die Ausgleichs- und Rumpfdrehbewegungen beim Slalom).

— *Armmuskulatur:* Für den Stockeinsatz bzw. bei Sturzkorrekturen ist eine kräftige Armstreckmuskulatur (*m. triceps brachii*) notwendig.

Skilanglauf

Leistungsbestimmende Muskulatur

— *Beinmuskulatur:* Für die Schubkraft des Abstoßbeines sind die Hüft- (*m. glutaeus maximus, mm. ischiocrurales*) und Kniestrecker (*m. quadriceps femoris*) sowie Plantarflexoren (*m. triceps surae*) des Fußes wichtig, für die Schwungbeinvornahme die Hüftbeuger (*m. rectus femoris, m. iliopsoas, m. tensor fasciae latae*).

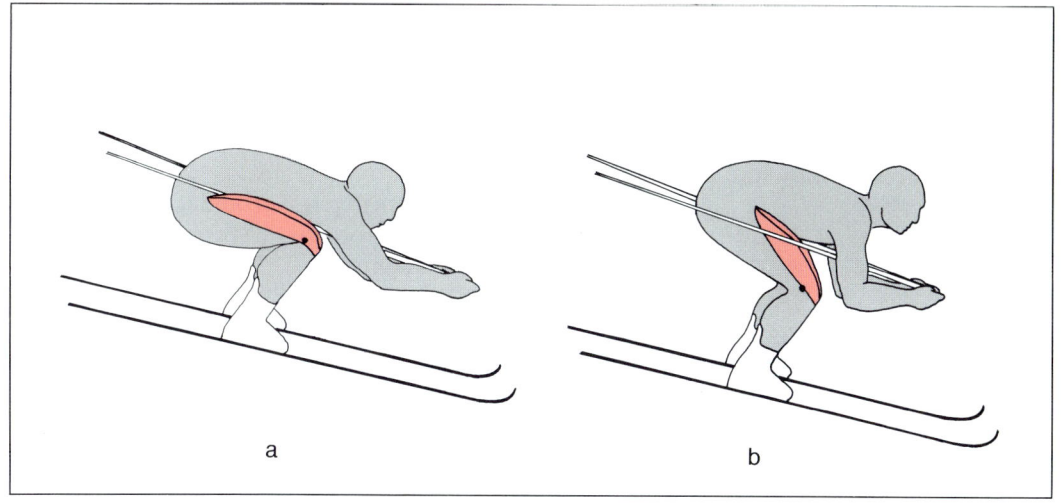

Abb. 158 Schematische Darstellung der Arbeitsmöglichkeiten der beiden Anteile des m. quadriceps femoris und deren Lage zur Drehachse des Kniegelenks bei der „tiefen" (a) und der „hohen Eiform" (b).

— *Armmuskeln:* Für den Druckarm ist die Arbeit des *m. triceps brachii* sowie der Armsenker (s. S. 143) wichtig, für den Schwungarm vor allem der *m. deltoideus*.
— *Rumpfmuskulatur:* Bauch- und Rückenmuskulatur sorgen für die Rumpfstabilisierung bzw. die Unterstützung der Beinstreckung.

Eisschnellauf

Leistungsbestimmende Muskulatur

— *Beinmuskeln:* Die Beinstreckung erfolgt durch die gleichen Muskeln wie beim Lauf (s. S. 160). Hinzukommen jedoch verstärkt die Adduktoren (insbesondere beim Lauf in der Kurve) und Abduktoren des Hüftgelenks (Stützbeinstabilisierung, s. S. 113).
— *Rumpfmuskeln:* Zur Aufrechterhaltung der starken Rumpfvorlage wird vor allem der *m. erector spinae* kontrahiert. Aber auch die Bauchmuskulatur darf als Antagonist der Beckenstabilisierung nicht vernachlässigt werden.

Eiskunstlauf

Beim Eiskunstlauf werden bei den Sprüngen starke positiv (Absprung) und negativ dynamische Kräfte (Landung) gefordert. Aus diesem Grunde muß zum einen die Sprung- bzw. Amortisationsmuskulatur (s. S. 161), zum anderen die Fußstellmuskulatur (s. S. 128) ausgeprägt gekräftigt werden.
Für die Paarläufer ist für die Hebefiguren eine dem Schwerathleten vergleichbare Kräftigung der Bauch- und Rückenmuskulatur (*m. erector spinae*) bzw. der Armhebe- (*m. deltoideus*) und Armstreckkraft (*m. triceps brachii*) notwendig.

Bobfahren

Das Bobfahren setzt sich aus der Startphase und der körperkraftunabhängigen Fahrt ins Ziel (es handelt sich hier ausschließlich um steuerungstechnische Fragen) zusammen.

Die in der Startphase eingesetzte Muskulatur entspricht der des Sprinters (s. S. 160), allerdings mit einer zusätzlichen Akzentuierung der Armstreck- (*m. triceps brachii*) und Rumpfstabilisierungskräfte (*m. erector spinae* und Bauchmuskeln).

Rodeln

Um *beim Start* einen möglichst langen Beschleunigungsweg in der Vorspannphase zu erreichen, braucht der Rodler zum einen eine hohe Beweglichkeit der Wirbelsäule, zum anderen eine kräftige Hüftbeugemuskulatur (*m. rectus femoris, m. iliopsoas, m. tensor fasciae latae*), die es ihm erlauben, sich weit nach vorne zu neigen.

In der Abzugsphase des Starts ist die Kraft der Armbeuger (*m. biceps brachii, m. brachialis* und *m. brachioradialis*) bzw. der Armsenker (s. S. 143) und Retrovertoren (*m. deltoideus, m. subscapularis, m. teres major*) entscheidend.

In der Umsetzphase schließlich läßt sich durch das Abdrücken mit den Händen („Pinguin") die Startgeschwindigkeit nochmals erhöhen. In der initialen Zugphase sind dabei die Armbeuger, in der nachfolgenden Druckphase vor allem die Armstrecker (*m. triceps brachii*) leistungsunterstützend.

Während der Fahrt wird aufgrund der Anforderungen der Aerodynamik (mit der Geschwindigkeit wächst der Luftwiderstand quadratisch) bzw. der präzisen Steuerungsvorgänge eine hervorragend entwickelte vordere Halsmuskulatur (v. a. *m. sternocleidomastoideus*) und Bauchmuskulatur gefordert, da während der gesamten Fahrt der Kopf zur Streckenbeurteilung leicht angehoben bleiben muß.

Darüber hinaus müssen zur Sitzstabilisierung die Holmhandadduktoren (insbesondere der *m. pectoralis major*), die Gurthandbeuger (*m. biceps brachii, m. brachia-*

lis und *m. brachioradialis*) sowie die Hüftadduktoren gut konditioniert sein.

Skispringen

Der Skispringer verbindet in extremer Form eine positiv (Absprung) und eine negativ (Landung) dynamische Kraftentwicklung der Hüft- (*m. glutaeus maximus* und *mm. ischiocrurales*) und Kniestrecker (*m. quadriceps femoris*) sowie der Plantarflexoren des Fußes (*m. triceps surae*).

Zur Stabilisierung einer guten Fluglage bedarf es dazu noch einer gut entwickelten Bauch- und Rückenmuskulatur.

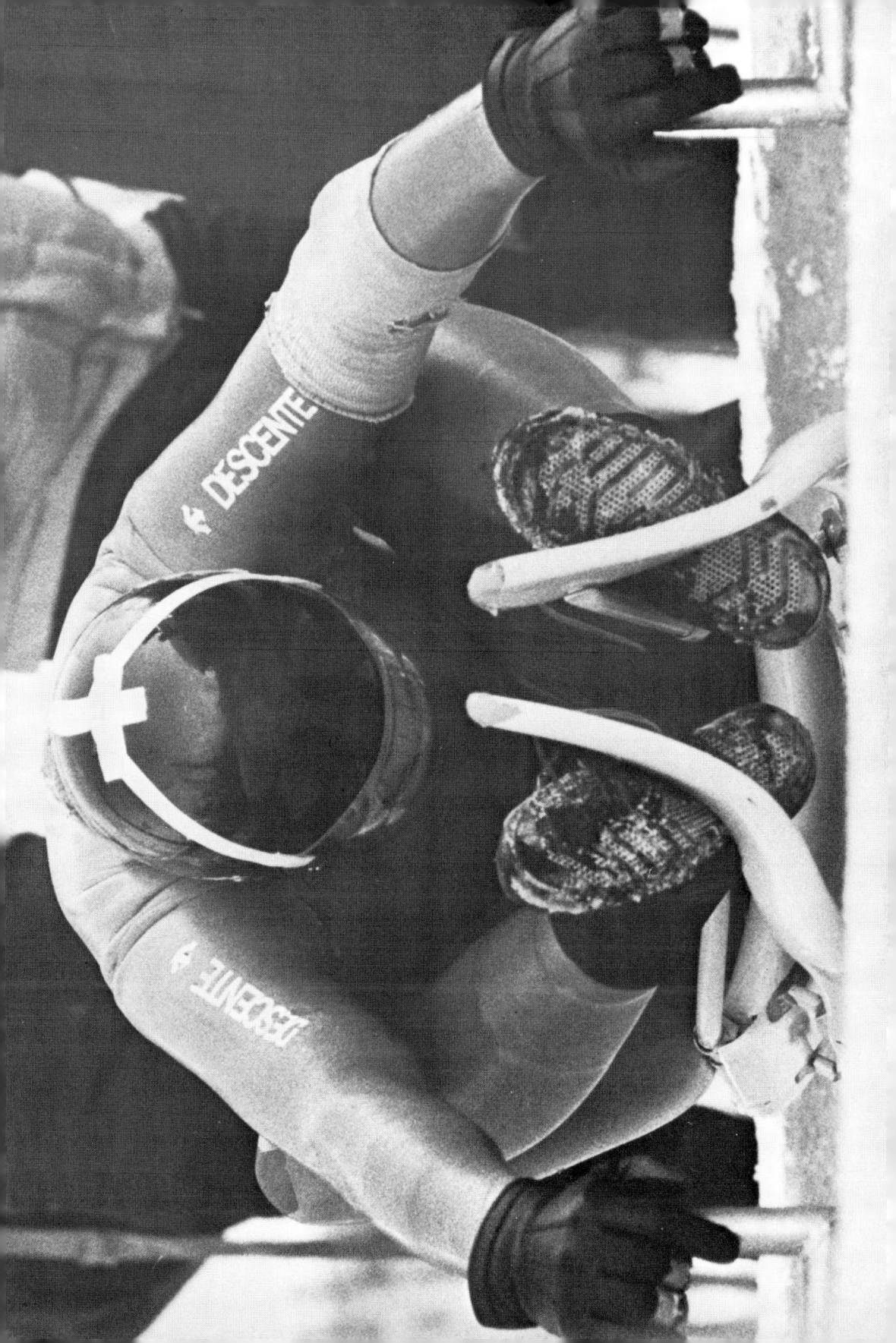

Geballte Energie am Start:
Winkler bei den Qlympischen
Spielen von Lake Placid.

6 Funktionell-anatomisches Krafttraining

Anregungen zu einem gezielten funktionell-anatomischen Krafttraining aller bei der Analyse einfacher Bewegungsabläufe beteiligten Muskelgruppen — Vorschläge für dynamische und statische Übungen

Vorbemerkung

Es ist nicht das Ziel dieses Buchteiles, eine vollständige Sammlung aller möglichen Übungen für eine bestimmte Bewegung zu liefern; vielmehr sollen hier dem Nicht-Spezialisten bescheidene und einfache Anregungen gegeben werden, wie er eventuelle muskuläre Schwächen in einem beliebigen Bewegungsablauf beseitigen kann. Es soll deshalb auch für jede Bewegung nur eine typische Übung angeboten werden. Zusätzliche Übungen kann er dann selbst erfinden oder in dem Buch „Optimales Training" des gleichen Autors nachlesen.

Was ist beim Krafttraining zu beachten?

— Um bei Aufnahme eines Krafttrainings einen Muskelkater zu vermeiden, sollte anfänglich lieber mit geringeren Lasten und einer höheren Wiederholungszahl begonnen werden.
— Vergessen Sie als Rechts- bzw. Linkshänder nicht die Muskeln der Gegenseite.
— Kräftigen Sie nicht einseitig nur die Belastungsträger, sondern auch deren Gegenspieler.
— Sie können die Muskeln einzeln, aber auch komplex trainieren.
— Kein Krafttraining ohne vorheriges *Erwärmen*.
— Es sollte stets *das* Krafttraining Anwendung finden, das den Anforderungen der Disziplin entspricht. Das heißt, Maximalkrafttraining, wenn maximale Kräfte erforderlich sind; Kraftausdauertraining (submaximale Belastungen, aber höhere Wiederholungszahl), wenn diese Form der Kraftentwicklung gebraucht wird etc.
— Es sollte stets *so* trainiert werden, daß die in der sportlichen Bewegung auftretende *Dynamik* annähernd imitiert wird und die *Arbeitswinkel* in etwa gleich sind.
— Kraft kann durch dynamisches (hier verkürzt sich der Muskel) und statisches Training (hier wird der Muskel nur maximal angespannt) bzw. durch deren Mischformen erworben werden.
— Beim dynamischen Training ist für den Gewinn einer hohen Kraft eine achtfache Wiederholung optimal (Gewicht gerade so schwer wählen, daß das Erreichen dieser Zahl möglich ist), beim statischen eine Anspannungszeit von 6—10 Sekunden (= 1 „Serie").
— Pro Training 2—5 Serien (je nach Trainingszustand)
— Statisches Training ist nicht kreislaufwirksam, sondern dient ausschließlich der Vergrößerung des Muskelquerschnitts und damit der Kraftzunahme.
— Statisches Training ist aufgrund des Preßvorganges nicht ohne weiteres für Leute mit Herzschwäche bzw. hohem Blutdruck geeignet!

Übungskatalog zu den einfachen Bewegungsabläufen (s. S. 135 ff)

Einfache Rumpfbewegungen

Rumpfbeugen vorwärts

Dynamische Übung: Rumpfbeugen vorwärts, Beine fixiert.
Statische Übung: Bauchmuskeln anspannen (hechelnde Atmung).

Rumpfbeugen rückwärts

Dynamische Übung: Aufbiegen rückwärts aus der Bauchlage, Beine fixiert.
Statische Übung: In der Überstreckung Rückenmuskeln anspannen.

Rumpfbeugen seitwärts

Dynamische Übung: Rumpfbeuge seitwärts (gegrätschte Beine fixiert).
Statische Übung: Rumpfseitbeugen mit finaler Fixierung der Endstellung.

Rumpfdrehen zur Seite

Dynamische Übung: Rumpfdrehen im Wechsel nach rechts und links mit Zusatzlast (Sandsack, Reck- oder Hantelstange).
Statische Übung: Stellen Sie sich mit seitlich ausgestreckten Armen (Beine zur Standfixierung gegrätscht) unmittelbar vor ihren Türrahmen. Versuchen Sie, gegen den Widerstand zu drehen (wechselweise nach links und rechts).

Einfache Bewegungen der Oberen Extremität

Heben des Armes aus der Tief- in die Vor- bzw. Hochhalte

Dynamische Übung: Bewegungssimitation mit Fausthanteln; Reißen.
Statische Übung: Beide Arme in Vorhalte; die Handfläche der einen Hand liegt auf dem Handrücken der anderen (man wähle verschiedene Vorhaltehöhen!); nun drükken die Hände gegeneinander, die obere nach unten (hierbei werden die Armsenker gekräftigt) und die untere nach oben = Training der Antevertoren.

Fixierung des Armes in Hochhalte

Dynamische Übung: Gehen im Handstand.
Statische Übung: s. oben, nur in Hochhalte.

Senken des Armes aus der Hochhalte

Dynamische Übung: Zugübungen (Seilzug mit Gegengewicht, Gummizug) aller Art, Kurzhantelübungen: in der Rückenlage Arme aus der Hochhalte in die Vorhalte führen.
Statische Übung: s. oben.

Retroversion des Armes

Dynamische Übung: Zugübungen im Stehen, Kurzhantelübung: Rückführen des Armes in der Bauchlage.
Statische Übung: Stand rücklings zur Wand, Arme in Tiefhalte, Handflächen zur Wand: Drücken Sie gegen den Widerstand der Wand.

Abduktion des Armes

Dynamische Übung: Arme mit Kurzhanteln aus der Tief- in die Hochhalte führen.
Statische Übung: Stellen Sie sich mit den Armen in Tiefhalte in den Türrahmen. Drücken Sie gegen den Widerstand mit beiden Armen gleichzeitig nach außen.

Retroversion aus der Seithalte

Dynamische Übung: Kurzhanteln (aus der Bauchlage auf der Bank) aus der Vorhalte in die Seit- bzw. Rückhalte führen.
Statische Übung: Stand rücklings zur Wand, Arme in Seithalte. Drücken Sie mit dem Handrücken gegen den Widerstand!

Anteversion aus der Seithalte

Dynamische Übung: Kurzhanteln (aus der Rückenlage auf der Bank) aus der Seithalte in die Vorhalte (nach oben) führen!

Statische Übung: Arme in Seithalte vorlings zur Wand. Drücken Sie mit den Handflächen gegen den Widerstand.

Adduktion des Armes

Dynamische Übung: Arme in Seithalte mit Griff an den Ringen. Springen in den Stütz unter Seittiefführen der Arme! Zugseilarbeit desgleichen möglich.

Statische Übung: Setzen Sie sich auf einen Stuhl, Arme in der Tiefhalte. Drücken Sie mit beiden Handflächen seitlich gegen ihren Stuhl!

Innenrotation des Armes

Dynamische Übung: Ellbogen bis etwa 90 Grad winkeln. Armdrücken gegen Partnerwiderstand (beide Partner sitzen am Tisch gegenüber)! Drehübungen mit Eisenstab.

Statische Übung: Knien Sie sich vor einen Stuhl, fassen Sie das Stuhlbein mit einer Hand. Versuchen Sie, gegen den Widerstand innenzurotieren (Ellbogen etwa 90 Grad gebeugt).

Außenrotation des Armes

Dynamische Übung: s. vorhergehende Übung, nur jetzt keine Handfassung, sondern Handrücken zueinander und nach außen drücken!

Statische Übung: s. vorhergehende Übung, jedoch Außenrotation.

Die Beugung des Armes im Ellbogen

Dynamische Übung: Klimmziehen.
Statische Übung: Setzen Sie sich vor einen Tisch, legen Sie eine Handfläche von unten gegen die Tischplatte, die andere von oben dagegen! Versuchen Sie den unteren Arm zu beugen, den oberen zu strecken (s. Armstrecker)!

Die Streckung des Armes im Ellbogengelenk

Dynamische Übung: Liegestützen, Stützbeugen am Barren, Drücken in der Rükkenlage mit Scheibenhantel.
Statische Übung: s. vorhergehende Übung.

Die Umwendbewegungen im Ellbogengelenk

Dynamische Übung: Umwendebewegungen mit Eisenstab (Pro- und Supination im Wechsel).
Statische Übung: s. Übung für Innenrotation des Armes, jetzt aber mit gestrecktem Arm!

Beugung des Handgelenks

Dynamische Übung: Abdruck aus dem Liegestütz.
Statische Übung: Legen Sie die Handflächen und Finger aneinander (wie zum Gebet), drücken Sie gegen den Widerstand!

Streckung des Handgelenks

Dynamische Übung: Hantelstange umsetzen; Schnur mit Zusatzgewicht auf einen Stab wickeln.
Statische Übung: Legen Sie die Hände übereinander, drücken Sie mit dem Hand-

rücken der unteren Hand gegen die Handfläche der oberen!

Einfache Bewegungen der Unteren Extremität

Hüftbeugung

Dynamische Übung: Aus dem Langhang
am Reck Beine heben; Rumpfbeugen
vorwärts (wie bei Bauchmuskelübung).
Statische Übung: Setzen Sie sich auf einen
Stuhl, schlagen Sie die Beine übereinander;
drücken Sie nun mit dem unteren Oberschenkel gegen den Widerstand des oberen! (Beim oberen Bein wird die Hüftstrek-
kung trainiert).

Hüftstreckung

Dynamische Übung: Hocksprünge, Kniebeugen und -strecken; Kippstöße aller Art.
Statische Übung: s. vorhergehende Übung,
oberes Bein.

Überstreckung der Hüfte

Dynamische Übung: Bauchlage, Arme in
Hochhalte fixiert; Heben der Oberschenkel
vom Boden.
Statische Übung: Stellen Sie sich in enger
Schrittstellung rücklings zur Wand: Drükken Sie mit der Ferse des gestreckten hinteren Beines gegen die Wand.

Abduktion des Oberschenkels

Dynamische Übung: Seitlage, Arme fixiert; Heben der Beine vom Boden.
Statische Übung: Stellen Sie sich in den
Türrahmen (Mitte), spreizen Sie ein Bein
ab, bis Sie den Türrahmen mit der Fuß-
außenseite berühren; drücken Sie nun

gegen den Widerstand (anschließend
Standbeinwechsel)!

Adduktion des Oberschenkels

Dynamische Übung: Zugseiltraining (der
Zug kommt von außen), alle seitlichen
Richtungswechselsprünge bzw. -läufe.
Statische Übung: Setzen Sie sich mit ge-
grätschten Beinen vor ihren Stuhl, nehmen
Sie den Stuhl zwischen ihre Füße und
drücken Sie die Beine gegen den Wider-
stand zusammen.

Innen-/Außenrotation des Oberschenkels

Dynamische Übung: Einbeinstand mit
Zusatzlast im Nacken (Sandsack, Reckstange etc.); Drehen nach links und rechts
im Wechsel (Außenrotation wird automa-
tisch mittrainiert); Bein wechseln!
Statische Übung: Stellen Sie sich mit eng
geschlossenen Beinen hin (Großzehen und
Fersen berühren sich), und versuchen Sie,
gegen den Widerstand der Ferse nach
außen bzw. der Fußinnenkante nach innen
zu drehen!

Streckung im Kniegelenk

Dynamische Übung: Hocksprünge aller
Art, Aufrichten aus der Kniebeuge.
Statische Übung: Setzen Sie sich auf einen
Stuhl, überkreuzen Sie die Füße im Bereich
des Fußgelenkes; versuchen Sie nun, das
hintere Bein gegen den Widerstand des
vorderen zu strecken (gegengleiche Ausführung)!

Beugung des Kniegelenks

Dynamische Übung: Aus der Bauchlage
Anfersen der Beine gegen den Zug des
Partners.

Statische Übung: s. vorhergehende Übung, vorderes Bein (gegengleiche Ausführung)!

Innen-/Außenrotation des Unterschenkels

Dynamische Übung: Drehhockstreck-sprünge.
Statische Übung: Setzen Sie sich auf einen Stuhl, beugen die das Knie rechtwinklig, und stellen Sie die Füße aneinander (Innenkanten berühren sich); drücken Sie nun im Wechsel innen- bzw. außenrotierend die Fußinnenkanten aneinander!

Plantarflexion im oberen Sprunggelenk

Dynamische Übung: Hockstrecksprünge.
Statische Übung: Setzen Sie sich auf einen Stuhl, kreuzen Sie die Füße so, daß der Fußballen des einen Fußes auf dem Fußrücken des anderen zu liegen kommt; drücken Sie nun mit dem Fußrücken gegen den Fußballen des oberen Fußes. (Beim oberen Fuß werden die Sprunggelenk-strecker beansprucht).

Dorsalextension im oberen Sprunggelenk

Dynamische Übung: Dorsalextension gegen den Zug des Partners (aus dem Strecksitz).
Statische Übung: s. vorhergehende Übung, oberer Fuß.

Pronation, Supination des Vorfußes im unteren Sprunggelenk

Dynamische Übung: Skiwedelsprünge hin und her.
Statische Übung: Setzen Sie sich auf einen Stuhl, Knie gebeugt, Fußballen aneinan-der; drücken Sie nun mit der Fußaußenkante gegen den Widerstand des Bodens nach außen: Kräftigung der Supinatoren. Für die Supinatoren: Sie drücken mit dem Fußballen auf die Innenkante des anderen Fußes und versuchen dann, die Innenkante des unteren Fußes zu heben!

Literaturhinweise

Becker, W., H. Krahl: Die Tendopathien. Thieme, Stuttgart 1978

Benninghoff, A., K. Goerttler: Lehrbuch der Anatomie des Menschen. Neu bearbeitet von *H. Ferner* und *J. Staubesand.* Urban & Schwarzenberg, München – Berlin – Wien 1975

Franke, K.: Knorpelschäden am Kniegelenk durch Fehlbelastung und Trauma. Medizin und Sport 19 (1979), 1 – 6 (Heft 1/2)

Kahle, W., H. Leonhardt, W. Platzer: dtv-Atlas der Anatomie. Band 1: Bewegungsapparat. Thieme, Stuttgart 1975

Lanz, L. von neu bearbeitet von *Lang, J., W. Wachsmuth:* Praktische Anatomie, 1. Band, Teil 3 und 4. Springer, Berlin – Heidelberg – New York 1972

Leutert, H.: Anatomie. Urban & Schwarzenberg, Berlin – Wien 1975

Nemessuri, M.: Funktionelle Sportanatomie, Sportverlag, Berlin 1963

Rauber, A., F. Kopsch: Lehrbuch und Atlas der Anatomie des Menschen. Thieme, Stuttgart 1964

Rohen, J.: Funktionelle Anatomie des Menschen. Schattauer, Stuttgart – New York 1979

Schiebler, T.: Lehrbuch der gesamten Anatomie des Menschen. Springer, Berlin – Heidelberg – New York 1977

Sobotta, J., H. Becher: Atlas der Anatomie des Menschen, Band 1. Urban & Schwarzenberg, München – Berlin – Wien 1972

Tittel, K.: Beschreibende und funktionelle Anatomie des Menschen. Fischer, Stuttgart – New York 1978

Voss, H., R. Herrlinger: Taschenbuch der Anatomie. Fischer, Stuttgart 1975

Weineck, J.: Optimales Training. perimed Fachbuchgesellschaft, Erlangen 1980

Sachregister

Die **fettgedruckten** Zahlen geben den
Seitenhinweis für spezielle Ausführungen.

 **peri med fach buch**

Neue Bücher

Das neue Standardwerk der Sportmedizin:

Sport – Trauma und Belastung

Herausgegeben von **W. Pförringer, B. Rosemeyer, H. W. Bär**

1985, 708 Seiten, 17 x 24 cm, gebunden DM 178,00
ISBN 3-88429-241-2

Zum Inhalt:

48 Sportarten werden analysiert, sportartentypische Schäden und Verletzungen aufgezeigt und alle Fragen der Diagnostik, Therapie und Prävention ausführlich behandelt.

Darüberhinaus zeichnet sich dieses Handbuch durch die bisher in der einschlägigen Literatur nicht verfügbare interdisziplinäre Darstellung so aktueller und wichtiger Themen wie z. B. internistische Notfallsituationen im Sport, Doping, Sportpsychologie, biomechanische Probleme, Höhenphysiologie und Arthroskopie aus.

Der Schuh im Sport

Herausgegeben von **B. Segesser,** Muttenz, und **W. Pförringer,** München
Anfang 1986, ca. DM 80,00

Zum Inhalt:

Der Sportschuh gewinnt zunehmend an Bedeutung als hochentwickeltes „Sportgerät".
Dieses in seiner Art bisher einmalige Werk gibt einen vollständigen Überblick über medizinische, sportartenspezifische, biomechanische und schuhtechnische Anforderungen an den modernen Sportschuh.

Sportphysiologie

E. David, Erlangen
1986, ca. 200 Seiten, ca. 100 Abb.
17 x 24 cm, Broschur
ISBN 3-88429-090-8

Zum Inhalt:

Mit der vorliegenden Arbeit ist es dem Autor hervorragend gelungen, alle funktionellen Lebenserscheinungen und Zusammenhänge aufzuzeigen, die für den sportlich aktiven menschlichen Organismus von Bedeutung sind.

Sportbiologie

J. Weineck, Erlangen
1986, ca. 400 Seiten
zahlr. Abb. und Tab.
17 x 24 cm, Broschur
ISBN 3-88429-132-7

Zum Inhalt:

Der Autor will mit diesem Buch die Grundlagen zum Verständnis trainingsbedingter Anpassungsprozesse des Organsystems vermitteln, die wichtigsten Einflußfaktoren der körperlichen bzw. sportlichen Leistungsfähigkeit werden erörtert, sporthygienische Fragen und gesundheitsfördernde Begleitmaßnahmen sind angesprochen. In äußerst detaillierter Form erfolgt die Darstellung der Besonderheiten sportlicher Betätigung von Kindern und Jugendlichen, Frauen und älteren Menschen.